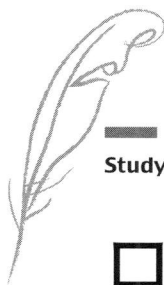

王 军 著

Study of Oral History

口述历史研究

广西师范大学出版社
· 桂林 ·

图书在版编目(CIP)数据

口述历史研究／王军著.—桂林：广西师范大学出版社，
2019.1

ISBN 978 – 7 – 5598 – 1340 – 4

Ⅰ．①口⋯ Ⅱ．①王⋯ Ⅲ．①口述历史学－研究
Ⅳ．①K0

中国版本图书馆 CIP 数据核字(2018)第 254573 号

出 品 人：刘广汉
策　　划：魏　东
责任编辑：魏　东
装帧设计：孙豫苏

广西师范大学出版社出版发行

（广西桂林市五里店路 9 号　　邮政编码：541004
网址：http://www.bbtpress.com）

出版人：张艺兵

全国新华书店经销

销售热线：021 – 65200318　021 – 31260822 – 898

山东鸿君杰文化发展有限公司印刷

（山东省淄博市桓台县寿济路 13188 号　邮政编码：256401）

开本：690 ×960mm　　1/16

印张：18.5　　　　字数：190 千字

2019 年 1 月第 1 版　　2019 年 1 月第 1 次印刷

定价：59.00 元

如发现印装质量问题，影响阅读，请与出版社发行部门联系调换。

序

杨正润

　　读着王军这部《口述历史研究》，如见故人，一种亲切感油然而起，书稿中的一些观点和例证，使我回想起当年同王军讨论它们时的情景。最清晰的记忆是那年我给南京大学中文系的新生开设一门"《哈姆莱特》导读"课，王军和其他两位博士生也去听课，整整一学期里每周有一个晚上，我们乘校车来到江北校区，在校园旁的小餐馆里共进简单的晚餐，然后去上课；两节课结束了，我们在晚风和星光下穿过宁静的校园。在餐桌、在林荫路上，我们海阔天空聊起各种话题，谈莎士比亚，也谈口述历史——那时王军正在做这个题目的博士论文。那真是值得留恋的时光：轻松又充实，丰富而快乐。

　　这是十多年前的往事了，对口述历史的研究，伴随着王军的青春岁月。从硕士论文开始，其后是博士论文，毕业后是国家教育部基金项目，王军都是做这个题目，这里有辛劳和成绩，有喜悦和满足，也包含着某些遗憾，种种甘苦当然只有王军自己最清楚，不过，看着这近二十万字的书稿和长长的文献书目，我禁不住要说：这里是王军的学术炼狱，他在其中成长和成熟。

在列入广义传记(life writing)的各种文类中，口述历史是年轻而又纷繁复杂的一种。学术界比较一致的意见是，口述历史发源于第二次世界大战结束后的美国，1948 年哥伦比亚大学"口述历史部"成立，迄今已经七十年。作为一种文本的生成方式，即口述者自我叙事并由记录者借助录音设备记录和整理完成，口述历史已经风行世界，成为传记文化的一种重要形式。在中国，近三十年来各种口述历史的机构和组织相继出现，涌现大量作品，军政要员、文化名流、商场精英，也有各行各业的普通人，甚至草根群众，都在做口述历史。一些学者预言：二十一世纪是传记的时代。这似乎正在被历史所验证，口述历史则在其中独树一帜，鲜明地高扬。

旺盛的生机常常伴随着年少的幼稚，口述历史虽然不断出现佳作，但无论其实践还是理论，都显然有待完善。举例说，唐德刚被公认是华人或中国口述历史的第一人，哥伦比亚大学口述历史部 1957 年正式成立"中国项目"，唐德刚就在其中承担了中国现代史上几位名人李宗仁、胡适和张学良的口述历史。但这三种同属哥大口述历史的成果，同样由唐德刚完成，中文版却有三种不同的名称：《李宗仁回忆录》《胡适口述自传》《张学良口述历史》，人们会提出一个问题：为什么它们分别取名"回忆录""口述自传"和"口述历史"，这三者有何区别？

在这三部著作中，唐德刚的责职也有不同的界定：《李宗仁回忆录》和《张学良口述历史》是唐德刚"撰写"或"撰述"；《胡适口述自传》则是唐德刚"译注"，也有版本把唐德刚标明为此书的"作者"；还有出版社把这三部作品都收入"唐德刚作品集"。唐德刚博士是一位受过严格学术训练的历史学家,他在这些作品中的责任为什么会有如此不同的表述?这正好证明,在口述历史中,口述者同记录者之间的关系非常复杂,可能因人、因写作目标或情境而异,其中涉及复杂的理论问题。

同唐德刚有关的这两个问题,王军都进行了讨论,当然这部著作的论题远不止于此,王军有敏锐的问题意识,他从不同的角度来考察作为传记和自传的现代形式的口述历史。尤其值得称道的是,他具有历史视野,他把口述历史放在东西方三千余年的传记发展史中进行研究,也广泛参考了国外学术界的相关成果,历史、记忆、身份、对话⋯⋯这些传记研究中的传统话语,被他引入口述历史的范畴而阐发出新的意义。

王军在南京大学获得博士学位以后,即展翼东南,任教于泉州华侨大学。虽然关山阻隔,我们却常见面,他参加了我在上海交通大学主持的境外中国现代人物传记资料整理与研究的国家社科重大项目,并作出了重要贡献。让我同样欣慰的是,他在华侨大学开设了一门课程,讲授《哈姆莱特》和莎士比亚戏剧,颇得学生欢迎。我这些年来,主要是研究传记与莎士比亚,王军也在做同样的工作并且取得好成绩。他是我的最后一个学生,谢谢他,使我的教学生涯留下一个圆满的回忆。

2018 年 6 月,于秦淮河畔

目　录

导　论

第一节　何为口述历史

　　口述历史是以访寻史实为目的,以采访者与讲述者的访谈录音为基础修改而来的纸质文本,简称口述史。早期的口述历史多以名人为讲述者,形态上接近标准自传,故国内外学者也称之为口述自传。本书在不产生混淆的情况下把口述历史与口述自传视为一种文体。

　　口述历史出现于二十世纪四十年代的美国。彼时恰逢"二战"结束,人们普遍认为有必要整理材料、反思历史。"美国的一些历史学家认为,趁着同这段历史有关的重要人物大都还在世,应当请他们把自己的有关经历记载下来,给后人留下翔实的、第一手的资料;但是,他们可能健康不佳,可能事务繁忙,或是缺乏写作经验以及其他种种原因,亲自写作回忆录有许多困难,于是这些美国学者就提出一个办法:请他们口授,利用已经普及的录音技术聘用专人给他们记录和整理。这一项目的创始人是美国著名史学家艾伦·尼文斯教授（Allan Nevins，1890—1971），他给这种传记形式起了一个现代名称：'口述历史'（oral history）。"①在尼文斯的推动下，1948 年美国哥伦比亚大学口述历史学部（The Columbia Oral History Research Office）成立，这标志着口述历史的正式出现。该学部首次大规模地在访史活动中应用录音机，使之区别于古代的口头访史行为，并建立了一整套详细的操作规范，推动了口述历史的迅猛发展。

以口头访谈作为访求史实的途径，古已有之。司马迁写作《史记》时，曾寻访故老以"网罗天下放失旧闻"。（《报任安书》）据《史记·孟尝君列传》记载，"吾尝过薛，其俗闾里率多暴桀子弟，与邹、鲁殊。问其故，曰：'孟尝君招致天下任侠，奸人入薛中盖六万余家矣。'世之传孟尝君好客自喜，名不虚传矣"。②《史记·魏公子列传》记载，"吾过大梁之墟，求问其所谓夷门"。③ 司马迁在《史记·刺客列传》"太史公曰"中说："世言荆轲，其称太子丹之命'天雨粟，马生角'也，太过。又言荆轲伤秦王，皆非也，始公孙季功、董生与夏无且游，且知其事，为余道之如是。"④司马迁在此使用的口述史料，起到了补充、佐证的作用。他在《孟尝君列传》中使用口述材料，是验证世人关于孟尝君好客自喜的事实；在《魏公子列传》中使用口述史料，则是反驳世人关于荆轲刺秦王的一些流言。这些口述材料依附于已有主题，均不能独立成篇，而由于语言"不雅训"⑤，必须

---

① 杨正润：《现代传记学》，南京：南京大学出版社，2009 年，第 433—434 页。
② 司马迁著，韩兆琦评注：《史记》，长沙：岳麓书社，2004 年，第 1100 页。
③ 同上，第 1106 页。
④ 同上，第 1218 页。
⑤ 司马迁在《五帝本纪》"太史公曰"部分中写道："学者多称五帝，尚矣。然尚书独载尧以来；而百家言黄帝，其文不雅训，荐绅先生难言之……余并论次，择其尤雅者。"

经过甄选才能部分留存。也就是说,在司马迁那里,口述材料从本质上是倾向于消失的,其功能主要体现为见证或者佐证。因此,真实性成为衡量口述史料价值的关键,真实性有问题的口述史料基本没有价值。

希腊历史学家修昔底德说《伯罗奔尼撒战争史》"部分是根据我亲身的经历,一部分是根据其他目击其事的人向我提供的材料。这些材料的确凿性,总是尽可能用最严格、最仔细的考证方法检查过的,然而即使费尽心力,真情实况也还是不容易获得的:不同的目击者,对于同一个事件会有许多不同的说法,因为他们或者偏袒这一边,或者偏袒那一边,而记忆也不一定完全可靠"。[①] 司马迁和修昔底德的甄别工作表明,口述未必准确,而且口述服从、服务于史料收集工作,最终体现为历史典籍中的一段文字。而选择口述放弃史实,口述很可能会变身为神话传说,发展成《荷马史诗》那样的文学作品。兰克学派[②]的做法则是放弃口述,因为后者经常与真实有着差距。

口述史学家唐德刚[③]曾认为司马迁与修昔底德使用的是"口述史料",并把《史记·刺客列传》看作口述历史。[④] 同理,他也认为荷马与希

---

① Thucydides（Translated by Rex Warner）, *History of the Peloponnesian War*, New York: The Penguin Group, 1972, p.48.

② 兰克（Leopoldo von Ranke, 1795—1886）是十九世纪史学大师,主要著作有《拉丁和条顿民族史》《教皇史》《法国史》《英国史》《世界史》等。他的名言是"事实是怎样就怎样叙述",主张客观主义、实证主义的治史方法。有人批评他说,"兰克走过历史舞台,就像走过画廊一样,一边走一边敏捷地记笔记"。兰克的观点经由他的著作和学生得到宣扬,形成了影响极大的兰克学派。兰克学派对中国新史学有过重要影响。

③ 唐德刚（1920—2009）,美籍华人学者。1939 年入重庆国立中央大学（今南京大学前身）历史学系。1948 年赴美留学,1952 年获哥伦比亚大学硕士,1959 年获史学博士。后留校任教并兼任哥伦比亚大学东亚系图书馆馆长,曾负责口述历史计划中国部分,期间参与《李宗仁回忆录》《胡适口述自传》《顾维钧回忆录》《张学良口述历史》等口述史作品的采访、撰写,并撰有《晚清七十年》等史学著作。

④ 唐德刚:《文学与口述历史》,见唐德刚:《史学与文学》,上海:华东师范大学出版社,1999 年,第 5 页。

罗多德的作品都是"口述历史"。唐德刚是口述历史的早期参与者之一，他的这种追本溯源是为新生的口述历史作鼓吹、宣传。在口述历史不流行、还需要推广的年代，这是可以理解的，但必然会带来混淆：如果《史记·刺客列传》是口述历史，那么《马可·波罗游记》和《李秀成自述》是不是呢？

《马可·波罗游记》所讲述的富庶、文明和奇异的东方为西方人所未见，被认为荒诞不经，甚至他的朋友在其临终之前劝他收回或修改游记中的记载。该书对扬州、高邮、镇江、宝应、南京、杭州等城市的描述流于浮面且多有雷同之语，"居民是偶像教徒、使用纸币、臣属大汗、侍工商为活"①成为其对各个城市进行介绍时最常用的描述语。在谈及福州时更指当地人"凡肉皆食，甚至人肉亦极愿食之，惟须其非病死者之肉耳"，并说"此辈寻觅被害者之尸而食其肉，颇以为美"。② 按照该书记载，福州人竟然四处寻觅并食用死人尸体。此种描述在令人倍感毛骨悚然之余，也不禁质疑其所述之动机是否是制造轰动信息。在其对刺桐（即今日之泉州）的描述中曾提到"此迪云州城，特有一种语言"。③ 按，迪云州即今日泉州市下属之德化县，德化县的确使用不同于一般通用语言的闽南话。闽南话与当时通用的官话以及今日之普通话差别较大，但在整个泉州都使用闽南话的情况下，单独指出德化县使用此种语言，令人难以理解其思路：在泉州就普遍存在的现象，为何要到泉州下属的德化县才发现呢？一种可能的解释就是，他对泉州的描述与对德化的描述来自不同的信息源，而非亲身经历，在后期叙述、撰写中未能调整好文章语句，也就是说，

---

① 　马可·波罗著，冯承钧译：《马可·波罗行记》，上海：上海书店出版社，1999 年，第 332 页。
② 　同上，第 367 页。
③ 　马可·波罗著，冯承钧译：《马可·波罗行记》，第 373 页。

他本人可能未到泉州（德化），只是参考、转写他人的记载——尤其是考虑到他没有在该部分提及泉州茶叶。

　　无论马可·波罗所言之事，还是其言之凿凿的逻辑，均属匪夷所思。而行文中较少出现其本人所做之事，很难让人相信其本人到过其所述之地。也有研究表明，虽然不乏夸张、不实的成分，游记中所述部分内容大致与元史相吻合，而且马可·波罗本人确实来过中国。南京大学陈得芝教授在《马可·波罗在中国的旅程及其年代》一文中对马可·波罗在中国的行迹有翔实的考证。国内外对与马可·波罗有关的问题多有争议，可参见南开大学杨志玖教授的文章《百年来我国对〈马可·波罗游记〉的介绍与研究》。

　　《李秀成自述》同样因为真实性无法确证而成为一个历史悬案。一旦按照唐德刚的意见，把上述二者与《荷马史诗》看作口述历史，那么，起初依赖口口相传最后整理成书的《论语》《三国演义》难道也可以被认为是口述历史？唐德刚的态度必然造成口述历史外延的扩大化，造成混淆。而确定无疑的一点是，《胡适口述自传》与《荷马史诗》完全是两类作品。前者建立在事实对话的基础上，后者的产生、传播过程则难以考详；前者有录音为证，后者只有文字流传；前者重事实，后者则是标准文学作品，偏想象。虽然《论语》并非真正意义的文学作品，《三国演义》也部分地基于历史事实，并具有一定的文献功能，但是它们并不能被看作严格意义上的历史文献，因此都不是口述历史。

　　据《汉书·艺文志》记载：

　　　　论语者，孔子应答弟子、时人及弟子相与言而接闻于夫子之
　　　语也。当时弟子各有所记，夫子既卒，门人柜与辑而论纂，故谓

之论语。汉兴,有齐鲁之说。传齐论者,昌邑中尉王吉、少府宋
畸、御史大夫贡禹、尚书令五鹿充宗、胶东雍生,唯王阳名家。传
鲁论语者,常山都尉龚奋、长信少府夏侯胜、丞相韦贤、鲁扶前将
军萧望之、安昌侯张禹,皆名家。张氏最后而行于世。①

　　由于《论语》不是一时一地所作,而是由孔子的弟子或再传弟子在相
当长的时间内历经多次编纂而成,传至汉朝,即出现了版本与真伪的问
题,其文献价值有待商榷。杨伯峻在《论语译注》的"导言"部分说,"如果
我们要研究孔子,仍然只能以《论语》为最可信赖的材料……不应该依据
左传来怀疑论语"。② 但是他也承认,书中可能有不真实之处,虽然"顶多
只是说掺杂着孔门弟子以及再传弟子之中的不同传说而已"。③

　　而在现代口述史中,由于有录音录像为佐证,一般不会出现对作品真
伪的争议,最多是对讲述内容真伪的讨论。而且负责任的采访者会通过
许多方法来保证讲述内容尽可能符合历史真实。比如,当代中国出版社
于 2009 年出版的《张发奎口述自传》是采访者在与讲述者张发奎四百余
次录音谈话的基础上,参考了其他人的佐证材料完成的。在历次采访前,
采访者甚至早已阅读了张发奎的日记、信函与公文,做好了精心准备。面
对讲述者闪烁其词或语焉不详之处,采访者可以加以引导或者订正。

　　当然,也有一些采访者出于对讲述者的敬重或者因沟通问题而未能
发现、纠正讲述者有意无意说出的虚假信息。在《文强口述自传》中,文
强宣称曾在经过厦门时候亲见毛泽东,并做了有声有色的描述。依其所

① 　班固著,颜师古注:《汉书》,北京:中华书局,2000 年,第 1361 页。
② 　杨伯峻:《论语译注》,北京:中华书局,1980 年第 2 版,第 31 页。
③ 　同上。

述,二人见面时间当在 1925 年 5—8 月间。而据《毛泽东年谱》,毛泽东于 1925 年 9 月"由长沙动身赴广州,路经衡阳、资兴、耒阳、郴州、宜章等地。……然后到广东韶关,再转乘火车抵广州"。① 可见,文强与毛泽东二人是不可能有这次会面的。此次会面因此完全出自文强的杜撰,并不真实。这种杜撰不同于《论语》的编纂过程。前者目的性明确,就是由文强这位历史人物讲述他所经历的历史事件,虽然文强借机自我粉饰、伪造事实;后者则是中国"第一部用当时白话写的生动的言行录"②,而"言行录写作的目的一般都是进行一种道德教诲或提供思想和见解,没有人物完整的生平"③。两部书截然不同。

　　《三国演义》的情况相对比较简单。虽然它本于《三国志》,但很难把它与历史资料等而视之。其作品中的人物、情节、主题均受到了宋元之际世俗文化兴起的影响以及正统思想的改造,似史非史。鲁迅在《中国小说史略》中曾有涉及:

　　　　罗贯中本《三国志演义》……凡首尾九十七年(一八四—二八○)事实,皆排比陈寿《三国志》及裴松之注,间亦仍采平话,又加推演而作之;论断颇取陈裴及习凿齿孙盛语,且更盛引"史官"及"后人"诗。然据旧史即难于抒写,杂虚辞复易滋混淆,故明谢肇淛(《五杂组》十五)既以为"太实则近腐",清章学诚(《丙辰札记》)又病其"七实三虚惑乱观者"也。至于写人,亦颇

　　① 　中央文献研究室:《毛泽东年谱:一八九三——一九四九》(上卷),北京:中央文献出版社,2002 年,第 147 页。
　　② 　胡适:《传记文学》,《胡适讲演录》,石家庄:河北人民出版社,1999 年,第230 页。
　　③ 　《现代传记学》,第 243 页。

有失，以致欲显刘备之长厚而似伪，状诸葛之多智而近妖；惟于关羽，特多好语，义勇之概，时时如见矣。①

《论语》《三国演义》在成书的过程中的确有谈话、口头相传的成分，但这并不能保证它们成为口述史作品。相反，前者是言行录，后者是历史演义性质的文学作品，均明显区分于《胡适口述自传》以及《南京大屠杀史料集》的口述历史部分。

可见，给口述历史一个明晰的定义是十分必要的。只有确定口述历史的定义，才能避免出现把《论语》《荷马史诗》等误作口述历史的情况。

目前，它的定义有很多种，彼此或有很大分歧，主要有狭义与广义之分。狭义的专指自 1948 年以来使用现代录音设备采录访谈、然后整理成书的新形式。《大不列颠百科全书》(*Encyclopaedia Britannica*)认定口述历史必须是"磁带录音保留的材料或者以此为依据的纸质文本"(tape-recorded historical information obtained in interviews concerning personal experiences and recollections)。② 英国口述历史学会(The Oral History Society)也主张口述历史必须建立在录音/录像磁带(recording equipment)的基础上。③ 国内学者钟少华认同这种观点："判断口述史书可以用两个标准：一是要有原始录音，以供核对；二是要符合史学的基本原则，排除幻想乱编的内容。"④广义的定义则或者追溯至使用了口述、对

---

① 鲁迅：《中国小说史略》，《鲁迅全集》第九卷，北京：人民文学出版社，2005 年，第 135—136 页。

② http://student.britannica.com/dictionary? va = oral% 20history&query = oral% 20history，访问于 2009 年 5 月 5 日。

③ http://www.ohs.org.uk/advice/index.php，访问于 2009 年 5 月 5 日。

④ 钟少华：《中国口述史漫谈》，《学术研究》1997 年第 5 期，第 46 页。

话收集资料的史学方法,或者把与史实无关的口头讲述、新闻访谈也纳入其中。美国口述历史协会(The Oral History Association)认为"口述历史是通过采访、记录(recorded interview)往昔事件、生活的当事人来收集和保存历史信息的方法。它既是最古老的历史调查方式,远早于手写的文字,同时又是最现代的一种,伴随着磁带录音机的应用在 1940 年代出现"①,即是一例。维基(Wiki)百科的定义也宽泛得多,认为凡"基于讲述者个人经历及观点,对历史信息的记录、保存及解释"(recording, preservation and interpretation of historical information, based on the personal experiences and opinions of the speaker)②都是口述历史。国内学者杨立文支持这种观点,在他看来,符合"亲身经历""亲见""亲闻"三点的就可以划入口述历史的范围。③

可见,目前学术界在定义上的纠纷基本集中于一点:是否使用录音机。是否使用录音机不仅可以区分古代形式与现代形式,同时也限定了其具体的访谈形式,并最终决定了口述历史区分于古代访谈类作品的特质。

口述如果没有独立的存在形式,必定需要借助其他形式才能得以留存,在转变过程中,必然会丧失口述(对话)的性质。《论语》《李秀成自述》《三国演义》《荷马史诗》《马可·波罗游记》等都属于这种情况,它们最终在一定程度上丧失了可信度,并成为与口述或者对话关系不大的另一种文体。这种情况在录音机应用到口述中以后发生了变化。口述场景固定在录音录像磁带上,即使其内容的真实性存在争议,在凭借录音录像

---

① http://www.dickinson.edu/oha/,访问于 2006 年 4 月 3 日。
② http://www.answers.com/oral + history&r = 67,访问于 2009 年 3 月 6 日。
③ 杨立文:《口述历史刍议》,《纵横》2002 年第 8 期,第 1 页。

流传下来以后,也可以继续存在,获得新的价值。

英国口述史专家保尔·汤普逊(Paul Thompson)的《爱德华时代的人》(*The Edwardians: The Remaking of British Society*, 1975)是英国早期一部重要的口述史著作。爱德华时代上承维多利亚时代,指的是爱德华七世(Edwardian Ⅶ, 1841—1910)担任英国国王的十年时间(1901—1910)。彼时,国王爱德华七世一改即位前的荒诞行为,处事圆滑、乐于交际,颇受英国人喜爱。他逝世后数年第一次世界大战即告爆发,但这十年间,英国人民生活相对安逸。早在1970年代,保尔·汤普逊就开始主持一项旨在搜集爱德华时代(该书截至1918年)人们记忆的口述采访计划。他主要关注的是真实的家庭生活和工作经历,并且使用了包括税收记录、政府报告、种族研究等材料作参证,同时他还考虑到不同阶级阶层、不同地域的人讲述故事的特殊性,以求完整、真实地呈现爱德华时代的面貌。作为学者的汤普逊在主导该项目时,带有较强的研究性,力图在普通人的生活与大的社会政治变化的进程间建立某种联系,因此,该书被认为是失真的[1],但它并没有因此丧失存在的理由。《美国历史评论》的一篇文章称,在《爱德华时代的人》中,汤普逊作为社会学家的成分超过了历史学家[2],可见,尽管其史学价值略受争议,这本书还是获得了史学以外的新价值。现在,很多社会学家都把口述历史作为重要的资料来源和研究对象,利用他们的"技能和优势让那些长期以来被从公共领域和全民话语中排除出去的人们的讲述被听到"。[3] 此时,如果继续以史料的真实性作为唯一标

---

[1] 《与历史对话:口述史学的理论与方法》,第35页。

[2] Raymond G. Hebert, *The Edwardians* (Book Review), *American Historical Review*, Dec76, Vol. 81, Issue 5, p. 1113.

[3] Laurel Walum Richardson, *Writing Strategies: Reaching Diverse Audiences*, Sage Publications Inc, 1990, p. 28.

准来衡量它,很明显是不合理的。录音机赋予口述历史以不同于以往口头材料的新生命,是它的载体,从此口述不再是史料价值的附属品。"从本质上说,口述历史是采访者与讲述者之间的、活着的人们之间的(对话)叙事中共同创造出来的(事实)证据……口述历史不仅要记录采访的确凿信息,也要记录采访的过程本身。采访者与记录者的对话关系、记忆的角色、叙事性的功能——所有这一切对于理解采访如何成为'建构历史是一个过程'的注脚极为关键。"①只有在承认口述历史对录音机这一物质条件的绝对依赖的前提下,才可以从史学以外(包括传记)的角度研究口述历史。否则,口述将只会是史料价值评判下的真实或者不真实的材料。而一旦真实性不高,其价值就大打折扣,这对于口述历史及其从业人员、参与者都是不公平的。

定义上的纠纷体现的是对口述历史认识的不同,这不利于研究工作的开展。广义的定义旁涉众多,彼此间差异较大。笔者主张狭义的定义,认为必须具备以下三个条件:发起动机必须是访求史实,此乃"历史"一词应有之义,也是标准自传应有之义,因此现在一些门户网站流行的"情感口述""婚姻口述"等宣泄性质的噱头类短文不在其列②;必须是有录音录像设备参与的有问有答的实际对话,一方讲述另一方单纯记录的同样不在其列,所以尽管"水门案录音带毫无疑问是口头的,也是历史的,但没有一个口述历史学家会说它是口述历史"。③ 而领导讲话,即使被录音录像也不能算作口述历史,一些诸如《互联网的口述史》等并非建立在对话

---

① Robert Perks, *The Oral History Reader*, Routledge (UK), 1998, p.383.

② 此类口述与所谓的口述历史的人民化相去甚远,后文将对此进行解析。

③ David King Dunaway, Willa K. Baum, *Oral History: An Interdisciplinary Anthology*, California: Alta Mira, 1996, p.323.

基础上的影音（文字）也应排除在外；最终形式应是纸质文本，而且纸质
文本不应该简单地由录音誊抄为文字，而是经过了访谈双方均认可的适
当修改。严格意义上说，凤凰卫视所作的《口述历史》电视节目，只是影
音资料，未整理成文字形式，是未完成的口述史。除此之外，优秀的口述
历史还应当具有历史价值高、文笔流畅、可读性强等特点。

第二节　从聆听到对话

　　只有同时符合定义中的三个特征，才是完整的现代意义上的口述历
史。但现实中经常出现把某些仅仅符合某两个甚至一个条件的文本归入
口述历史的情况。如四九年后大多数党政军高级领导干部均未创作自
传，更没有留下口述历史。但现在有诸如《陈毅口述自传》《贺龙口述自
传》等著作问世，它们都是由主人公在一些场合的谈话整理而成，并不符
合口述历史的定义。历史上与以上两书相类似的重要著作有英国的《约
翰逊传》与德国的《歌德谈话录》。这两本书不但符合口述史定义的第一
个条件，而且都是对真实对话的记录，但两书中分别记录对话的包斯威尔
与爱克曼得到的名分也都存在争议。

　　约翰逊（1709—1784）是英国作家、文学评论家和诗人。自幼家贫，
但喜欢读书。他身患重病，面部有疤痕，说话抽搐，一耳失聪，一目失明。
二十二岁时父亲去世，遗产是 22 英镑和一堆书。二十七岁时，他娶了一
位四十七岁的寡妇为妻，且其妻并不贤惠："在乡下，她过得优裕舒适，而
她的丈夫在伦敦，却为省抽一只香烟而努力，作为一个好妻子这样对待自

己的丈夫,实嫌过分。"①1737 年,他开始为《绅士杂志》撰写文章。1755
年,他独力编成《英语大辞典》,一举成名。在文学创作之外,他还编注了
《莎士比亚集》(1765)。这是一位脾气古怪、名气极大的文化名人。而
《约翰逊传》的作者包斯威尔正是他的一位崇拜者,这本书是后者"用了
二十一年的友谊和耐心换来的"。② 包斯威尔的谦恭、自嘲和对约翰逊的
尊敬、崇拜、热爱使他对约翰逊始终保持仰视的姿态,"对包斯威尔来说,
约翰逊就是伦敦的灵魂"。③ 按照中译本的描述,"包斯威尔,如同拾取餐
桌下面包屑的狗似的跟着约翰逊打转"。④ 能够与约翰逊建立友谊关系
很困难,在建立友谊之后包斯威尔付出了更多的时间,甚至是自己的人
格。约翰逊本人认为传记最好由传主本人来写,在评价哥尔德史密斯的
一部传记作品时曾经说:"不是文笔不优美,而是因为他没有什么材料。
没有谁可以写一个人的生平,除非他与这个人在社会交际中同吃同饮同
住。"⑤包斯威尔正是通过做到"同吃同饮同住"来获得"材料"的。究竟
包斯威尔与约翰逊两人见面多少次,有多长时间,这是一个存在争议的问
题。目前至少有三种公开的说法,分别是 180 或者 276 天、约 425 天、327
天,其中最可信的是第二种。⑥ 包斯威尔付出了极大的精力,收获了约翰
逊的信任和友谊,写出了有史以来最好的一部传记,同时却被人怀疑人品

①　包斯威尔著,罗珞珈、莫洛夫译:《约翰逊传》,北京:中国社会科学出版社,2004 年,第
41 页。

②　同上,"译者序"第 8 页。

③　Richard B. Sher, " ' Something that Put Me in Mind of My Father ' : Boswell and Lord
Kames," see edited by Irma S. Lustig, *Boswell: Citizen of the World*, *Man of Letters*, The University
Press of Kentucky, 1995, p.65.

④　《约翰逊传》,第 3 页。

⑤　James Boswell, *Life of Johnson*, Oxford University Press, 1998, p.474.

⑥　《约翰逊传》,第 246 页。

有问题：

《约翰逊传》初版于 1791 年 5 月 16 日。这本书一出来，立刻受到当时的文学界与批评界一致同声的喝彩。然而，这本书的作者，却成为当时文学界与批评界同声嘲弄鄙视的对象……

在往后的日子里，包斯威尔始终是忧伤失意，郁郁寡欢的。年过五十，他愈行放浪形骸，纵情声色。人们很不愿意在他面前自由发挥自己的意见，只要他在场，一切言谈立即变得沉滞而乏味；因为大家都害怕包斯威尔会把他们的谈话记录下来，予以发表，所以不得不谨言慎行，敬他如神；而他又经常烂醉如泥，不省人事；要不就是在餐桌上大声喧哗，吵得满桌客人不得片刻安宁（他从不独自饮酒）。因此，朋友们对他无可奈何，只得日渐疏远。①

中译者认为包斯威尔"与约翰逊博士之间的友情……超越了年龄的差异，超越了出生的不同，超越了性格的相斥，超越了自尊心的阻碍"。② 这种隐晦的描述说明的正是包斯威尔以自己的人格、名誉为代价换来了《约翰逊传》和约翰逊的成功。包斯威尔与约翰逊的地位是不平等的，他遭受约翰逊的奚落、嘲讽，但不以为辱，只是默默地忍受，无条件地宽谅。包斯威尔把约翰逊当作了崇拜的对象，而不是研究的对象，他把自己的主体性依附于对约翰逊言语的记录之中。

---

① 《约翰逊传》，"译者序"第 9 页。
② 同上。

类似的情况也发生在《歌德谈话录》的写作中。

歌德（1749—1832）是西方文学最伟大的作家之一，其文学地位无须赘言，另外，他还在魏玛公国担任过枢密顾问、部长、首相。同时，他又是一位优秀的画家和自然科学家，对光学、植物学、矿物学均有所涉猎。他拥有大量忠实的崇拜者，《歌德谈话录》的辑录者爱克曼正是其中之一。后者第一次访问歌德是在 1823 年 6 月 10 日。他写道，歌德的"褐色面孔沉着有力，满面皱纹，每一条皱纹都有丰富的表情！他的面孔显得高尚而坚定，宁静而伟大！他说话很慢，很镇静，令我感到面前仿佛就是一位老国王。可以看出他有自信心，超然于世间毁誉之上。接近他，我感到说不出的幸福，仿佛满身涂了安神油膏，又像一个备尝艰苦，许多长期的希望都落了空的人，终于看到自己最大的心愿获得了满足"。① 9 月 18 日，他又写道："我极钦佩歌德说的每句话都是真理，只能始终表示赞同。每走一步，我都感到比前一步轻松愉快。"②1823 年 10 月 29 日，歌德向爱克曼谈论艺术难关在掌握个别具体事物及其特征时，"他心情很振奋，眼光反映着烛光闪闪发亮，全副表情显得和蔼、坚强和年轻"。③ 这时距爱克曼第一次访问歌德已经过去了四个半月，但爱克曼仍然对歌德心悦诚服、由衷赞美，并保持到 1832 年全书完成。由于爱克曼对歌德保持高度的尊敬，甚至是对其人格魅力的无条件崇拜，因此，在《歌德谈话录》中，爱克曼的角色并不重要。虽然他偶尔会提问、反驳，但是这些都淹没在歌德的谈话中了。最终，爱克曼得到的署名权仅仅是"辑录"。

虽然《歌德谈话录》的中译者朱光潜在介绍爱克曼时称他"在思想上

---

① 爱克曼辑录，朱光潜翻译：《歌德谈话录》，北京：人民文学出版社，1982 年，第 2—3 页。
② 同上，第 8 页。
③ 同上，第 9 页。

比歌德进步",但是他也指出:"爱克曼在德国和在世界闻名,全靠《歌德谈话录》这一部书;他的诗和诗论虽已出版,但没有引人注意。"①

《约翰逊传》与《歌德谈话录》这两本书的共同点是:一个居高临下的长者的谈话,被一个崇拜者忠实地笔录下来。这种不平等的地位也使得传记作者无法享有对传记的话语权,虽然他们名义上是著作权人,却少有主动权。包斯威尔使用了各种谈话技巧来引出约翰逊的连珠妙语,如"引入一个话题、下一个结论或者提出问题来引出约翰逊的回应",偶尔"他会扮演更积极的角色"②,又如他安排了本来不会发生的约翰逊与约翰·威尔克斯的见面和谈话。但不论包斯威尔、爱克曼如何处心积虑或者虔诚,也不论他们收集的材料如何丰富、准确,他们都只是材料收集人:包斯威尔与约翰逊的"谈话很明显是由约翰逊控制的"。③ 而爱克曼,即便在歌德逝世后,仍旧生活在歌德之中:

> 这时来自欢欣的鼓舞就复活了,思想过程和语言表情的细节历历在目,就像我昨天才经历过似的。活的歌德又显现在目前,他所特有的无与伦比的可爱的声音又在我耳里震响了。我又在晚间在他的明亮的书房里看到他,穿着佩上勋章的黑色服装,杂在座客之中谈笑风生。在其他的风和景明的日子里,我陪他乘马车出游,他穿着棕色上衣,戴着蓝布帽,把浅灰大衣铺在膝盖上。他的面孔晒成棕色,显得健康,蔼如清风。他的隽妙语

---

① 爱克曼辑录,朱光潜翻译:《歌德谈话录》,第263页。

② Edited by Greg Clingham, *The Cambridge Companion to Samuel Johnson*, Cambridge University Press, 1997, p. 27.

③ Ibid.

言的声音流播原野，比车轮滚滚声还更洪亮。有时我又回想起
他坐在书斋的书桌旁，在烛光下看到他穿着白法兰绒外衣，过了
一天好日子，心情显得和蔼。我们谈着一些伟大的和美好的事
物。他向我展示出他性格中最高贵的品质，他的精神点燃了我
的精神。两人心心相印，他伸手到桌子这边来给我握。我就举
起放在身旁的满满一杯酒向他祝福，默然无语，只是我的眼光透
过酒杯盯住他的眼睛。

这样我就完全回到他还在世时那种生活，他的话音也和过
去一样在我耳里震响起来了。①

可见，作为传记作者，包斯威尔与爱克曼在这里没有自己的声音，他
们倾听而不宣讲。这使得他们的身份异常尴尬：包斯威尔被认为是阿谀
奉承者，爱克曼不能保证自己对《歌德谈话录》的著作权（中译版把他的
贡献称作辑录）。包斯威尔、爱克曼在"伟人"面前、在记录"伟人"的声音
之时，经常是沉默的，处于劣势。不同于司马迁对古人的"悬想世事、遥体
人情"，他们来到了伟人身边，彼此有了语言交流，却是不平等的交流。

与之形成鲜明对比的是，唐德刚在他参与的口述史著作中有着怀疑
的声音，也成功地为自己谋得了署名的权利。不论是对被奉为"胡文公"
的胡适、"一代天子"李宗仁还是外交界的传奇人物顾维钧，唐德刚都没
有一味听从。他对他们的谈话有着戒心：因为他是以史学家、采访者的
眼光来考求史料，而他们可能会提供不实的史料。同时他还要时刻留意
通过对话来引出有价值的史料，他提出的"问题决定了讲述的方向和重

---

① 《歌德谈话录》，第266—267页。

点。甚至采访者的沉默都有意义"。① 最重要的是,他在谈话中掌握了主动(至少不是被动),与谈话者形成了一定意义上的平等对话,这最终体现在了作品的署名上:一般署名为＊＊＊口述,唐德刚整理。唐德刚有时会对胡适进行批评,如在谈及胡适在美求学期间对康奈尔大学教授的感恩时,唐在注释中这样说:"胡适之先生乃至和胡氏同辈的有观察力、有学养的老辈留学生,他们言必称美国,并不是如一般洋奴大班的'崇洋'。只是他们早年,乃至暮年,对美国的基督文明的感染,就始终没有跳出笔者上述的那个阶段。"②唐德刚对胡适的批评,是以与传统传记作者类似又有所不同的口述历史采访者的身份进行的,难免会使不熟悉的读者产生疑惑或反感。③ 采访者不是包斯威尔式的一味忠实笔录,而是将自己的学识、观点参与其中。同时,唐德刚的声音在《胡适口述自传》中不局限于注释中,在正文中他也多次出现。胡适曾经问他:"德刚,我应该怎么说?"④虽然只是一个无关紧要的问题,但在《约翰逊传》中,约翰逊是不会向包斯威尔请教的。另一处胡适问的"我们还可以谈多少时间?"⑤则说明了采访很大程度上依据采访者的意愿。

　　包斯威尔、爱克曼对约翰逊、歌德的谈话尽可能全盘照抄,这样的情况在口述历史中也发生了变化。以《李宗仁回忆录》为例,唐德刚即认为"李氏所能提供的故事,只是一堆'原始史料'而已。他偶发牢骚,那也只

① *The Cambridge Companion to Samuel Johnson*, p. 27.
② 《胡适口述自传》,北京:华文出版社,第 43 页。
③ 这一身份和由此出发的批评,不是每个人都可以接受的。中国艺术研究院的张耀杰先生以为唐德刚是使用阿 Q 欺侮小尼姑的伎俩来丑化胡适。张先生的文章见 2005 年 3 月 2 日《读书时报》,笔者曾撰文解释此事,文章见 2005 年 8 月 10 日《读书时报》。
④ 《胡适口述自传》,第 230 页。
⑤ 同上,第 260 页。

是这位老将军个人的成熟或不成熟的个人意见"。在时机成熟的时候,唐即减少访问次数,设定背景由李宗仁口述,然后唐"独坐研究室,广集史料、参照笔记、搜肠刮肚"[1],写出纸本。唐德刚对口述的过程、最后写成的文本都拥有相当的决定权。采访者不是记录者、笔录者、辑录者,他参与了口述历史的创作,既不同于《我的前半生》定本、全本中的编辑李文达,也不同于包斯威尔与爱克曼。他有资格分享著作权。在很多情况下,采访者在访谈中甚至占据了原本属于约翰逊、歌德的主导地位。从口述史的选题、进程到最后的文字定稿,采访者都参与其中并发挥重要作用。

第三节　英美研究现状

由以上分析可知,口述历史区别于以往的口头访史行为及口述史料。把仅仅符合部分标准的作品认作口述历史,既是研究现状有待完善的外在表现,也是研究进展不顺利的结果。在历经数十年的发展之后,目前研究界仍然存在着有待完善的地方。

英美等国的口述历史开展得最早,实践与理论都较为出色。美国哥伦比亚大学口述历史学部于 1948 年成立后,即开始了系统性的工作,如整理美国卸任总统及其重要幕僚的口述——这始终是美国口述历史的重要任务。该学部在 1978 年出版的《口述历史三十年》(*Oral History*, *the First Thirty Years*: *Project on American Leaders*, *New Catalogue*, *Highlights*

---

[1]　两处引文均见《撰写李宗仁回忆录的沧桑》,《李宗仁回忆录》,第 794、795 页。

1948-78）目录的很大部分就是"美国领袖"。① 后来口述历史从高层人物推广到社会生活各领域的普通人，出现了以斯特兹·特克尔（Studs Terkel）的《艰难时世》（*Hard Times: An Oral History of the Great Depression*，1970）为代表的"人民化"作品。特克尔针对经历过大萧条的人做了一百多次口述访谈，摘选成书。1967 年，美国口述史学家们组织成立了口述历史协会（The Oral History Association）。同时期，口述历史也走进了课堂教学，得以规范化，并从此获得了旺盛的生命力，传播到了世界各个国家。

　　与美国类似，英国口述历史在实践领域也是硕果累累，早期尤以所谓的"人民化"著称。早在 1950 年代，英国就已经在民俗研究中应用了口述历史的方法。到 1970 年代，口述已成为社区研究的重要方法。由于简便易操作，未受过专业训练的人也可以借此参与到历史的编纂和研究中，而专门史（包括妇女史、劳工史）及历史学以外的其他领域从业者也借助口述去记录、整理、保存各自领域人们的回忆材料。可以看出，这一时期英国主要是把口述历史作为学术研究中的搜集资料方法。其代表作是保尔·汤普逊的《爱德华时代的人》。汤普逊采访了超过五百个出生于1872—1906 年间的，包括体力劳动者、熟练工、专家、社会活动者等各行各业的英国人，描述了他们的工作、娱乐、政治态度以及他们所身处的环境。英国在研究领域也有较高的成果，以保尔·汤普逊的《过去的声音》（*The Voice of the Past: Oral History*，1975）为代表作。在书中，他对口述项目的设计、口述材料的可信度、记忆、自我等都有论述。该书后来多次修订，加入了对口述叙事的探讨等内容。1969 年，英国录音协会（British

---

① Oral History Research Office, *Oral History: The First Thirty Years*, Oral History Research Office, 1978.

Institute of Recorded Sound)的一次非正式会议上,与会者决定设立英国口述历史学会(The Oral History Society)。后者于 1971 年正式成立,当年出版《口述历史学会杂志》(*The Journal of Oral History Society*)第一卷,介绍了保尔·汤普逊以及美国口述史学家内文斯等人的口述实践、操作中的问题等。1974 年出版第二卷,此后每年出版一卷,同样以介绍口述史发展、口述实践及理论问题为主,间以书评、文摘。现在英国口述历史学会网站的成员项目一栏,基本都与普通人有关,包括英国武装力量、食品、儿童治疗保健等。[①]

关于口述历史的"人民化",本书还会予以探讨。

英美两国都有专门的口述历史协会来宣传、指导、组织包括课堂教学在内的各种活动,也都有各自的学术期刊,同时两国学界彼此联系紧密,很多著作都在两国同时出版。

法国、波兰、德国、新加坡、澳大利亚等其他国家都有为数众多的口述实践,它们不仅关注显赫人物,也关注着普通百姓的生存状态。其中有些还是多语言、多国家合作的产物。《在美国的法国新娘》(*French War Brides in America*, 2007)正是以十五个法国新娘为讲述者的口述历史。它的访谈、整理基本都采用了法语,仅有少数用英文采访。在法国出版时,就把用英语完成的部分译成法文,而当以英文版出版时,除了那些原本就是英文的材料外,又要把原本是法文的译成英文。[②]《巴勒斯坦难民口述历史:1948—1998》(*The Palestinian Refugees 1948-1998: An Oral History*, 1999)一书是巴勒斯坦文化交流协会组织的,关注的是五十年间

---

① http://www.oralhistory.org.uk/projects.php.

② Hilary Kaiser, *French War Brides in America: An Oral History*, Westport, Conneticut: Greenwood Publishing Group, 2008, p. 10.

巴勒斯坦难民的情况。澳大利亚在二十年前就出版了口述历史的全国书目（*Australia's Oral History Collections: A National Directory*, 1997），显示出了该国丰富的口述实践。

英美两国口述历史研究的成果主要刊载于《口述历史评论》（*The Oral History Review*）、《口述历史学会杂志》等杂志及部分专著中。

《口述历史评论》是美国口述历史学会的会刊，其基本使命是探索口述历史的原理与意义，推动学术界、教育界、实践领域以及公众对口述历史的理解。[①]其所收文章以书评为多[②]，说明口述历史是更侧重于实践的。这些书评都是口述历史从业者对自己或他人的口述历史实践所做的介绍，其中间或有精彩见解，但散落于众多文字中，并没有条理。有的文章提及了语言及人格的问题，认为"访谈保留的不仅仅是信息提供者的记忆，很多时候还有他们古老的语言以及进取的人格"[③]，但没有展开探讨。再如题为《普通人的超凡人生》的文章实际上讲的是自己的口述实践，而"普通人的超凡人生"只是作者希望将来写出的书的题目[④]，尽管该题目已暗含了对口述历史性质、意义的判断。该刊重实践重推广的倾向与中国的《口述历史》辑刊、英国的《口述历史学会杂志》相类似。

《传记》（*Biography*）、《前沿》（*Frontiers*）等杂志也有文章论及口述历史。有些文章能够做到从某一角度深入探讨。比如，针对口述访谈中讲

[①]　http://www.oralhistory.org/publications/oral-history-review/.

[②]　自1989下半年卷至2005年夏秋卷发表的文章中有399篇是书评。以上数据来自ProQuest Information and Learning Company。

[③]　Randall A. Wells, "Let's Call It 'The Horry County Oral History Project'," *The Oral History Review*, Summer 2002, p. 130.

[④]　Sarah S. Boyer, "Ordinary People, Extraordinary Lives," *The Oral History Review*, Summer 2002, pp. 1-2.

述者讲述时的误差,桑迪·波利舒克(Sandy Polishuk)撰文指出,"误差、矛盾告诉我们的要超出真相本身。它们是了解价值、梦想、自我形象、不同时段态度变化的窗口。它们可以帮助我们更好地理解访谈及讲述者的性格"①,并通过实际例子指出:讲述者的讲述只是他们自己的版本;采访者要呈现的是讲述者的故事和感受,而当讲述者的话自相矛盾的时候,采访者需要利用自己的理智、对讲述者的了解,来判断哪种讲述与其他的讲述矛盾更少、更有逻辑。该文章最后得出结论说:"采访者的义务就是汇出讲述者的所见、忠实于讲述者的精神、保留讲述者独特的声音。"②这篇文章所涉及的问题是,同一位讲述者(普通人)讲述自己生平时可能充满着矛盾。此时,采访者应当尽可能给出符合逻辑的"真实";当基于某些原因无法探明真相时,就讲述符合讲述者性格的"真实"——这在"人民化"的口述历史中是比较普遍的现象。真实观的变化也是口述历史带给历史学的一个重要启示。有一篇书评对《爱德华时代的人》的作者汤普逊做出了"作为社会学家的成分超过了历史学家"③的判断,其意在鼓吹其作品的价值,却也指出了《爱德华时代的人》的意义已经超出了历史的范畴。

英美等国出版的专著很多,可分为实践类、指南类、理论类、引申研究类四种类型。

实践类指的是口述历史实践的成果,这类作品数量巨大,内容上也没有局限在以政府官员为主体的显赫人物上,而是涉及社会生活的方方面

---

① Sandy Polishuk, "Secrets, Lies, and Misunderstanding: the Perils of Oral History Interviewing," *Frontiers*, 1998, p. 14.

② Ibid, pp. 14-23.

③ Raymond G. Hebert, *The Edwardians* (Book Review), *American Historical Review*, Dec76, Vol. 81, Issue 5, p. 1113.

面,包括了少数族裔、妇女、吸毒人群、同性恋、社区百姓、军人等普通人。

2008 年底到 2009 年初美国出版口述历史作品三部,全部以普通人为讲述者。美国学者 Mariko Tamanoi 的《记忆图汇:战后日本人谈"满洲国"》(*Memory Map: The State and Manchuria in Postwar Japan*),是一部以日本对中国东北(满洲里)的殖民为背景的口述历史。该书的讲述者是那些经历过伪"满洲国"的日本移民及其子女,还有部分当地中国百姓。露辛达·麦克格雷(Lucinda McCray)的《心灵之地的卫生文化,1880—1980》(*Health Culture in the Heartland*, *1880-1980: An Oral History*)则从当地居民、医护人员等人的角度,详尽讲述了伊利诺伊州麦克林郡一百年中的卫生事业。在大量口述访谈材料的支撑下,作者探讨了诸如生老病死的家庭处置、护士的培训与工作、非洲裔医生及病人、公共卫生等话题。大卫·凯雷(David Carey Jr.)的《新英格兰的拉丁声音》(*Latino Voices in New England Community*),则考察了美国以盎格鲁血统为主的缅因州、波特兰州中的拉丁族裔。他们克服了他人的漠视、语言的隔阂、文化的差异等困难,积极地适应调整,在实现着自己的美国梦的同时,也改变着周围的环境。

2013 年美国出版的口述历史著作数量有十余种。《民间勇气》(*Civil Courage*)讲述医生对抗纳粹;《知识、教学法与后多元文化:调整城市教师教育的知识核心》(*Knowledge*, *Pedagogy*, *and Postmulticulturalism: Shifting the Locus of Learning in Urban Teacher Education*)与城市教师的知识有关;《健康与营养:巧克力》(*Chocolate in Health and Nutrition*)一书详尽讲述了巧克力的医用、来源、文化价值、医学及心理探讨等;《圣菲利普学院:圣安东尼奥东郊的骄傲》(*St. Philip's College: A Point of Pride on San Antonio's Eastside*)是关于圣菲利普学院的口述;《最长的旅程:东南亚人与麦加朝圣》(*The Longest Journey: Southeast Asians and the Pilgrimage to Mecca*)在回顾麦加朝圣过往、分析伊斯兰教的同时,也记录了朝圣者的部分生活;《安迪·沃霍尔工厂的搭档们:60 年代的银色工厂……一部口述历史》(*Andy Warhol's Factory People: Inside the 60's Silver Factory... an Oral History*);《沙皇的倒掉:1917 年俄国二月革命不为人知的故事》(*The Fall of Tsarism: Untold Stories of the February 1917 Revolution*)采访了二月革命的参与者;《相遇大平原:斯堪的纳维亚移民与达科特印第安人的相处》(*Encounter on the Great Plains: Scandinavian Settlers and the Dispossession of Dakota Indians, 1890-1930*)则借助口述访谈关注了斯堪的纳维亚移民与北达科特印第安人彼此融合的过程;《事实如此:二十世纪圣路易斯黑人的斗争、生存与自尊》(*That's the Way It Was: Stories of Struggle, Survival and Self-respect in Twentieth Century Black St. Louis*)通过十三篇口述故事讲述了该地黑人与种族歧视的斗争以及自我敬重的传统;《难忘东哈莱姆:社区与多样化的口述历史》(*East Harlem Remembered: Oral Histories of Community and Diversity*)聚焦了美国纽约东哈莱姆这一黑人聚居区,时间跨越 1900 年该区的初创到 1990 年代;《美国西部的口述历史、社区与工作》(*Oral History, Community, and Work in the American West, 2013*)的讲述者包括了护士、脱衣舞女、家庭主妇、农场工人、赌场经理、政府警员等,他们的讲述共同服务于美国西部的发展这一主题。

这些都是由某一专家学者或机构预先设定课题,然后寻找讲述者,展开访谈;其内容也不再是传统的军政大事,而是普通民众的普通生活。与之类似,哥伦比亚大学口述历史学部《口述历史集》(*The Oral History Collection, 1973*)中有众多的篇幅不是关于个人的而是关于某群体的,如空军学院、全美物理教师协会、联邦政府、1930 年代的阿根廷等。

　　该类作品是研究口述历史的基本文献,其前言/后记大多会提供作者等人对口述历史的见解。同时,作者群趋向多样化,像记者、历史学家、传记作者、社会工作者及各行业的专业工作者甚至学生都参与其中。

　　第二类著作是指南类。从早期的《过去的声音》、约翰·诺施旺达(John Neuenschwander)的《口述历史教学入门》(Oral History as a Teaching Approach, 1976)到二十一世纪都有该类图书面世。这类书自认负着摇旗呐喊的责任,把一些常识性的(实践操作)知识讲授给学生、传布给普通读者。口述历史问世之初,它们有较高的现实意义。这些书有一个可贵之处,即它们自觉地把关注范围集中在现代口述历史上,提醒人们使用录音机作访谈时应当注意的事项,起到了相当好的宣传推广和指导作用。不足之处则是,它们普遍缺乏深度。如出版于 1976 年的《口述历史教学入门》,基本没有触及深层理论问题;泰德·琼斯等(Thad Sitton, George L. Mehaffy, Ozro Luke Davis)编著的《口述历史:教师指南》(Oral History: A Guide for Teachers〔and Others〕,1983)、爱德华·埃万斯(Edward D. Ives)的《录音的访谈:民间故事、口述历史田间作业指南》(The Tape-Recorded Interview: A Manual for Fieldworkers in Folklore and Oral History, 1995)也是如此。唐纳德·里奇(Donald A. Ritchie)的《大家来做口述历史》(Doing Oral History: A Practical Guide, 1995)是同类著作中较为优秀的一部,内容丰实,包括了简单介绍(记忆与口述历史、公共历史与口述历史)、发起一个口述历史(资金、人员、设备、计划、法律问题)、实施口述历史(准备访谈、联系访谈、执行访谈、结束访谈)、使用口述历史(见证、出版)、口述历史录像录音(背景、设备、人员,保存和使用)、保存口述历史(收集、口述录音、捐赠的访谈、法律问题、公共项目)、口述历史教学(口述历史在中小学、在高校)、呈现口述历史(社区历史、家庭访谈、口述历史的治疗作用、博物馆展出、收音机、舞台、电脑与互动影像)。每个小项下又分为诸多小标题,单单从这众多的标题上即可看出该书所谈问题之多,不足之处是几乎对每个小标题都只是简介,几乎不展开论述,也不涉及理论问题。巴里·兰曼等(Barry Allen Lanman, Laura Marie Wendling)编著的《培养下一代口述历史学家》(*Preparing the Next Generation of Oral Historians: An Anthology of Oral History Education*, 2006)同样是一部教材性质的入门书,专门针对课堂口述历史教学,目的是帮助教师把口述历史的理念传达到课堂上,所关注的多是操作过程中的具体问题。瓦莱里·莱雷·约(Valerie Raleigh Yow)的《记录口述历史》(*Recording Oral History: A Practical Guide for Social Scientists*, 1994)是一部针对口述历史实践的指南书,它考察了一系列的技术问题,包括写作访谈计划到使用录音机到提出针对性的问题到后期整理编辑,同样谈到了在以社区史、人物史及家庭史为主的口述历史的道德乃至法律问题,却都停留在实践操作的层面。

　　类似的著作还有多种。它们普遍不做深入理论探讨,以介绍推广为主,反映了学术界的一般认识,如乔治·伊万斯(George Evans)的《口头历史》(*Spoken History*)一书认为,口述历史就是资料来源①——这种观点是失之偏颇的。但部分作品仍包含了一些真知灼见,如库勒姆·戴维斯(Cullom Davis)等著的《口述历史:从磁带到类型》(*Oral History: From Tape to Type*)中提到了个人隐私与公民权利的问题②,也提到研究者必须

---

① George Ewart Evans, *Spoken History*, London and Boston: Faber and Faber, 1987, p. 246.

② Cullom Davis, Kathryn Back, Kay MacLean, *Oral History: From Tape to Type*, Chicago: American Library Association, 1977, p. 1.

对口述历史材料持一种怀疑的眼光①。詹姆斯·霍普斯（James Hoopes）的《口述历史：学生读本》（*Oral History: An Introduction for Students*，1979）提到了讲述者的人格及口述历史的社会功用问题，但前者仅限于指出了解讲述者人格对顺利完成采访的意义②，并非真正尊重人格，因为它所关注的是被采访者的社会功用，而不是其人格："不管你选择的是哪一类文化项目，你都可以通过问一些关于该项目的个人、社会功用的重要问题……"③格兰·惠特曼（Glenn Whitman）的《与过去对话》（*Dialogue with the Past: Engaging Student & Meeting Standards through Oral History*，2004）在小标题中提到了"共享著作权"的问题，称口述历史为"一个合作过程"④，但由于该书面向课堂教学和学生爱好者，并未对此问题展开论述。

对指南类作品而言，其成功之处在于推动了口述历史的普及，带来大量的第一类作品。同时，其面向的读者主要是学生和普通群众，所以侧重操作性，简单易读。这恰恰是中国口述历史的不足：大陆口述历史一方面很难进入学术界，因而难以获得课堂上的传讲，同时，普通民众缺乏该领域的相关信息，难以了解口述历史并进而普及推广。其缺陷也是比较明显的，那就是视野普遍局限在指导口述操作实践的领域，没有能够打通历史学与其他学科的关系，或者，只是简单地把口述史作为资料来源。

第三类是理论研究著作。该类著作的情况略显复杂，既有较好的理

---

① Cullom Davis, Kathryn Back, Kay MacLean, *Oral History: From Tape to Type*, p. 5.

② James Hoopes, *Oral History: An Introduction for Students*, Chapell Hill：The University of North Carolina Press, 1979, p. 38.

③ Ibid, p. 49.

④ Glenn Whitman, *Dialogue with the Past: Engaging Student & Meeting Standards through Oral History*, Walnut Creek, Lanham, New York, Toronto, Oxford：Alta Mira Press, 2004.

论入门书,也有对口述历史所做的探讨;更为复杂的是,各位学者的观点不尽一致,需要仔细分析判断。

新近修订再版的《口述历史读本》(*The Oral History Reader*, 2006)辑入了理论和实践材料两部分,体现出了编者罗伯特·霍金斯(Robert Perks)及保尔·汤普逊清晰独到的思路,不应仅作入门书看待,因此本书将其纳入理论研究类中进行分析。该书序言对口述历史六十年的理论发展作了一定的总结,依据关注点的变化把六十年分为四个阶段[①]:"二战"后,回忆文体(作为"人民史"的来源)的复兴;从 1970 年代末开始,对记忆与主体性的"后激进"探索日益发展;1980 年代末期开始关注历史学家的采访者与分析者角色;1990 年代以来的电子革命。读本在选摘理论书籍时也紧扣了这四阶段的特点。这种分类必然是粗略的,比如以保尔·汤普逊的《过去的声音》为第一阶段最重要的理论文本,就值得商榷。《过去的声音》是所谓"人民化"的代表者,体现了早期英国口述历史的特色,与美国口述历史发展的早期状况并不一致。导论对第四阶段的表述也不科学。首先,第四阶段所指的"电子革命"与前三个阶段并不是同等档次的事物;其次,虽然它准确地指出了"电邮与互联网确在推动口述历史的国际对话……新的电子技术正在改变人们记录、保存、分类、解释、分享和呈现口述历史的方式"[②],又没有作任何解释,只是一种展望和呼吁;对于新的互联网技术是否会同录音设备一样改变口述历史的性质等问题,则不置一词。但作为对口述历史理论评述的检视,该导论仍体现了编者较高的理论水准和宽广视野,吸纳了英美两国的部分代表性论文,所选

[①]　Edited by Robert Perks and Alistair Thompson, *The Oral History Reader* (second edition), London and New York: Routledge, 2006, pp.1-13.

[②]　*The Oral History Reader*, 2006, p.8.

口述实例也较有价值。

　　更多的理论著作则是围绕某一问题展开探讨。口述实践的目的是获取真实的信息,因此,真实性成为实践者和学界关注的首要问题,口述历史研究中的其他问题基本都由此引出。很多研究者都质疑口述的真实性,认为它依赖不可靠的记忆,因此是需要验证、订正的口述材料——这也是他们为何出版多部旨在保证获取真实信息的操作指南的缘故。为了纠正这种至今盛行的错误观点,有的学者提出了记忆的开放性的问题[①],主张把记忆放在公共记忆的视野内考察,指出记忆和讲述不单单是讲述者一人之事,同时把口述历史的参与者(采访者、讲述者)以及周围环境纳入其中。

　　部分学者对真实性的态度有所转变,把不真实、不可靠看作是口述历史的应有之义。《口述历史读本》(2006)收录的伯特里(Alessandro Portelli)的文章就认为,口述历史的独特之处,正是它的"口头的、讲述的形式、主观性,以及不同记忆的不可信度,以及采访者与讲述者的关系"。[②] 伯特里把这看作口述历史的长处而非缺陷,是其特点而不是问题。这反映出学界在真实性认识上的转变:闭口不谈真实性,固然是错误的,但以真实性作为唯一标准,同样偏颇。把特殊的真实性作为口述历史的特点,去考察它出现的原因、发展的过程及其结果,才是正确的道路。如此一来,就不能再局限在历史的范围内,而是要树立口述历史独立文体的身份。另外,把口述历史看作是一种集体记忆的观点也比较盛行,从社

---

　　① Charles E. Scott, *The Appearance of Public Memory*, see (Edited by) Kendall R. Phillips, *Framing Public History*, Tusaloosa:The University of Alabama Press, 2004, p.147.

　　② Alessandro Portelli, *What Makes Oral History Different*, see *The Oral History Reader*, 2006, p.4.

会因素探寻个人记忆的源头,为真实性难题寻找解答,以至于抹杀了参与者的个人特征。

对真实性影响很大的一个因素是访谈的对话形式。对话既使获取真实信息的过程充满了艰辛,同时也带给口述历史新的文体特征。因此,许多学者把注意力放到了对话上,事实上也就把话题从真实性上转移开来。有学者提出,"口述历史的访谈……确保主要讲述者能讲出一个特殊的故事……录音机引入了文化的视野……"①,此处提到的录音机带来文化的视野,对思考采述双方的身份是一个启发:他们不是偶然、孤立的个体,而是一定文化背景的产物和代言人,特别是普通人物在进入口述历史的时候,往往是以某一群体的形象出现的,不能单单从真实性的角度加以考察。有些学者从社会学、心理学、大众传媒等角度考察为何出现了不真实的情况时,用既有的理论观念来分析新生的口述历史,也涉及采访者与讲述者不同的角色。论文集《共享著作权》(A Shared Authority: Essays on the Craft and Meaning of Oral and Public History,1990)中一篇文章指出,"口述及公共历史最具挑战性的是,重新定义和分配知识权威的能力——共享著作权"②,把共享著作权扩展到重新分配知识权威的层面,很有启发性。伊丽莎白·唐金(Elizabeth Tonkin)的《讲述我们的过去:口述历史的社会构建》(Narrating Our Past: The Social Construction of Oral History,1995)一文从叙事的角度分析了讲述者与讲故事的人,但这种论述与指南类中介绍的内容区别不大,论述比较浅。有的学者指出:"最好的口述历

---

① Edited by Della Pollock, *Remembering: Oral History Performance*, New York: Palgrave MacMillan, 2005, p. 3.

② Edited by Michael Firsch, *A Shared Authority: Essays on the Craft and Meaning of Oral and Public History*, New York: State University of New York Press, 1990, p. 20.

史学家……应该是学者。他们对某一特定领域有着精心准备、深入研究，为采访对象准备了细致问题纲领。"①——这就准确地指出了采访者的重要性，在口述历史逐渐普及、问题多多的今天尤显其深刻。口述历史的真实性对操作环节有很强的依赖性。对此，有的学者主张采访者在采访中要主动出击，以质疑的态度面对讲述者②，所谈的虽然是保证真实度的问题，却引出了采访者与讲述者关系的问题——口述历史是采述双方合作的产物，但合作之中也包含了质疑。

　　由于口述历史的基本内容是由讲述者讲述的，学者伊娃·麦克马汉（Eva M. McMahan）在从阐释学的角度对它进行分析时，认为"把口述历史采访看作是个人叙事（storytelling）的一种形式，并且只关注显赫人物，以尽可能地消除各种变数……致力于把对话分析、社会过程与叙事形式融为一体……把口述历史的采访地定义为一个潜在的冲突环境。借助一系列对话转换和社会策略，双方共同努力来达成一种对立的场面"。③ 把口述历史纳入到叙事学、阐释学的范围进行分析，这已经不再局限于历史学的范畴，具备了较宽广的视野。但她的研究主要集中于显赫人物，固然有利于去除影响人格及讲述的各种社会因素、读者因素，但忽视了普通人做讲述者的情况，也脱离了口述历史的社会环境；同时，其所说的"冲突环境"过于抽象，也不尽符合实情，因为口述历史的合作是紧张与和谐共存的，而非以"对立"为主要内容，更不是以对立为目的。她的这种观念，根

---

① Edited by Donald G. Godfrey, *Methods of Historical Analysis in Electronic Media*, Mahwah, New Jersey: Lawrence Erlbaum Associates Inc. 2006, p.55.

② Roger I. Simon, *Touching of the Past: Remembrance, Learning, and Ethics*, New York: Palgrave MacMillan, 2005, p.96.

③ Edited by Eva M. McMahan, Kim Lacy Rogers, *Interactive Oral History Interviewing*, Hillsdale, New Jersey; Hove, UK: Lawrence Erlbaum Associates Publishers, 1994, p.3.

本上还是把口述历史等同于传统的传记特别是自传文体,把口述历史当作是一个叙事主体克服种种障碍、展示自我的所在。

采访者与讲述者的关系,也是部分学者关注的重要话题。该问题与真实性的问题密切相关。口述访谈是(真实)信息产生的地方,采述双方的关系直接影响到访谈的面貌乃至结果,影响到口述历史的真实性。在这个问题上的主要观点是"共享著作权",对此,本书将予以辨析。

口述历史操作过程中的问题也为学者所关注,比如创伤的问题。由于口述历史不可避免地涉及记忆中的阴暗面,在部分以大屠杀等事件为主题的口述历史中,创伤记忆甚至是最主要的回忆。从 1970 年代汤普逊的《过去的声音》到二十一世纪,都有学者在探讨这个问题。把创伤讲述出来,本身已经暗含了一定的治疗功用,汤普逊在《过去的声音》中对此曾举例说明。这是口述历史社会功能的体现,也可以说是它对讲述者的人文关怀所在。

此外,还有从法律角度探讨口述历史的著作,探讨口述历史如何不侵犯国家利益、个人隐私等法律问题。

此处仅对第三类作粗略分辨,在接下来的正文中,本书还将提到具体的观点,并与之对话。美国口述历史学术界具有更宽广的视野,能够做到从某一角度出发进行较深入的分析。其存在的问题也是明显的:对多数问题的阐述都是在学术论文中展开,彼此之间甚至互相矛盾,缺少兼顾各个问题的综合性研究,尤其缺乏对其独立学科的准确定位,因此出现了从真实性角度进行考察时排斥其社会性、从社会性角度考察则排斥其真实性的问题。当前美国口述历史学界比较有威望的罗纳德·格莱列(Ronald Grele)在为《密封的声音》(*Envelopes of Sound: The Art of Oral History*, 1991)作序时提出,要把口述历史作为一个独立的个体来研究:

"核心概念是把口述历史作为对话叙事……提供一种方法围绕着文本本身中历史理念的运用,同时考虑到在它创造过程中的辩证关系。这也使我们有机会勾勒出访谈中的语言、表演、历史幻象等各层面之间的互动,以及考察神话、意识形态和历史在幻象中的关系。"[1]他所说的"独立"依然在历史学的范畴之内,但他所提到的各种因素的互动则非常有价值。只有把口述历史视为独立的文体,借助对它的内部各组成、环节彼此关系以及外界因素的影响进行考察,才能真正理解它。

第四类是扩展研究类,指的是以口述历史为材料展开的历史学、宗教学、社会学、新闻学、妇女研究、少数族裔研究等多个领域的研究。在这种研究中,真实性甚至准确性,经常都是最高的要求,此时的口述历史是彻底的材料和工具。口述材料的优点是鲜活、具体,缺点是真实性值得怀疑,因此,未必全部符合研究者的需求。扩展研究类作品在大陆很少,在美国数量较多。对这类作品的价值不宜估之过高,尤其是该研究对口述历史本身而言并不具有较高的价值。正如前文所言,口述历史实现自身的独立,就不能局限于被视为资料来源的地位。而这类研究大多立足于口述资料的真实性,因而阻碍了口述历史独立价值的实现。如研究者会依据真实性作取舍,舍掉口述历史中某些不尽符合资料真实性的部分,口述历史就不再完整;它们大多不会关注到口述历史史料之外的价值。《难得一致:墨西哥尤卡塔的纷争与身份政策的缺陷》(*Elusive Unity: Factionalism and the Limits of Identity Politics in Yucatan* , *Mexico* , 2013)的作者阿姆斯特朗·弗梅洛(Armstrong Fumero)借助地方志、口述史、文献

---

[1] Ronald Grele, Preface to the Paperback Edition, see (edited by) Donald Godfrey, *Envelopes of Sound: The Art of Oral History* , New York:Greendwood Publishing Group, 1991, pp. 8-9.

等考察了二十世纪早期墨西哥尤卡塔的农民政策以及二十一世纪初当地的政治;《回忆伊朗社会》(*Remembering the Past in Iranian Societies*, 2013)一书收集了学生们对社会的回忆以及对这些回忆的研究。这两本书正是扩展类研究的例证。

但这类研究也有例外,比如少数心理学研究及传媒研究文章把目光对准口述历史的产生和制作阶段。

本书所做的传记研究,也是把口述历史作为一个独立的文类来研究的,即不把史料价值作为唯一的评价标准。口述历史具有多种价值,这些价值来自于它独特的发起、形成过程,只有把目光从录音或者最终的纸质文本扩大到整个过程,才能有深入的认识。已有学者从传记角度谈到口述历史,如安东尼·塞尔丹等(Anthony Seldon, Jonanna Pappworth)编著的《话从口出》(*By Word of Mouth: "Elite" Oral History*, 1983)一书收录的一篇论文谈到口述历史对传记写作的借鉴意义,但所举例证是英国作家弗吉尼亚·伍尔夫,因为它把口述历史等同于口头见证,因此,其所论并非全是口述历史。[①] 这是从传记角度研究口述历史时经常出现的现象。它们关注到了口述历史的传记特征,却把口述历史作为一种材料收集方法,把应用了该方法的传记叫"口述传记"(oral biography),而不是把口述历史作为一种特殊形式的传记。

另有部分并非以口述历史为研究对象的著作涉及了口述历史,比如史学理论、口述文学研究等。它们或者对口述历史的出现表达了关注,指出其优势或者弱点;或者谈及的一些问题与口述历史有着相通之处。前

---

① Anthony Seldon, Jonanna Pappworth, *By Word of Mouth: "Elite" Oral History*, London, Methuen; Taylor & Francis, 1983, pp.180-194.

者如较新的史学理论著作;后者如约翰·弗利(John Miles Foley)在分析口述文学时提出了"传统依赖""文体依赖""文本依赖"三个原则,其中第三个原则指出,文本的特征"是录音的还是笔录的"非常重要①,具有一定的启发意义。录音机,对口述历史而言,绝不仅是设备的更换,它还带来了新的关系。录音机带来了采述双方的现实对话,并且因为把谈话过程录音也就意味着谈话将会被公之于众,公众因素的影响因此也进入了口述访谈。

　　实践类口述历史著作汗牛充栋,入门类数目较多,理论类参差不齐,这是英美两国口述历史著作的现状。理论类的最大问题是,把口述历史局限于史料范围,过于关注真实性问题,纠缠于操作规范等,阻碍了理论的发展。当然,在实践基础上,研究采访者、讲述者及其关系的文章日益增多,提出了"共享著作权""混合声音"等说法,很多论文关注到访谈中讲述者的记忆,涉及了记忆的背景、变形等问题,客观上促进了实践领域的发展。1980 年在英国埃塞克斯召开的口述历史国际会议上,有研究者强调了口述历史中的主体性,展示了公共文化和意识形态对个人施加的影响如何在个人见证的沉默、矛盾和怪异中表现出来。② 主体性在口述历史研究中被提及,这是较早较有影响的一次,本书也借鉴了该概念。

---

① John Miles Foley, *The Theory of Oral Composition: History and Methodology*, Bloomington & Indianapolis: Indiana University Press, 1988, pp. 109-110.

② Robert Perks, Alistair Thomson, *The Oral History Reader*, London: Routledge (UK), 1998, p. 3.

第四节　国内研究现状

　　中国大陆的口述历史实践开展较晚,理论研究相对比较薄弱,目前则进入快速发展阶段。虽然大陆早有《红旗飘飘》《文史资料选辑》等大型史料收集活动,同时有行业史、工厂史、家族史及个人史等回忆录,前者至今仍被人称为"颇具规模的口述历史"①,后者则有少数《我的前半生》等口述性质的作品。中国大规模开展口述历史运作要晚于西方国家三四十年。1980 年代,海外学者唐德刚参与的《李宗仁回忆录》《胡适口述自传》《顾维钧回忆录》等在大陆相继出版,产生很大影响,由此推动了大陆口述历史的实践操作。

　　中国大陆口述历史的发展可分为以下三个阶段:

　　(1) 介绍、萌芽期。口述历史进入大陆的具体年代难以确证,从现存资料来看,当不晚于 1970 年代。叶永烈说,"文革"刚刚过去,他就读到了"内部出版"的《胡适口述自传》。② 而据唐德刚介绍,李宗仁回到中国大陆后,毛泽东曾表示希望批阅其回忆录,由于李宗仁手头只有英文版,故毛泽东"面嘱将此英文稿发交'北京外国语学院'译回中文"。③ 这是

---

　　① 苏智良:《推进中国口述史的建设》,见当代上海研究所编:《口述历史的理论与实务——来自海峡两岸的探讨》,上海:上海人民出版社,2007 年,第 9 页。

　　② 叶永烈:《口述历史——与历史对话》,见《口述历史的理论与实务——来自海峡两岸的探讨》,第 1 页。

　　③ 唐德刚:《撰写李宗仁回忆录的沧桑》,见《李宗仁回忆录》,第 814 页。

1965年的事情。后来该书的确有译稿出现。① 但这些都是小范围的偶然事件，未能引起人们对口述历史文体的重视。到了新时期，敏感的学术界也发现了国外正开展得如火如荼的口述历史，并作了介绍。较早的文章是1986年《西北大学学报》(哲社版)的一篇《口碑史学方法评析》。该文章主要引用了汤普逊的观点，在口述历史与"人民化"之间建立了直接关系。其后则有数篇同样性质的文章。当时的人们尚缺乏对口述历史的准确认识，未能在实践中自觉使用录音机等现代录音设备，甚至连其名字该译成"口述历史""口述史"还是"口碑史"，都未能统一。此时期只有不符合标准却被追认以口述历史头衔的图书，如《北京大学"一二·九"运动回忆录》《文史资料选辑》《中法战争调查资料实录》等。从这一阶段可以看出，口述历史是不折不扣的舶来品，先驱者如唐德刚，同时也是国外这一领域的佼佼者。许多人把五十年代的《红旗飘飘》丛书、《星火燎原》丛书、《我的前半生》等看作是口述历史，是不严谨的提法。

（2）实践勃发期。时间来到1990年代，随着唐德刚几部重要作品的正式出版，大陆的口述历史实践有了典范文本可供学习借鉴，人们也更加重视其价值，因而其发展呈现出可喜的面貌，有一套口述历史丛书及多种口述历史著作在本时期开始了酝酿，并在下一时期出版。虽然这套《口述历史丛书》存在一定的缺点，但一时间的确出现了"'口述'图书出版先行一步，'口述史学'研究相对滞后"②的现象。研究滞后突出表现在，缺少口述历史的研究学会，缺少专门的口述历史刊物，缺少口述历史的课堂教学，缺少有深度的口述历史论著，缺少以口述历史为材料展开的多学科研

---

① 唐德刚：《撰写李宗仁回忆录的沧桑》，见《李宗仁回忆录》，第820页。
② 呼延华、康慨：《"口述"图书出版先行一步，"口述史学"研究相对滞后》，《中华读书报》，1999年5月19日。

究,甚至缺少对口述历史的系统介绍。整个 1990 年代,仅有十数篇相关论文发表,且基本限于介绍。这部分地是由口述历史仍处在推广阶段的不繁荣状况决定的,同时对实践也未能起到应有的辨析、指导作用。值得注意的是,本时期大陆口述历史作品多是关于军政、文化界名人。口述自传丛书包括《舒芜口述自传》《文强口述自传》《黄药眠口述自传》等,"是以名人的口述自传组成的系列。传主有的是政治、军事、经济、文化等领域的领导人,有的是经历丰富的知名人士,也有的是普通百姓,他们或是作为当事人见证了某个重大历史事件,或者是在某一领域有过突出的贡献,其命运与国家、民族的命运紧密相连,他们的个人传记反映了我们国家、民族的历史"①,虽然提到"有的是普通百姓",但百姓并未成为这套丛书的讲述者。少数学者关注了普通民众的口述历史,如定宜庄完成了《最后的记忆——十六位旗人妇女的口述历史》,南京大屠杀幸存者口述系列也在此时期出现,但相比于美国、英国、新加坡等地,显然不够发达:数量较少,也未能被纳入后续研究。与英美等国借助"人民化"口述材料展开历史学、人类学、社会学、民俗学、新闻学以及少数族裔研究、大屠杀研究、社区研究等的状况不同,该阶段大陆的"人民化"口述历史包括南京大屠杀幸存者、见证者的口述系列仍然停留在资料搜集、整理的阶段。这种不发达与大陆口述历史总体不发达有关系,比如由于口述历史未被纳入学术研究之中,又是偏重实践的科目,研究者担心进入这一领域会影响到自身学术成果的产出,因而不愿触及等;但同时,这种不发达也是对普通人不够重视的结果。没有对普通人的尊重就谈不上对显赫人物的真正尊

---

① 张树相语,见王俊义、丁东主编:《口述历史》第三辑,北京:中国社会科学出版社,2005 年,第3—4 页。

重——他们与普通人相通的地方也应当是其精彩之处。如果仅仅围绕他们的地位展开访谈,则很难传达出该人的全部甚至是最精彩的部分。这并不是中国口述历史的专有现象,即便是在"人民化"口述历史发达的英国、美国,虽然他们做得要好一些,但是否真正做到在口述实践中尊重普通人仍旧值得探讨。除了不够重视普通人物,这时期在一些理论问题上也缺乏清晰的认识,比如前面所引的文字中,即把口述历史与自传等同起来,反映出对口述历史定义的认识不甚准确。

　　(3)理论整理期。进入二十一世纪后,网络、多媒体空前发达,带来了数量众多的口述历史材料以及更多似是而非的"口述历史"。相比于第二阶段,本时期口述历史呈现出爆炸式发展的态势。这时期,有《光明日报》《南方日报》、凤凰卫视、搜狐、中国雅虎等各种形式的媒体都制造过"口述历史",其中确实有些是真正的口述历史。而且不论其是否符合标准,光是铺天盖地而来的场面也要求学术界正视它了。因此,几乎在口述历史实践勃发的同时,杨祥银的《与历史对话——口述历史的理论与实践》于 2002 年出版,这是大陆第一部系统的介绍性著作,内容丰富,包括了口述历史的基本理论、基本方法、课堂教学、跨学科思考以及海内外口述史学发展状况的多个方面。虽然这些内容在英美等国都已经有多种论著谈及,而且该书带有明显的汇编性质,却仍是一部较好的针对初学者的入门读物。作为开创性著作,该书对国内以及境外口述历史都有一定的描述。该书也有一些不足,如在书的开始部分,作者提到口述历史是"通过传统的笔录或者录音和录影等现代技术手段的使用,记录历史事件的当事人或者目击者的回忆而保存的口述凭证(oral testimony）"。①这一"开宗明义"性质的定义其实是模糊的。按照这一定义,最早最原始的与当前最先进的形式都可以被称作口述历史,两者之间的关联就是口述方法在史学上的使用。作者并未给出有足够说服力的证据来论证口述的方法超越了时间的鸿沟,可见该定义不够严谨。该书的视界基本局限在史学范畴内,未能真正做到从多学科角度来考察口述历史的意义,也基本没有提到口述历史参与者各自角色的特点。

实践领域的勃发,使得学界开始关注这一实践性强理论性弱的领域。中国社会科学出版社连续出版了多期以刊登口述访谈及理论批评为主的《口述历史》辑刊。本时期还出版了一部研究性著作《口述历史分析:中国近代史上的美国传教士》(齐小新,2003)。

以 2004 年底中华口述历史研究会的成立为标志,大陆学者也开始了系统性的研究。作为该学会成立后发表的论文集《中国口述史的理论与实践》则是继杨祥银的著作后另一部较集中的论著。论文集在"祝词篇"外,还包括"回顾展望篇""理论研究篇""实践探索篇"与"学科建设篇"等,其收录的一些论文具有一定价值。丁慧超的《近 20 年来国内口述历史研究述评》是较好的一篇。该文对近二十年中的著述条分缕析,其文中部分观点较公允,如认为 1990 年代的口述实践中存在着参与者少、影响微弱及实践者与理论缺乏沟通和认同、存在距离等问题。② 丁文也有问题,如没有处理好口述历史的渊源,以至于在"中国口述史"与外国口述史的问题上纠缠。如果认同只存在一种口述历史,这些问题即可迎刃而

---

① 杨祥银:《与历史对话——口述历史的理论与实践》,北京:中国社会科学出版社,2004年,"前言与致谢",第 1 页。

② 丁慧超:《近 20 年来国内口述历史研究述评》,见周新国主编:《中国口述史的理论与实践》,北京:中国社会科学出版社,2005 年,第 57 页。

解,人为把中外口述历史对立起来,为所谓中国"口述历史"确定地位,值得商榷。再如,丁文把研究者的分歧纳入到"史观的分歧"框架之内,虽然与当时学界对口述历史的判断比较吻合,但单从历史学的角度来考察,自然无法得出较完满的结论。该论文集收录的文章有些实不足取,如程中原认为"当事人无须别人代劳,自己用笔写下亲身的经历"也算口述历史,"它同亲历者口述、别人笔录只是方式和工具不同,实质是一样的"。① 依照该观点,不仅司马迁的《史记》中有部分文字是口述历史,连《太史公自序》《富兰克林自传》也是口述历史! 较复杂的情况是,在一些存在不足的文章内,也有可资借鉴的看法,如朱元石既错误地把《汉书》中的"口占书吏"②作为口述史,同时又正确地指出,口述历史是"口述者和整理者双方的积极的合作产品"。③ 该学会成立的更重要意义在于对口述历史的规范和指导作用,使口述历史在学术界占据一席之地,虽然他们试图把口述历史纳为历史学的一个分支学科④是有待商榷的做法。

2007年出版的《口述历史的理论与实务——来自海峡两岸的探讨》与《中国口述史的理论与实践》相比,具有一定的史料意义,但基本没有理论上的突破性进展。

有些学者通过具体实践对口述历史表达了自己的看法。傅光明依据自己的访谈实践写作了数篇论及口述历史的文章。在他看来,口述历史

---

① 程中原:《谈谈口述史的若干问题》,见《中国口述史的理论与实践》,第69页。

② 据《汉书》卷九十二记载,"王莽素奇遵材,在位多称誉者,由是起为河南太守。既至官,当遣从史西,召善书史十人于前,治私书谢京师故人。遵冯几,口占书吏,且省官事,书数百封,亲疏各有意,河南大惊。数月免。"此处,口占书吏指的是,陈遵口述书信(私书)内容,由书吏记录,其内容应该与历史无关。

③ 朱元石:《关于口述史问题的一些研讨》,见《中国口述史的理论与实践》,第76—84页。

④ 梁景和:《关于口述史的思考》,见《中国口述史的理论与实践》,第89页。

并不可信：

> 我对历史的信任度，是与我采访、调查的深入，年龄、阅历的
> 增长，以及认识和理论的提升成反比的。采访之初，我对所有受
> 访者充满了敬意，而他们对我也充满了善意。我以为每一位历
> 史的叙述者所口述的历史，都毋庸置疑，是绝对真实的……但一
> 个又一个浮出水面的历史细节，彼此却有着巨大的矛盾、冲突，
> 根本无法按照叙述的样子去还原本真。①

　　傅氏此处遇到的问题并不罕见。首先，这是做口述历史时难免要遇
到的问题。在美国，口述历史的入门教材都会告诉从业者，应该对讲述者
保持着一定的质疑。而在大陆，由于缺少专业的训练，一切需要从业者经
由实践自行总结。其次，傅氏言谈中透露出一个信息：在采访的最后，他
对采访者已不再充满敬意。这也不是偶然的情况。笔者曾与一些"南京
大屠杀史料集·幸存者调查口述续编"项目的采访者有过交流，他们对讲
述者的喋喋不休、离题万里均表示了不满。在采访者对讲述者不满的时
候，敏感的讲述者也能有所体察，可能出现不再对采访者"充满善意"的
情况。可见，采访者与讲述者之间经常存在紧张、不融洽的关系。如何理
解、应对这一现象？虽然有研究者认为"采访者要主动，问一些使讲述者
感到孤独失落的问题、棘手甚至是根本无法回答的问题，以此来激发讲述
者的反应，这样的话，可能会获得对口述凭证的新的判断"②，但更多的时

---

　　① 　傅光明：《文坛如江湖》，北京：中国三峡出版社，2006 年，第 12 页。
　　② 　*Touching of the Past: Remembrance, Learning, and Ethics*, p. 96.

候,人们还是主张,较为和谐的采述关系才是口述访谈成功的标志。在插图本的美国口述历史教材中,采访者与讲述者在合影时都是笑容满面的。项目完成后,双方互表感激钦佩,也是更常见的现象。因此,无论是"紧张"还是"和谐"都无法单方面概括访谈双方的关系,这个问题比较复杂,本书将对此进行探讨。在同一处,傅氏还提到了真实性的问题。他从口述历史未必是信史出发,认为叙述者与记录者之间存在着"真空";又说,历史都是历史学家书写出来的,并不是历史本身。傅氏认为,"结果"已经变得不重要了,而"过程性"却具有了更大的和真正的历史的意义与价值。① 这种观点并不完全合理。傅氏看到了口述历史的局限性,同时也从自己的实践中认识到它的最终价值要超出史料价值本身,这是很有意义的发现。但他把过程性看作是"真正的历史的意义与价值"却值得推敲:史料价值对口述历史来讲,永远是首要的价值;同时,口述历史的价值不能单在历史的框架之内考虑。

还有很多人从阅读体验中得出了有价值的结论。金冲及在一次座谈会上指出一般回忆录与口述历史的区别,认为"写回忆录,越是大量的普遍存在的东西,社会风尚的情况,当时人们习以为常的情况,他往往不会去写……亲历者有些事情觉得不值得谈,但是没有亲历其境的人很希望知道。口述历史有问有答,有时候比回忆录就讲得深一点"。② 金冲及指出了口述历史的讲述者与自传作者的一个重大区别,也提到了口述历史与读者的关系。另外,他在同一处提到,"记录的人最好把口述者的口气、语气写出来……听的时候他讲得很生动,一整理出来觉得干巴巴的"。③

---

① 傅光明:《文坛如江湖》,第13—15页。
② 金冲及语,见《口述历史》第三辑,第14页。
③ 同上,第14页。

该提法实际上是针对口述历史文体及采访者的。通过对以上种种观点进行正误识别的思辨,研究者得以拓展视野、提高认识。

总之,国内的口述历史研究基本以体验、感受为主,缺乏针对口述历史的操作、本质及相关领域的研究。造成这种情况的主要原因是,学术界在口述历史的学科归属上存在争议,重视不够,对口述实践的理论指导不到位。

台湾地区的口述历史要比大陆开展得早,实践和理论方面的成就也更高。台湾地区早在1950年代就开始了系统的传记整理,也更早接触到了口述历史这一概念。参与了哥伦比亚大学口述历史项目的胡适来到台湾后,于1959年底组织开展民国人物的口述历史访谈计划。该计划采访的多是军事将领。自1984年起,台湾地区展开了第二阶段访问计划。近几年,台湾地区的口述历史重点发生转移,以本土政治、经济、文化、教育界人士为主,其规模远较大陆恢宏。总计出版口述作品近百部,并有《口述历史》期刊出版。在丰富的实践材料支撑下,同时得益于更为开放的视角,台湾学界的研究也更为深入。王明珂的论文《谁的历史:自传、传记与口述历史的社会记忆本质》把口述历史与自传、传记放在一起比较考察,认为它们都是社会记忆,"透过它们,学者可以分析个人的时代社会本质,以及一个时代社会的文化价值,以及与资源分配有关的社会认同"。①其中,口述历史与自传相似,都是选择性自我回忆的后果,不同之处在于,在自传中是传主依据读者和现实取向来选择性回忆;口述历史则是"过去与现在之间,采访者与受访者之间,个人(采访者与受访者)的生活经验

---

① 王明珂:《谁的历史:自传、传记与口述历史的社会记忆本质》,转引自杨祥银:《与历史对话——口述历史的理论与实践》,第191页。

与社会认同之间，'互动'的结果"。① 王明珂从"谁在回忆、谁被回忆，以及哪些主题被回忆"②的角度出发所作的比较分析较为精到，也很有启发意义。可以说，他这种比较研究法首先就承认了口述历史的独立地位，而不是把它简单看作是史料。这告诉研究者，只有赋予它独立的身份，才能展开进一步的讨论。当然，王明珂的文章也有缺陷。比如，单单使用数据分析的方法，就忽视了自传传主、传记家、采访者与讲述者等的能动性，也无法考察他们的人格；同时，忽略了真实性的问题。他把口述历史看作是社会记忆，认为它与自传、传记一起，都是社会因素作用下的产物，过分夸大了个人以外的力量。杨祥银的《与历史对话——口述历史的理论与实践》还收入了另两位台湾学者较有代表性的文章，分别是杨仁江的《口述历史方法在台湾传统建筑上的运用》和张玉法的《新闻与口述历史》。前者把口述历史作为填补文献空白的方法，反映了口述历史遭遇误解的一般情况；后者虽然把新闻与口述历史放在一起分析，但属于旧论重提，谬误之处不少。

　　总体而言，台湾学界凭借着开展得较早较好的实践以及更为开放的学术环境，取得了比较好的研究成果。

　　香港、澳门地域偏小，口述历史在实践领域有进展，但成就在台湾之下。凤凰卫视的"口述历史"节目（现已停播）中有些得以出版为书，可以看作真正的口述历史。

　　在研究领域，港人胡志伟的《海峡两岸口述历史的今昔及其牵涉的若干道德、法律问题》是较有代表性的一篇，提供了一些有价值信息，但文章

---

　　① 　王明珂：《谁的历史：自传、传记与口述历史的社会记忆本质》，转引自杨祥银：《与历史对话——口述历史的理论与实践》，第 172 页。

　　② 　同上，第 190 页。

存在一些不正确的结论。而在谈及香港地区口述历史的时候，他却转而去谈论香港的传记文学，把二者混淆起来。他对唐德刚有个人偏见，认为唐氏笔录《李宗仁回忆录》时，因为一度被禁于台湾，"正好碰上一个满腹牢骚的李宗仁，便把一肚子窝囊气发泄到作品中，于是逢君之恶，所编之书多少有些不尽不实的内容"。① 又如其文章指出《顾维钧回忆录》是顾维钧"独力理整理与撰写……唐德刚只是承担了一些校对与跑腿的工作，委实不该掠美……传主本身的诚实谦虚与博闻强记才是这部皇皇巨著口碑载道的最主要原因"。② 他还谈到了采访者对作品的影响，认为唐德刚参与的《顾维钧回忆录》与《李宗仁回忆录》"有天壤之差"：前者史料翔实准确，后者则有失实之处。他的这一见解对考察口述访谈中采访者与讲述者的关系有着很好的启发，但同时掺入个人情感，说服力不足。最后，在《海峡两岸口述历史的今昔及其牵涉的若干道德、法律问题》这样宏大的题目下，所做的工作则琐碎失真。

　　综上论述，口述历史在问世六十年来，借助日益先进的技术，在实践领域有着较高的成就，在理论方面则略显落后：实践性指导性文字多，理论性研究性文字少。得益于丰富的实践，口述历史从业者获得了诸多经验，其中不乏真知；很多研究者从多个角度对它进行了探讨，关注到了口述历史中人与人、人与环境的关系，特别是口述历史中特殊的采访者、讲述者彼此依赖的关系，但缺少详尽的分析。研究者或者纠住口述历史的真实性反对其社会性，或者夸大其社会性无视其真实性，更重要的是，普遍缺乏把口述历史独立出来进行文本分析的实践。

---

　　① 胡志伟：《海峡两岸口述历史的今昔及其牵涉的若干道德、法律问题》，见《口述历史的理论与实务——来自海峡两岸的探讨》，第 36 页。
　　② 同上，第 31 页。

　　本书将以传记的角度切入,认为口述历史是不同于传统他传与自传的一种独特形式的传记,其追逐史实的本质都决定了无论是采访者还是讲述者都无法呈现出类似于传记作品中传主的光辉形象;而采访的具体环境包括采访过程及双方关系也影响到了采述双方的"自由"发挥,使得他们无法全面展现自己的人格。虽然面对这些困难,他们依然竭力在文本中展示自己的部分特点。影响到口述历史具体面貌的,除了社会的因素外,采访者与讲述者各自的身份和能力,也是关键因素。口述历史的这些特点对理解传记创作、文学创作都有一定的启示,而采述双方在困难面前竭力展示自我的努力也值得尊重。最终,努力追求史实的口述历史未能彻底掩盖参与者的能动性和社会性,口述历史因此呈现出复杂的面貌,参与者则从一定程度上展示出包含人格在内的各自形象,从而在一定程度上实现了其对参与者的人文关怀。

　　把口述历史作为一种独立文体来看待,可以较好地把它的真实性与社会性统一起来,同时可以赋予它史料价值以外的新价值:(1)展示的价值,口述访谈倚重操作环节的特征,展示了历史从文本中产生的过程。口述访谈未必能带来真实的信息,同时它鼓励人们透过各种假象去探寻"原貌"。否则傅光明所做的老舍之死访谈就没有意义,而前文提到的采访者依据"逻辑"作出的判断也失去了存在的理由。(2)沟通的价值,指的是口述历史能够沟通采访者与讲述者以及环境等外部因素,使得各种因素能够参与其中。口述历史的参与者都是具有社会性的人,虽然采访者会在追求史实的动机下限制参与者的能动性,但他不能取消这种能动性、社会性。读者在阅读时,可以通过精心玩味、参照其他信息来理解采述双方的关系乃至社会因素的影响,从而作出自己的判断。(3)关怀的价值,指的是它对人性的关怀:人对自身(主要是历史)价值的确认过程,激发了口述历史参与者对自我对他人的尊重和发现，同时，过于关注历史价值，又导致了对其他价值的漠视。口述历史在史料价值与其他的价值之间有所取舍，正体现出其独特的关怀角度。这三种价值连同其史料价值保证了口述历史会获得一种"文类"的身份，而不会停留在史料上。

而口述历史的真实性与其社会性本不该是相矛盾的概念，相反，它们应该互相支持。而保证其独立文体特征、勾连真实性与社会性的，正是录音机的引入。录音机不是简单的机器设备，它带来了新的关系、新的情境。英国口述历史协会认为，"历史学家通过三种声音说话：讲述者、采访者和录音机，后者是历史的耳朵"。① 把此处的历史学家换为口述历史，那么，正可以说明录音机具有重要意义。当然录音机绝不仅仅是耳朵，它还是一个现实的存在，它代表了采访者及采访者背后的读者。讲述者在面对录音机讲述时，已经预知他的谈话会被记录、被传布，因此，他会相应地加以调整。

本书在参考目前国内外研究现状的基础上，力图从整体上对包括制作环节在内的口述历史的全过程加以考察，侧重点在关注采访者、讲述者在访谈前后及访谈中的关系及身份。总体而言，本书把口述历史作为独立的文体，在具体论述中，则把它与一般传记文学进行比较，希望能对口述历史这一特殊形式的文体中真实性与人的能动性之间的对话与互动作全面的考察。

---

① Oral History Society, *Oral History*, London：Oral History Society, 1991, p. 43.

第一章　动机与操作

第一节　历史与历史学家

　　本书导论部分指出了仅把史料价值作为口述历史衡量标准的不当之处,但依据其定义,只有以"访求史实"为出发点的口述访谈才能被视为口述历史,因此如何看待史料价值就成为一个棘手的问题。本书认为只有把口述历史发起、制作及形成的全过程而不是仅以最终纸本作为研究对象,才能正确理解口述历史的历史价值:既把史料价值放在视野之内以免出现泛化口述历史的现象,同时挖掘史料价值所启发的其他价值。本章主要考察口述历史的制作过程与史实的关系,即事实的因素。

　　司马迁在《史记·太史公自序》中讲述自己写作《史记》的原因时写道:"先人有言:'自周公卒五百岁而有孔子。孔子卒后至于今五百岁,有能绍明世,正《易传》,继《春秋》,本《诗》《书》《礼》《乐》之际?' 意在斯乎! 意在斯乎! 小子何敢让焉。"他认为自己写作《史记》是继承孔子写作《春秋》。而后,他又通过孔子写作《春秋》的动机谈到了自己的动机:

　　……且士贤能而不用,有国者之耻;主上明圣而德不布闻,有司之过也。且余尝掌其官,废明圣盛德不载,灭功臣世家贤大夫之业不述,堕先人所言,罪莫大焉。余所谓述故事,整齐其世传,非所谓作也,而君比之于春秋,谬矣。

　　……"此人皆意有所郁结,不得通其道也,故述往事,思来者"。于是卒述陶唐以来,至于麟止,自黄帝始。①

　　司马迁在肯定孔子撰写《春秋》的意义的基础上,认为自己有义务去效仿;同时他解释了在皇帝贤明的汉武帝治下,他的创作动机与孔子略有区别,即不再是"垂空文以断礼义,当一王之法"②,而是史官职责所在。他更在遭遇李陵之祸、度过了艰难的自认"身毁不用"的消沉期后,把撰写《史记》比拟为孔子、屈原等人的创作心态:述往事,思来者。这几段文字比较好地揭示了司马迁的创作动机。在《报任安书》中,司马迁向好友任安解释了自己惨遭酷刑却忍辱负重的原因正是为了完成《史记》一书:"所以隐忍苟活,幽于粪土之中而不辞者,恨私心有所不尽,鄙陋没世,而文采不表于后也……此人皆意有郁结,不得通其道,故述往事,思来者……仆窃不逊,近自托于无能之辞,网罗天下放失旧闻,略考其行事,综其

---

① 《史记》,第 1787—1788 页。
② 同上。

终始,稽其成败兴坏之纪。上计轩辕,下至于兹,为十表、本纪十二、书八章、世家三十、列传七十,凡百三十篇。亦欲以穷天人之际,通古今之变,成一家之言。草创未就,会遭此祸,惜其不成,是以就极刑而无愠色。仆诚已著此书,藏之名山,传之其人,通邑大都。则仆偿前辱之责,虽万被戮,岂有悔哉!"①

可见,司马迁创作《史记》的过程中,曾经有过许多困难,但他一一予以克服。最终不但成书,而且在《史记》与司马迁之间形成了一种不可分割的关系:写作成为他"意有郁结……述往事,思来者"的通道和方式。尤其是考虑到司马迁撰写《淮阴侯列传》《项羽本纪》《李将军列传》等郁郁不得志者时的全情投入,可知,《史记》对于他的意义,远远超出了工作职责所在的范围。

这种情况在中国历代官修史书中是比较少见的,反而比较接近传记作品的创作动机。

唐太宗李世民在《修〈晋书〉诏》里的名言"大矣哉,盖史籍之为用也"②,正表明了皇权专制下的统治者对史书巨大功用的感受;而李世民的"以史为鉴,可以知兴替"是对这功用的具体认识。一般而言,二十四史中的多数作品以及《资治通鉴》都是由新王朝为了总结(历代)前朝的统治教训,表明本王朝才是天命所归而发起编修的,普遍反映了忠君、污蔑农民起义等正统皇朝观念,较少有参与者把史书撰写与自己的生平结合在一起的情形。官修史书的编纂者在用正统观念理解前朝、美化与本朝有关事件之外,基本上只需要对历史的真实性负责。时任著作郎的陈

---

① 　《史记》,第 1823 页。
② 　宋敏求编:《唐大诏令集》卷八一,北京:商务印书馆,1959 年,第 467 页。

寿撰写《三国志》时刻意回护曹魏、司马氏，并且被后人认为贬低诸葛亮"将略非长，无应敌之才"。① 按，这句话出自《晋书》陈寿的传，与《三国志·蜀书·诸葛亮传》不但有文字上的差异（原话为"然亮才，於治戎为长，奇谋为短，理民之干，优於将略"②，这是陈寿在《诸葛亮传》结束后的传论部分的话），且陈寿本意似不在贬低诸葛亮。通观其所著《诸葛亮传》传论之语，对诸葛亮的业绩与才能多有赞美之词（"于是外连东吴，内平南越，立法施度，整理戎旅，工械技巧，物究其极，科教严明，赏罚必信，无恶不惩，无善不显，至於吏不容奸，人怀自厉，道不拾遗，强不侵弱，风化肃然也"③），且在看似贬低的一句话之后，陈寿又替诸葛亮进行了长篇辩解："而所与对敌，或值人杰，加众寡不侔，攻守异体，故虽连年动众，未能有克。昔萧何荐韩信，管仲举王子城父，皆忖己之长，未能兼有故也。亮之器能政理，抑亦管、萧之亚匹也，而时之名将无城父、韩信，故使功业陵迟，大义不及邪？盖天命有归，不可以智力争也。"可见，陈寿对诸葛亮的评价还是比较客观甚至是以褒为主的。后人看低陈寿另有他因，陈寿对诸葛亮的"贬低"态度不过是罪证之一。况且，即便《晋书》中对陈寿的评价是准确的，即陈寿的确贬低了诸葛亮，这在特定历史条件下可以理解，即是说，《三国志》仍然是一部尊重史实、文字优美的"良史"。对陈寿颇有微词的《晋书》不得不指出，"时人称其善叙事，有良史之才"④，且在传论部分称："丘明既没，班马迭兴，奋鸿笔于两京，骋直词于东观。自斯

---

① 房玄龄等撰：《晋书·列传第五十二·陈寿》，北京：中华书局，1974 年，第 2138 页。
② 陈寿著，裴松之注，吴金华点校：《三国志·蜀书·诸葛亮传》，长沙：岳麓书社，2002 年，第 625 页。
③ 同上。
④ 《晋书·列传第五十二·陈寿》，第 2137 页。

已降,分明竞爽,可以继明先典者,陈寿得之乎!"①这是对陈寿的高度评价。可见,不论是陈寿对诸葛亮还是《晋书》对陈寿,基本都没有受到作者观念的影响,尽量做到了以事实清楚准确为第一。这可以算作古代官方编修史书的典范:有才华的编纂者把自己的才情应用到对真实史料的追索与编排上,而不是司马迁那种挥洒文笔于故事或者人物,使之带有作者个人情感或者经历的清晰印记。欧阳修、宋祁编修的《新唐书》、司马光编修的《资治通鉴》固然存在文字改变或者语言增删等为人非议之处,但它们基本都是事实清晰的史学著作。

少数私人撰史者的动机有所不同,如范晔因不得志而编写《后汉书》、万斯同不计报偿完成《明史》初稿,却都同时体现了对历史真实的负责,并未把自己对历史人物、事件的情感认识与历史混淆起来。

西方较少有官方编修史书的活动,以私人或者机构著史为主。写作《历史》之前,希罗多德曾到各地游历,并听取人们讲述的历史事件,最后写出了资料翔实的史书。亚里士多德曾专门指出,"历史家与诗人的区别不在于一用散文,一用'韵文';希罗多德的著作可以改写为'韵文',但仍是一种历史,有没有韵律都是一样;两者的区别在于一叙述已发生的事,一描述可能发生的事……历史则叙述个别的事。"②亚里士多德借助对希罗多德的《历史》的评价指出了诗注重想象与哲学意味,历史则重视事实。而注重对事件(事实)的考察这一原则一直为西方史学家所遵循。十九世纪史学家兰克主张秉笔直书、去伪存真,把历史学变成了一门以考据事实、叙述事实为主的科学,由于他的观点具有相当的合理价值并且符

---

①　《晋书·列传第五十二·陈寿》,第 2159 页。

②　Aristotle, "Poetics," see *The Philosophy of Aristotle*, New York: New American Library, 2003, p.475. (译文参照罗念生:《诗学》)

合了十九世纪自然科学迅速发展的大趋势,后来成为一个具有重大影响的学派,直到二十世纪中后期方式微。

可见中国、西方的大多数史学家都把精力放在对事实的验证与追寻上,而这可能与史学家的个人经历、情感寄托有关,但史学家一般不会将两者混淆,即不会在历史著作中展示自己的情感。因此,司马迁确实是一个例外,他不但是史学家,还是传记家。对他来讲,真实与否固然重要,但对历史事件的剪裁乃至修改,与他的个人见解或情感寄托有很大关系。司马迁在《高祖本纪》中花大量篇幅赞美了汉高祖刘邦,对他的出生有如下描写:

> 高祖,沛丰邑中阳里人,姓刘氏,字季。父曰太公,母曰刘媪。其先,刘媪尝息大泽之陂,梦与神遇。是时雷电晦冥,太公往视,则见蛟龙于其上。已而有身,遂产高祖。[①]

通观《高祖本纪》,除了这种应景赞美之词,司马迁基本上对刘邦保持了正面评价的态度。如,他对于著名的睢水之战的描述是:

> 项羽闻之,乃引兵去齐,从鲁出胡陵,至萧,与汉大战彭城灵壁东睢水上,大破汉军,多杀士卒,睢水为之不流。乃取汉王父母妻子于沛。[②]

① 《史记》,第196页。
② 同上,第207页。

这是一段相当平实、不露声色的文字。而在《项羽本纪》中，司马迁对写出了刘邦的睢水之战的描述是：

> 项王乃西从萧，晨击汉军而东，至彭城，日中，大破汉军。汉军皆走，相随入穀、泗水，杀汉卒十馀万人。汉卒皆南走山，楚又追击至灵壁东睢水上。汉军却，为楚所挤，多杀，汉卒十馀万人皆入睢水，睢水为之不流。围汉王三匝……楚军大乱，坏散，而汉王乃得与数十骑遁去，欲过沛，收家室而西；楚亦使人追之沛，取汉王家：家皆亡，不与汉王相见。汉王道逢得孝惠、鲁元，乃载行。楚骑追汉王，汉王急，推堕孝惠、鲁元车下，滕公常下收载之。如是者三。曰："虽急不可以驱，柰何弃之？"於是遂得脱。求太公、吕后不相遇。审食其从太公、吕后间行，求汉王，反遇楚军。楚军遂与归，报项王，项王常置军中。[1]

这段文字不但对汉军的大败进行了详尽描写，还讲述了刘邦为了逃跑丢弃儿女的卑劣行径。而"项王……为高俎，置太公其上，告汉王曰：'今不急下，吾烹太公。'汉王曰：'吾与项羽俱北面受命怀王，曰'约为兄弟'，吾翁即若翁，必欲烹而翁，则幸分我一杯羹'"[2]一段文字则活灵活现地刻画了刘邦的流氓嘴脸。

司马迁正是用这样褒贬互见的方式在《项羽本纪》《淮阴侯列传》中对刘邦多有贬低，在《高祖本纪》中对项羽的残忍、黩武进行了批评，这样

---

① 《史记》，第186页。
② 同上，第197页。

做既保持了《高祖本纪》中刘邦形象的连贯性，又避免了停留在粉饰、赞美的层次。而司马迁对材料的这种运用不再是真实与否的问题，而是如何使用材料来表达自己的观念，即他的动机：述往事，思来者。问题是，如此一来，这就不再是纯粹的历史了，而是接近于发乎本心的文学创作。鲁迅所说的"史家之绝唱，无韵之离骚"①，正是说出了司马迁与屈原一般"寄心楮墨"的创作心态，也说明了《史记》更接近文学作品的一点。后人曾因此对司马迁颇有不满。班固在《汉书·司马迁传》中曾说："至于采经摭传，分散数家之事，甚多疏略，或有抵梧……其是非颇缪于圣人，论大道而先黄、老而后六经，序游侠则退处士而进奸雄，述货殖则崇势利而羞贱贫，此其所蔽也。"②班固除了指出司马迁对圣贤或者奸雄等人的评价不合乎正统之外，也指出司马迁对历史材料的运用并不完全讲求真实。唐代刘知己在《史通》中也指出了司马迁在史实处理上的一些不严肃之处。

司马迁不同于一般史学家的特殊之处，就在于他不但在写史，还在写人。这就带有了传记的色彩。历史，关注的是事件；传记，关注的是人，旨在纪念在世的或者离世的人。这是历史与传记在缘起处的不同。虽然有诸如《史记》等留下精彩人物传记并为后世中国小说所借鉴发扬的少数史学作品或者篇章，但是也因此招致不少非议。可以说，《史记》之外的多数史书，都刻意保持了作者对史料的客观态度，这一点是传记家难以做到的，却是口述历史尽量要做到的。在一定意义上，口述历史是一种未完成状态的历史作品（的一部分）。

---

① 鲁迅：《汉文学史纲要》，见《鲁迅全集》第九卷，第 435 页。
② 班固著，颜师古注：《汉书》，北京：中华书局，1962 年，第 2737—2738 页。

第二节　寻求史实的口述历史

口述历史自出现之后，很长时间里，甚至直到现在，都被很多人看作（至少首先）是"收集史料的一种新方法"。① 在英美等国，社会科学各学科采用口述访谈的方法来收集资，不再是新鲜事；而大陆学界在宣传、推广它的时候也着重强调其在搜集资料方面的意义："简单快捷、真实鲜活，为以后的研究打下基础。"②按照这种论调，口述的新颖之处无非是引入了录音机、录像机等新设备，相比于司马迁、希罗多德等的口头访史活动，仅仅是工具的升级换代，而没有发生本质的变化。因此持该观点者一般都认为，口述历史应当包含两种形式：古老形式和现代形式。把古老与现代两种形式连在一起的是口述访史的方法。但其古代形式并没有独立的存在，这使得它不能成为稳定的可供独立研究的事物，而且口述在古代与现在的表现形式并不尽相同。以司马迁、修昔底德为例考察，古代的口述方法，是司马迁等人为了考证某事而向相关的人调查取证，最终调查得来的言论或者成为司马迁等人笔下的历史文字或者直接被遗弃，没有独立存在的形式，因而具体的访谈过程就无迹可察；除了寥寥数语，提供信息的人等于不存在，没有留下任何体现其人格的痕迹。口述历史则借助于录音机，把访谈过程全部录下来后，根据访谈录音去整理成文字，"使动

---

① *Oral History*, p. 2.
② *Methods of Historical Analysis in Electronic Media*, p. 63.

态的声音进入固定的形态"。① 这样一来,不仅访谈过程得以保存,也为人们了解讲述者及采访者的个人形象提供了可能,同时又为考查口述历史的制作过程提供了文本。

因此,口述历史不只是一种方法,它具有独立存在的形式,具备独特的文体特征,与古代口头访史的方法不是同一回事。但两者有一点是相同的,就是寻访史实。口述历史即使存在着展示参与者人物形象的可能,也难以改变它追求史实的本质,这是它名为口述自传却难得见出鲜活人格的最根本原因。

从口述历史的发起来看,存在两种情况:采访者发起或者讲述者发起。后一种情况比较少见。如张学良先后做过三次口述访谈,其中最后一次是慕名请唐氏为其操作:

　　我们谈了些题外之言后,张公便言归正传地告诉我说,他之所以特地约我来相会,是他曾看过我的两部书,十分欣赏。一部是《李宗仁回忆录》,他说那部书写得好,好在何处呢? 他说他未见过李宗仁,但是他和"蒋"太熟了。你笔下所写,李宗仁所说的"蒋",就是百分之百的"蒋",因为"蒋"正是这样的人。张公连连夸奖我,"写得好,写得好",并翘起他的大拇指。我向他解释说,其实李传只是个未完成的草稿。由于传主的突然回国,就无法润色了,这部回忆录的复杂故事和执笔者的辛酸,原是说不完的,我也未便向他细说了。

　　另一部书呢? 原来那只是一篇短文讨论他自己的,叫作什

---

① Association of Canadian Archivists, *Archivaria*, Summer,1992, p.122.

么《三位一体的张学良将军》，他说写他的文章，他看得多了，"是你写得好。"好在何处呢？张公说，别人所写他和'老帅'（张作霖）的关系，只是父子而已，你说我们父子俩不只是父子而已，我们父子是不同的两代人……父亲是绿林出身的旧军阀，而我则是新式军校出身的青年将领……我们虽是骨肉父子，而作风和心理，都有极大的区别。"这一点，你讲得好，也讲对了。"他翘起大拇指来，连声称赞。

……

言归正传，张公说，他也想写一部像"中英两文"的《李宗仁回忆录》那样的书，并希望我能考虑执笔，云云。①

萧乾在年近九十之时希望讲述自己的故事："快九十岁的人了，没有什么好怕的。一生所经历的坎坷沧桑，有没什么可遮掩的。五十年代批我的人质问'萧乾是个什么人？'；这里，我向世人交代了自己的一生。我一直以为，时间和读者是最公正的批评家。我愿意把我这一生，以及这一生所写的文学作品，毫无保留地交予时间和读者去做'末日审判'。"②

萧乾因为自己年老体衰无力写作自传而请人笔录其谈话，其操作过程也符合了口述历史的规范，即采访者提问，讲述者讲述，采访者整理。讲述者发起的情况虽然少见，但这仍然是口述历史相较于传统历史的重大进步。

---

① 唐德刚：《张学良口述的是是非非》，见张学良口述，唐德刚撰写：《张学良口述历史》，北京：中国档案出版社，第5页。
② 萧乾口述，傅光明采访整理，《风雨平生：萧乾口述自传》，北京：北京大学出版社，1998，"自序"。

在古代的口头访史活动中,被采访者无法发起采访,只能被动接受问题、回答问题,而且其回答未必有价值。采访者对"这些材料的确凿性,总是尽可能用最严格、最仔细的考证方法检查过的,然而即使费尽心力,真情实况也还是不容易获得的:不同的目击者,对于同一个事件会有许多不同的说法,因为他们或者偏袒这一边,或者偏袒那一边,而记忆也不一定完全可靠"。① 此时被采访者仅仅是被动的信息提供者,至多是史料提供者。被采访者的价值来自于采访者的判断,即是说,被采访者的主观自我价值认定是无足轻重的。事实上,正是包括被采访者在内的历史人物或者普通人的"沉默",导致传统历史书基本变成了史料的堆积。提出"一切历史都是当代史"②的意大利历史学家克罗齐在对比历史与编年史的时候认为,"历史是活的编年史,编年史是死的历史;历史是当前的历史,编年史是过去的历史;历史主要是一种思想活动,编年史主要是一种意志活动。一切历史当其不再是思想而只是用抽象的字句记录下来时,它就变成了编年史,尽管那些字句一度是具体的和有表现力的"。③ 克罗齐主张的历史(即当代史)是鲜活的在当下语境中的历史,而不是固化的材料。克罗齐对编年史的看法,正是因为历史人物都无法发出自己的声音,不论他们给读者留下的观感是亲切还是冰冷,他们都无法参与到当今的历史解读活动中:历史,已成为历史学家的历史。虽然历史学家以真实为创作与研究目的,但是,不可否认的是,在这一过程中,历史人物似乎是被动的。唐代诗人白居易写诗论古:"赠君一法决狐疑,不用钻龟与祝蓍。试玉要烧三日满,辨材须待七年期。周公恐惧流言日,王莽谦恭未篡

① *History of the Peloponnesian War*, p. 48.
② 克罗齐著,傅任敢译:《历史学的理论与实践》,北京:商务印书馆,1986 年,第 2 页。
③ 同上,第 8 页。

时。向使当初身便死,一生真伪复谁知?"这首诗虽然说的是"日久见人心"的问题,但是不论周公还是王莽,他们的真伪似乎都交由时间与后世评说,至于是否与他们本人的意愿、行为相符合,则不是关键了。而其本人,则绝无可能参与到后期的历史讲述中。历史人物能否进入历史书以及如何在历史书中行动,虽然基本取决于他的活动,但历史学家在其中发挥的作用至为重要。可以说,没有司马迁,就不会有《游侠列传》中的郭解,就会有不同于《项羽本纪》中刘邦的刘邦。司马光一定是借助当时的正统观念来写作《资治通鉴》。可见,历史学家对真实的诉求,是一贯的、无误的,但又注定受到其时代观念、个人意志、偶然因素等多种因素的影响。他们所表现的(编年史中的)历史人物与历史活动进行时的当代历史人物有所差别,差别的缘由主要是历史人物本人无法参与其中,其价值部分地建立在历史学家的认证之上。而即便历史人物确知自己具有历史价值,也无法参与到后世的历史创作中。部分用历史作品来塑造自己的人,其创作已经属于传记的范畴或者虚假的历史。前者如《胡适日记》《吴宓自编年谱》、丘吉尔《二战回忆录》,都是作者刻意为之的泛传记作品,后者则有历代的多种帝王起居注或者实录。而一旦历史人物真实地参与到历史创作中,那就很难是规范的历史学著作了。口述历史在一定程度上改变了这一点,讲述者可以主动或者被动地参与到口述历史的制作中,而其真实性又有录音录像环节、采访者做保证,不至于出现肆意篡改的情况。

在由讲述者发起的口述历史中,讲述者一般是有重要历史价值的人,而且他们认识到了自己的历史价值,认为有必要载诸影音、书诸纸簿,传诸后世,因而约请采访者录音(录像)访谈。这种情况下的讲述者一般会较完整地讲述自己的生平,因此从经历上,他们就比司马迁笔下的"公孙季功、董生"①要丰富，形象也要生动；其次，他们在对话中有着更大的权威，可以对某些问题避而不谈、刻意伪饰或者死不认账（比如，唐德刚曾指出，张学良在制作口述历史的时候，依然保存了对蒋介石的尊敬与崇拜。对于张学良的这一表态，唐德刚作为口述史的采访者而不是历史书的撰写者，是无权干涉的）；最后，在一定篇幅的保证及相对权威下，他们有机会来展示个人的形象及人格特征，虽然展示到何种程度依然是值得商榷探讨的问题，但总归有了这一机会。张学良不但有机会向历史学家讲述自己的故事，同时还在《张学良口述历史》中留存了自己参与创造的自己的形象。这种新型的讲述者（narrator）不同于司马迁时的被采访者（interviewee）或信息提供者（informant）。讲述者参与并共享了口述历史的著作权。讲述者只存在于口述历史中，而不存在于司马迁那里。信息提供者所提供的信息最终会成为历史学家笔下的材料，他们无权要求著作权，也无法在历史书中得到自我展示（事迹、性格）的机会。因此，包括唐德刚在内的诸多学者把《史记》或者希罗多德的《历史》看作口述历史是错误的。

　　由讲述者发起的毕竟是少数，更多的情况是采访者发起采访。哥伦比亚大学中国口述历史学部为胡适、李宗仁、顾维钧等人做的口述历史，即先由该部门拟定名单，再请讲述者来做口述（原本可以列入该项目的宋子文曾托顾维钧请唐德刚代为撰写回忆录，意思就是请唐为他做口述历史②，但因宋氏先行离世而未能实施，因此少了一个例外）。但这不意味

―――――――――――――

　　①　司马迁在《刺客列传》"太史公曰"中说："世言荆轲，其称太子丹之命'天雨粟，马生角'也，太过。又言荆轲伤秦王，皆非也，始公孙季功、董生与夏无且游，且知其事，为余道之如是。"此处的公孙季功、董生是司马迁访谈的对象，二人的贡献是向司马迁讲述荆轲刺秦王的实情；至于二人的经历、形象、性格，则无关紧要。

　　②　《撰写李宗仁回忆录的沧桑》，见《李宗仁回忆录》，第787页。

着讲述者等同于司马迁口头访史行为中的"公孙季功、董生"们。

以普通群众做讲述者的口述史,则基本都由采访者发起。比如,黛安·狄金森等著的《口述历史项目:联结学生与社区》(*The Oral History Project: Connecting Students to Their Community*, 2006)是针对四年级到八年级学生的入门书,基本思路就是指导学生发起、操作口述实践,继而提升学生的口头表达及操作能力。[①] 本文在导论中提到的美国最近几十部口述史著作都属于这种情况。中国的《南京大屠杀史料集》中幸存者、见证者的口述部分则由政府机构或者新闻媒体或科研院所发起。此时,采访者发起口述史基本是在科研项目或者采访者个人兴趣的支持下,把讲述者纳入其中的。

讲述者有其自身的特性,即他们是历史事件的参与者、见证者。但在口述历史中,是采访者发现了其特性,讲述者本身的特性并没有自动表现出来。一个大屠杀的幸存者在进入口述访谈之前,一般读者并不知晓他是幸存者(即使他是幸存者,在未进入口述史之前,也没有意义);社区的一个居民或少数族裔的某个成员在进入社区口述史、少数族裔口述史之前,他的身份也没有被广泛接受,他自己也未必认识到这一点。采访者依据自己的判断选择口述项目,进而选择讲述者。讲述者得以入选的原因是他们符合了采访者的标准,其讲述内容也由采访者引导。由于参与口述史的讲述者或者年事已高或者文化水平低或者缺乏足够的自我认知,其本人不能独立完成口述历史。这一点,在司马迁创作《史记》中同样存在:"公孙季功、董生"同样是见证者,因此,口述史接近于历史书的写作,这是由于

---

① Diane Skiffington Dickson, Dick Heyler, Linda G. Reilly, Stephanie Romano, *The Oral History Project: Connecting Students to Their Community*, Portsmouth, New Hampshire: Heinemann, 2006.

两者在发起时的动机相同,即访求史料。而本文之所以主张口述史必须以访求史实为出发点,原因正在于此。这一点便把诸多旨在宣扬自我、宣泄感情的互联网"情感口述""情感实录"栏目剔除出口述史的行列。

当然,在今天,不论是史学界还是普通民众对史实的认知已经不同以往。从《尚书》《春秋》(孔子)、《史记》(司马迁)到《清史稿》的中国正史,都是以历史上的重要人物为主,所记载的也都是所谓的历史事件或者文化事件。当代传记学者朱东润所著的《李方舟传》中曾指出李是一位"寻常巷陌中的一位寻常妇女",而"一位寻常妇女是不是可以立传呢?按照中国的史家,是不能立传的,清代的古文家方苞曾经说过,只有一二品大员,经过皇帝批准,才有立传的资格。至于一般人民,如种树郭橐驼之类,只能由文人当作一种文字的游戏。但是在西方文学史中,是完全不同的,鼎鼎大名的约翰逊博士只是一位乖僻的文人,至于附带出现的如约翰逊夫人、威廉夫人等,更加是寻常人物,对此中国的旧式文人是不会提及的"。① 朱东润曾是中国传记研究的领军人物,他提到的方苞的观点并非凭空捏造。据《清史稿》记载:"清天命、天聪年间,明御史张铨,监军道张春,均以被擒不屈,听其自尽,载诸实录,风厉天下。厥后以明臣来归者,有功亦入贰臣传;死军事之尤烈者,於京师祀昭忠祠:褒贬严矣。文武一二品以上,既入大臣传,以下则另编忠义传,列翰林院职掌,凡自一一品以下,或死守土,或死临阵,备载出身、官阶、殉难时地,及予谥、建祠、赠官、荫后。二百数十年,综八千馀人,略以类别。"②这是《清史稿》(卷四百八十七·列传二百七十四)"忠义一"部分开始的一句话,所说的是《清史

---

① 朱东润:《李方舟传》,见《朱东润传记作品全集》第四卷,上海:东方出版中心,1999年,"序"。

② 赵尔巽等撰:《清史稿》第四十四册,北京:中华书局,1977年,第13451—13452页。

稿》为明末降清将官以及清代文武官员编写传记时的条例规范,里面明白无误地指出,只有一二品大员才可以入大臣传,其下只能入忠义传。凡入忠义传者,均为多人合传,每人篇幅既少,且基本只叙述其与"忠义"有关的部分事迹。

但需要指出的是:一,朱东润对《约翰逊传》的评价有不甚准确之处,固然约翰逊夫人、威廉夫人是普通人物,但能吸引包斯威尔听其口述、为之倾倒、为其做传的约翰逊博士并不仅仅是一位乖僻的文人,他的成就与文采在当时即获得了他人的认可;二,历史与传记在这里有相互混淆的嫌疑——一二品大员以上方可入史本非罕见(事实上在《史记》这样的历史书中很多一二品大员都无资格入史),而他们入史的方式是获得了列传的资格,存在一个先具备史学价值因此获得传记价值的逻辑,但种树郭橐驼等人并不具备这种史学价值、只具备一定的传记价值。在史传不分家的古代,史学价值与传记价值的区分不明显,在学科分类日益精细的今天,指出这一点是十分必要的。

而在今天,人们经常把一些诸如《诗经》中的一些篇章、笔记小说,甚至是《水浒》《简·爱》这样体现一定时代背景的文学作品作为历史研究的对象或者重要的史实材料。而诸如娼妓史、地区史、少数民族史等专门史更把研究视角转向了本不显眼或者不登大雅之堂、不具有重大历史价值的人物和事件。因此,口述史对普通人生活的关注,也是历史学发展的结果,而不是凭空而至的。在这个意义上,口述史关注普通民众及其生活,与历史学有着密切的关系,这也印证了口述史对历史学纠缠不清的学科隶属关系或者交叉关系。

当与一般自传写作(特别是日记、书信等广义自传)比较时,可以发现口述史与它们有着较大的区别。1949 年国共政权交替后,胡适、李宗仁、宋子文等很多前国民政府要员寓居纽约。哥伦比亚大学认为他们对刚刚过去的这段历史比较熟悉，且亲身经历，可以为人们讲述鲜活具体、不为人知的历史事件，故而发起对他们的口述历史。这些书后来出版时命名为《胡适口述自传》《李宗仁回忆录》等，但它们与一般自传（回忆录）区别较大。可以说，体现在口述历史中的讲述者的价值，首要的就是其被采访者认可的历史价值，这也是采访者发起口述历史的原因，也是宋子文去世后唐德刚表示遗憾的原因。即使是在"人民化"的代表作品《爱德华时代的人》中，体现的仍然是发起者社会学家汤普逊的看法：考察爱德华时代的人在现时代的生活。

第三节　口述历史与自传

　　与之相对比，一般自传是由自传作者自行发起的，如卢梭的《忏悔录》、马尔罗的《反回忆录》以及《鲁迅日记》《吴宓日记》《吴宓自编年谱》等。自传作者主动或被动地写作自传或者自传性文字（日记、书信等），体现着自传作者的观念。萨特的自传《词语》是他主动用存在主义理念考察自己的存在的作品，在书中，他说："世俗的财产反映出他们的所有者是什么；但它们却使我知道我不是什么。我既不富有，也不属于永恒，我不是我父亲的事业的继承人者，我对于钢的生产不是必要的。简言之，我没有灵魂。"①在中国当代，曾经出现过被迫写作的特殊自传，包括检讨、

---

　　① 让-保尔·萨特著，苏斌等译：《萨特自述》，石家庄：河北人民出版社，1988 年，第 60 页。

检查、自述等，从周恩来、彭德怀等国家领导人到普通百姓都曾经被迫数次写下自述文字，也留下了诸如《缄口日记》（陈白尘）、《自诬与自述》（聂绀弩）等优秀作品。这种特殊自传与卢梭的《忏悔录》一样，其创作动机是来自外界刺激，但其作者仍有选择写或者不写的可能性，甚至有着按照自己意愿写作的可能性。顾准在接受改造期间曾写下过《顾准日记》《顾准自述》等作品。其中《顾准自述》是在外力推动下完成的汇报文字，在书中他承认自己是资产阶级知识分子，并多次表示要改悔、彻底与旧我决裂等。但统观其自述，读者会发现其描述是否真诚值得考察。

顾准在讲述自己应向工人学习时举了以下例子：

> ……我笑话这位老工人，我说水热到一百度就会变成蒸汽跑掉了，加大火力怎能提高锅炉水管的温度？这位陆工程师回过脸来一本正经地对我说，加大火力，水可以"过热"，这就是表明这位老工人的建议是可取的。可是，虽然经过这一回教训，我还是没有认真做到向工人学习。

"过热"是一种特殊的物理现象。在正常的锅炉条件下，不可能达成，即使在密闭状态下，锅炉内温度也只能达到130摄氏度，在极特殊情况下才达到摄氏200度。而一旦发生"过热"，可能引发锅炉爆炸的严重后果。陆工程师的观点明显不科学不正确，因此无法令顾准信服，在此情况下，顾准也无法"认真做到向工人学习"。他之所以说"这位老工人的建议是可取的"，意在表明老工人和陆工程师所言都是笑话。问题是，在一本正经的《顾准自述》中，夹杂这么一段口是心非的文字，说明顾准即便在坦白交代的不利状况下仍拥有一部分自主权。此时，在自传作者那里,他与周围的环境形成了一定程度的对话。

这种"被迫"并不能改变自传是作者自行发起的事实。虽然自传作者的确受到了外界的压力,但他们仍有拒绝的权利(即使后果比较严重),而且,其自传的每一个字都是自传作者写下来的,这与口述史中讲述者只负责讲述有很大区别。口述史的讲述者并不享有如此大的自主权。当讲述者是普通民众时,他的讲述一般是被引导的、不自主的。

南京大屠杀的幸存者中有一些是慰安妇,她们承受了相当大的压力,极少愿意公开自己的身份。据统计,日军侵华期间,被迫成为慰安妇的中国女性超过二十万人,大多数被日军虐待致死,少数幸存者因为屈辱也不愿说出这段经历。

雷桂英(1928—2007)曾是南京唯一一位讲述自己慰安妇身份的女性。十三岁为谋生计,被强沦为慰安妇,每天接待少则三四个,多则五六个日军。日军的暴行令其头部留下伤患、大腿残疾、肌肉萎缩,不能生育。侥幸逃脱后,她于十七岁结婚。因为失去生育能力,便收养了一子一女。早年曾作小贩卖油条为生,丈夫去世后,靠征地补偿费和政府低保救助生活。在去世前一年,她受朝鲜慰安妇朴永心到南京指认慰安所遗址的行动鼓舞,决定向报章公开指证日本侵华期间的罪行。次年3月她参加南京民间抗战史料馆第二次学术沙龙"侵华日军南京的慰安妇调查和研究",向历史学者提供证词。雷桂英是临近生命结束才决定公开自己的慰安妇身份,可见其承受压力之大。

据南京《扬子晚报》报道,2007年,九十一岁高龄的周粉英在得知雷桂英去世后,愿意公开自己的慰安妇身份,目的是为了揭露日军当年的罪恶行径,并对当年侵华日军进行血泪控诉。据其儿子讲述,周粉英及其第二任丈夫为了不影响孩子的成长,直到其第二任丈夫去世,都对其子保守秘密。"由于过去在他们家族中都知道他的母亲曾经被日军抓作'慰安妇',他们作为后人也感到十分屈辱,老母亲和他们一直也不愿提及此事,就怕刺痛老人难以愈合的伤口。"①而后来周粉英公布自己的身份,引来了质疑,对此,其儿子表示:"如今老人能够不顾个人屈辱公然站出来指证侵华日军罪行,这是为我们民族换回尊严,应该得到全社会的理解、尊重和支持,我们全家人都对她无比尊重和支持。"②

　　通过以上二例可知,慰安妇公开自己当年的身份,是一件需要付出巨大牺牲的事情。这似乎再现了卢梭等自传作者进入自传写作时的情形。

　　卢梭原本并无意创作自传,但在《爱弥儿》出版后,法国最高法院下令焚烧这部作品,并要逮捕他。从此,他被当作"疯子""野蛮人",被迫开始逃亡生活。他逃到瑞士,逃到普鲁士的属地莫蒂亚,后来到圣彼得岛。1765年,《公民们的感情》出版,该书对卢梭个人生活和人品进行了攻击。"卢梭眼见自己有被抹得漆黑、成为一个千古罪人的危险,迫切感到有为自己辩护的必要,于是在这一年,当他流亡在莫蒂亚的时候,他怀着悲愤的心情开始写他的自传。"③可知,卢梭进入自传创作并非自愿,而司马迁的《报任安书》是为了表明心迹、一吐抑郁,丘吉尔撰写《二战回忆录》是为了保存历史。他们的目的是向人提供关于自己的真实经历或者想法,这与跟雷桂英、周粉英类似的南京大屠杀幸存者进入口述史相似,同时又不同于《史记》中的"公孙季功、董生"那些简单的史料提供者,后者提供的资料与自己基本无关,是在历史学家的提议下才有机会发言的,其价值

---

　　①　《扬子晚报》,2007年5月8日。
　　②　同上。
　　③　柳鸣九语,见卢梭著,黎星译:《忏悔录》,北京:人民文学出版社,1980年,"译者序",第2页。

属于纯粹的参考价值。慰安妇、幸存者都具备了独立讲述、独立存在的价值,虽然与卢梭、司马迁等人相比尚有差距——这与他们在现实生活中的价值存在相对应的关系。

卢梭是启蒙运动期间法国重要的思想家、文学家。他创作了《论人类不平等起源》和《社会契约论》等社会学论著,《爱弥儿》等饱含教育理念的著作,《新爱洛伊斯》等文学作品;同时,他为法国大革命的发生奠定了部分舆论基础,而且其人生经历与创作风格均影响到其后的浪漫主义,甚至其自传《忏悔录》影响到中国现代文学史上的郭沫若、郁达夫等人的自传创作;而他曲折丰富又备受争议的人生也值得后世探析。因此,其本人具有很高的研究价值。

司马迁担任西汉过掌管天文、历法、撰写史书的太史令,后担任属于皇帝近臣但仅能由宦官出任的中书令,职位比较重要。从其能因李陵事件上书汉武帝可知,其具备较高的参政能力和职位。

丘吉尔是二十世纪重要的政治人物,他不但在一战中担任重要职务,更率领英国人民在二战中英勇抗击纳粹。在两度出任英国首相、铸就政治传奇的同时,他还获得过诺贝尔文学奖。他在二战前后的决断对二战的发展、战后的格局有着巨大的影响。

以上三人,其人生均存在巨大的历史价值,其自传作品具备重要的阅读价值。部分进入口述史的讲述者,如胡适、李宗仁等当然也具备与这三人相类似的历史价值,但是南京大屠杀幸存者、社区史的讲述者、《最后的记忆:十六名旗人妇女的口述历史》中的满族妇女的历史价值却有所不同。

但需要说明的是,在进入口述史后,情况就不同了。雷桂英、周粉英并没有选择讲什么的机会,她们要讲的就是慰安妇这件事情——这也是人们关注她们的原因，即她们进入口述历史的原因。她们愿意公开，这自然是前提条件。问题是，她们并没有能力发起口述史，需要新闻机构、科研机构发起诸如上文提到的"侵华日军南京的慰安妇调查和研究"学术沙龙这样的活动。而胡适、李宗仁等人在进入口述史后，其个人虽有自传作者的价值，但这种价值在口述史中却体现出另外一种面貌。由于这一点比较复杂，后文将予以论述。简而言之则是，由于有采访者的加入，由于采访的特殊场合，胡适、李宗仁不得不调整自己的讲述思路和语言，最终的口述史（口述自传）与一般自传差别是很大的。

当然，口述历史与自传有相近之处，即它也采取由讲述者讲述故事的形式。虽然口述建立在对话基础上，但最终的口述历史文本一般只保留讲述者的声音，采访者隐身其中，其声音大多被删除，或者以特殊的形态譬如话题的转换等显示着他的存在。因此，很多口述历史都以自传或者回忆录命名，如《胡适口述自传》《舒芜口述自传》《文强口述自传》等；在美国，有时候口述历史也会被称作自传。对普通人而言，这种少则数百、多则数千字的口述史，至少在篇幅上超过了《世说新语》中的寥寥数语，多数也超过了《种树郭橐驼传》这样的小传，有的甚至接近了《浮生六记》中一记的篇幅。在这样的篇幅保障下，讲述者有机会陈述自己的部分经历并展示自己的部分人格。当然最终，这些经历的陈述与人格的展示都会受到来自采访者的引导或限制。

而自传作者也有选择写作内容的权力。清代乾隆年间文学家沈复创作的《浮生六记》原有六记，现存四记：《闺房记乐》《闲情记趣》《坎坷记愁》《浪游记快》。《浮生六记》以自己与妻子陈芸的夫妻生活中的琐事为主，讲述夫妻感情中的苦与乐，完全不涉及家国之事，这在中国古代是比较罕见的。

　　美国著名作家马克·吐温在小说作品中嬉笑怒骂,幽默机智。他的自传创作同样如此,他在自传中对批评家、传教士、国会议员等大肆抨击,认为他们没有存在的意义。因为言辞尖锐,他在生前规定在他死后一百年开放出版其五千页的自传手稿。奥古斯丁的《忏悔录》共十三卷,其中卷一至卷九,讲述他出生至三十三岁母亲病逝的一段经历;卷十至卷十三,写的是作者著述此书时的(内心)情况。列夫·托尔斯泰的《忏悔录》主要反映的是他在 1880 年代思想困惑时的内心世界。卢梭则在《忏悔录》中为自己极力表白、辩解。可以说,他们都是以自己的观念来主导着写作。

　　口述历史的情况则有所不同。不论是普通人还是重要人物,他们的讲述都不再是自主的。有学者如此界定口述历史的文体:"口述历史始于讲述者的口述,却指向(也终结于)史学家书写的文字。讲述者清楚这种指向,在讲述的时候把它铭记于心;同时,口述史学家在写作的时候也要做到使读者察觉到这是来自口头讲述的文字。最后,可以把口述历史看作是由口述和写作共同完成、目的是向彼此陈述过去的一种文体。"①如果把此处的口述看作自传(写作),口述历史学家的写作看作他传写作,就可看出口述历史既不同于他传又不同于自传,而是兼有二者的部分特征。同时,口述史不是传统意义上的历史。这是口述历史在形态上的特别之处。但更加不同的是,口述历史中采访者、讲述者各自的新形象及其新型关系。

　　口述历史是为访求史实而发起的,首先追求历史价值,没有历史价值

---

　　①　Alessandro Protelli, " Oral History as Genre", see (edited by) Mary Chamberlain, Paul Richard Thompson, *Narrative and Genre*, London & New York: Routledge, 1998, p. 25.

则不是口述史。即使考虑到现在人们对历史的理解已经不再局限于军国大事或者英雄人物，但是事件的真实性仍然是考察口述历史的最重要标准。传记则是基于自传作者/传主的人生经历、人格魅力创作，力求发现人的精彩之处，因此传记被称作"人格的文学"[1]，其"文类的标志是人的真实"[2]。传记写作当然存在众多障碍。比如他传作者与传主的关系问题，就足以改变传记的真实性。古代有韩愈谀墓之说，讲的正是在金钱的作用下，传记作者破坏了自己与传主的关系。当代则有北京大学孔庆东称其所著《金庸评传》为最佳，原因是金庸认为该书为最佳——这明显是不合适的。虽然傅国涌的《金庸传》对金庸有恶评并引起金庸不满，但是，这反而令该书获得了独特的价值。事实上，如果司马迁没有对刘邦进行褒贬相间的讲述，刘邦就只是一个有简单行迹、无鲜明人格的人。日本当代作家渡边淳一的《遥远的落日》以日本上世纪初的国家英雄野口英世为传主，系统讲述了这位在其他人笔下忍辱负重、勤奋刻苦、成果辉煌、孝敬母亲的伟人的种种劣迹：疯狂借钱、从来不还，疯狂嫖妓，不孝，人际关系恶劣，等等。但他也写出了野口疯狂工作的一面，并仔细揣摩野口的内心世界，还原一个真实的人，描画出了"竭尽全力"生活的野口形象。可以说，在他传创作中，传主身上流淌的不再完全是其本人的血液，传主的行动与心理也凝聚着传记作者的心血。不同的传记作者可以写出完全不同的传主：渡边淳一笔下的野口英世就完全不同于之前传记中的野口英世。一个好的传记作者不但应该认真细致地搜集资料，全身心投入写作过程，更重要的是，他要与传主达成一定的和谐关系。擅长写失败者的

---

[1]　James C. Johnston, *Biography: The Literature of Personality*, Montana：Kessinger Publishing，2005.

[2]　《现代传记学》，第34页。

司马迁同样经受过奇耻大辱;渡边淳一与野口英世类似,他也是一个竭尽全力活着的作家;《毛泽东传》的作者罗斯·特里尔对毛泽东个人与中国均有浓厚的兴趣。对于传记作者与传主之间的移情问题,曾有多位学者予以论述。有一点可以肯定的就是,传记作者在面对传主时,他不可能无动于衷,相反,他经常会把自己的观念加入到对传主的描述和塑造中。尽管考虑到读者的感受等,传记作者可能会刻意保持中立、纯学术的态度,但事实上,在写作中,他对材料的使用、语言的组织都可以看出他的倾向性。

　　比如,对同一个王安石,不同的传记作者会给出不同的描述。《宋史·王安石传》是典型的古代官修传记,秉承正统观念,同时,选择史料不够严谨和丰富。其对王安石生平的描述,基本围绕变法展开,有一定的事实依据,但是明显持贬低、诋毁的态度。近代重要思想家梁启超撰写的《王安石传》以评论为主,同样围绕变法展开,但完全基于褒扬的立场。该书对王安石在政治(变法)、文学领域的成绩予以极高评价,对王安石的为人予以高度肯定,并称其家庭为"模范家庭"。[①] 他甚至为王安石使用小人做了辩护:"吾尝极论荆公所以不得不用小人者,以当时君子莫肯为之用,斯固然矣……以纯粹之君子而用小人,天下之险,莫过是也……以荆公为纯粹君子人故,以荆公为太无权术之君子人故……"同时,他又指出,"虽然,谓荆公为专好用小人则非也,谓荆公所用者为皆小人,则尤非也"。[②] 梁启超为撰写这部传记,参考了一百余种资料,大量阅读了王安石的诗文作品,但有学者认为"从文学的角度看,该传记根本就没有把

---

① 梁启超:《王安石传》,北京:东方出版社,2009 年,第 245 页。
② 同上,第 229 页。

人物形象塑造起来".① 究其缘由,可能是因为梁启超一贯的政治热情、热衷于变法的观念及其对史传的偏好。梁启超的《王安石传》把王安石刻画成了完人,必然不会是成功的传记作品。二十世纪史学家邓广铭撰写过《王安石传》,他也对王安石持正面态度,认为后者兼具文韬武略,是杰出的政治家。该作品史料考据严谨,持论公允,但同样侧重变法等政治事件,不甚涉及王安石的家庭和感情生活。

作者不同,三个版本中的王安石彼此也不同。传记作者对传主形象的贡献之大和重要性由此可见。在一定意义上可以说,他传是传记作者与传主合作的产物。问题是,这只是比较有名、有特色的几部传记作品。在每年出版的大量传记作品中,多数都是一般水准甚至更差的作品,充斥着商业利益、粗制滥造等现象,难以产生优秀作品,正是因为传记作者在人际关系、金钱、政治等因素的影响下没有处理好其与传主的关系。

传记作者影响的不只是传记作品的面貌,更关乎传主的形象。主要的原因即在于,传记的目的在于纪念,纪念传主,纪念传记作者心目中的传主。与之相比,口述历史访谈中应用录音机、录像机等现代设备,其初衷是为了更好地保存资料。采访者、讲述者的形象并非无关紧要,但其重要性与传记中人物不能同日而语。

口述历史的访谈过程更体现了这一点。现在关于口述历史的专著多是侧重实践的,从国外的《口述历史读本》《大家来做口述历史》《口述历史:学生读本》到国内杨祥银的《与历史对话——口述历史的理论与实践》都用大量甚至全部篇幅来介绍口述访谈的前前后后。在访谈之前,采访者会制定采访计划,根据该计划确定受访人/讲述者。而受访人的选定

---

① 杨俊才:《论梁启超对传记之文史关系的创见》,《浙江社会科学》2000 年第 1 期,第 155 页。

有着多种的考虑：讲述者要有价值，要喜欢与人交谈，又要值得信赖。有时这种选择不是完全主动的。比如，由于现实因素的限制，南京大屠杀幸存者作为一种资源已经被各个研究机构和高校"瓜分"，（曾经的）著名幸存者李秀英只能由江苏省社科院采访，南京大学历史系师生则采访南京市浦口区的幸存者。

更多时候，确定受访者则体现了采访者的意图。《南方都市报》与广东省委党史研究室、广州市委党史研究室联合主编的《口述历史：我的一九七六》选择的受访者"或在当时权倾一时，或用生命经历坎坷，但都本着面对垂垂老去的生命和已经消失的青春年少，愿意说出历史的真相，呼唤历史的良知和正义"。[①] 这里引用的文字说的是受访者具备的素质，但在选择受访者时，体现的却是采访者的意图："我们认为1976年是中国历史的拐点，也是不少人命运的转折点，人们对1976年有着深刻的集体记忆。……找寻有意思的话题，复活个人的记忆，从微观的角度入手，见微知著，从人物切入，寻访合适的口述者，他们可以是政要名人，也可以是普通百姓，但必须是具体事件的亲历者，有口述价值。"[②]这里所说的口述价值，正是确定受访者/讲述者的关键。他们"必须是具体事件的亲历者"，而且是采访者认定的具体事件的亲历者，因为任何事件都是具体的，只有符合采访者标准的事件才能被纳入其中，只有部分亲历了这些事件的人才能被确定是讲述者。澳大利亚《口述历史全国书目》中的简单介绍中经常会提到某某口述历史的"意图"："访问一战中来自劳工阶层的老兵"，"记录堪培拉地区口述历史"，或者"记录澳大利亚电影业的

---

① 广东省委党史研究室、广州市委党史研究室、《南方都市报》联合主编：《口述历史：我的一九七六》，广州：南方日报出版社，2008年，"序"，第2页。
② 同上，第2页。

历史"①,同样体现了采访者的意图及其决定性。从口述历史的开端即可看出,口述历史要考察的是事件,采访者眼中的事件,而不是人。采访者的意图决定了口述历史的大致面貌。

第四节　可操作的口述历史

在确定受访者/讲述者后,采访者需要制定切实可行的采访计划。切实可行,指的是,能够以最高的效率从讲述者那里获得所需要的史实。由于讲述者的语言、年龄、见解、记忆、脾性以及与采访者的关系、大的社会环境因素等都可能会造成讲述偏离主题或者失真,采访者需要对这些困难都有所准备,并且制定出应对方案。这一点在国外出版的各种指南类图书中都有所涉及。此处以斯黛西・埃里克森(Stacy Erickson)的《口述历史的田野作业笔记》为例加以说明。该书中所说的采访者的准备主要有两种,具体的访谈技巧方面以及大的项目筹备。此处仅介绍其具体访谈技巧方面的准备:

1. 了解讲述者,包括从各方面搜集讲述者的年龄、经历、他可以谈出的问题(即话题),然后搜集与可能的话题相关的材料。

2. 准备一份清单,包括讲述者个人信息,可能的问题的列表,法律文书等。

①　Martin Paul Woods, *Australia's Oral History Collections: A National Directory*, Canberra: National Library Australia, 1997, pp. 2-4.

3．提前与讲述者沟通,作自我介绍并简单介绍访谈目的,并注意不要过于正式或者复杂或者学术化(采访学者时可有所调整)。

4．确定访谈时间,保证这段时间的讲述者有空闲,精力旺盛,不是在午休或者工作。

5．安排一次正式访谈前的简单访问。先跟讲述者聊聊天,协调气氛,并进一步确认讲述者是不是有访谈价值;拿出录音机,开始工作,并设法使讲述者不惧怕自己的谈话被录音这件事;填写各种需要的记录材料;把访谈时要谈的具体事件等告诉讲述者,使其有所准备;确定一个安静的访谈场所;作一个简短的访问式的谈话。

6．对讲述者要谈论的内容作一番研究。采访者无须成为专家,但是需要了解一般的术语和背景知识;找出不了解的地方,留待讲述者专门讲述;咨询相关专家,看他们需要知道什么;列一个问题清单。

7．确认设备工作正常。

8．在出发去做访谈之前,制作一个包括日期、采述双方姓名、访谈地点、访谈目标的简单描述等在内的事先录音,并再次确认设备工作正常。①

然后,才开始正式访谈。在几乎所有的指南类图书中,对操作过程、操作细节的强调都表明口述访谈是一项实践性很强的工作,其成败与否、价值高低严重依赖于操作的细节。《口述历史的田野作业笔记》对正式的访谈介绍甚少,其实,访谈才是最具有多变性,因此最需要细致操作的部分。采访者、讲述者都是充满变数的因素,他们的对话要受到很多因素

---

① Stacy Erickson, *A Field Notebook for Oral History*. Boise: Idaho Oral History Center, 1993, pp. 3-6.

的影响,同样包涵了诸多可能。

南京大屠杀幸存者的口述访谈(续编)的受访者大都是年龄在八十岁以上的老人,其中很多是空巢老人。采访者的出现使一些受访者很激动,在访谈中会扯到很多不相关的事情,甚至会抱怨子女对自己不够照顾。这时采访者需要使用很多技巧来引导话题,同时更需要足够的耐心来倾听,然后从众多零散、看似无用的信息中得出有用的资料。当然,由于此时受访人是普通群众,采访者并不需要做特别详尽的准备。而且许多采访者是历史系学生,不需要针对单个的受访者做专门准备,如搜集其子女信息、了解其彼时心境是否适合接受采访等,只要准备好与访谈核心问题相关的话题即可。

当受访人是胡适、李宗仁、顾维钧这样的名人时,采访者要做的准备工作就复杂得多。在确定受访者后,第一个准备工作就是收集受访者的相关资料,包括讲述者生平乃至其生存、成长中有影响的事件和人物。《口述历史的田野作业笔记》及多部口述历史入门书对此都有谈及。这一工作甚至延续到了访谈进行的阶段乃至访谈完成后的文字整理工作中。顾维钧的口述历史先后有五人参与采访,他最满意的是唐德刚,原因就是,顾氏从政时间太长,对早期的事件记忆已经模糊,而唐德刚"是学历史的,凡涉及的历史事件","就想方设法将有关的资料查找出来,加以补充和核对"。[①] 据唐德刚说,在胡适的口述历史中,"胡先生的口述只占百分之五十,另外的百分之五十要我自己找资料加以印证补充"。[②] 军人出身的李宗仁的口述历史中,李氏口述的比重更只有百分之十五,其余要靠

---

① 唐德刚口述、王书君整理:《顾维钧回忆录的撰写秘史》,见《史学与文学》,第86页。
② 唐德刚:《文学与口述历史》,见《史学与文学》,第2页。

唐德刚查找资料。因此唐氏得出一个经验式的结论："一般而言,大学者的口述史料大概只有百分之五十、六十;而非学术人士的口述史料大概只有百分之十五、二十左右。"①

使用哪些材料不是填充篇幅的需要,而是基于采访的需要,而且在不同的口述访谈中,材料的作用也不尽相同。在顾维钧的口述历史中,唐的地位要低于顾维均,但如果没有唐德刚掌握、查找的材料,顾维钧的访谈就会出现很多空白点甚至错误,此时唐提供的材料起着补充、辅助的作用。顾维钧(1888—1985)是中国现代史上最卓越的外交家之一,北洋政府和国民党政府时期外交界的领袖人物,被誉为"民国第一外交家"。1956 至 1967 年,他历任海牙国际法庭法官、国际法院副院长等职。顾维钧从 1960 年开始在他人的帮助下从事口述回忆录的工作, 1976 年完成后捐赠给母校哥伦比亚大学。其回忆录篇幅巨大,计有六百余万字,讲述了包括出生、家庭、求学以及国家外交事务、政治事件等,时间跨度近七十年。这样超过半个世纪跨度的浩大工程中,虽然顾维钧记忆力超强,但毕竟年事已高,且不可能事无巨细都记忆清楚,难免出现遗忘或者错漏。这时候,唐德刚承担的就是一个资料补订的工作——而不是形象塑造的过程。联想到《遥远的落日》中渡边淳一花费十年时间去做资料工作,可知,唐德刚同样付出颇多,只是二者在动机上和具体操作过程中均存在很大区别。

渡边淳一与唐德刚分别对野口英世和顾维钧感兴趣,但是出发点并不完全相同。渡边淳一自小就熏陶在伟大的野口英世的光环之下,并在本科、硕士、博士期间均就读野口英世当年的专业医学,因为读书期间发

---

① 　唐德刚:《文学与口述历史》,见《史学与文学》,第 3 页。

现野口英世的专业能力有问题,在弃医从文后撰写了《遥远的落日》这本书。在认真精致的资料工作和写作之后,渡边淳一笔下的野口英世就是渡边淳一笔下的野口英世,而不是之前数量众多的传记中的野口英世。可以说,渡边淳一创造了新的野口英世。这个过程以新的全面的材料工作为基础,以他对野口英世的新认识为中心展于。

唐德刚在参与《顾维钧回忆录》的过程中,自然接触到了丰富的资料,问题是,他并没有塑造出新的顾维钧。参与口述回忆录的顾维钧在此前后或者在回忆录内外,并无明显区别。这是因为,唐德刚做的是资料工作,而且只是资料工作,他不参与到顾维钧的人格塑造中——在口述史中,人格塑造的工作不再是重心。究其原因,唐德刚承担的只是辅助性工作,主要的工作还是顾维钧本人负责的;但这又不是最关键的原因。在唐德刚居主导地位的口述史中,他同样没有创造出新的传主。因此,这可能是口述历史文体本身的特征。

唐德刚在《李宗仁回忆录》《胡适口述自传》的操作过程中发挥了主导的作用。唐德刚掌握的材料、对历史问题的见解甚至超过了当事者李宗仁,因此他要求李宗仁提供只有李宗仁才知晓的事情,此时这些材料是谈话的引导和背景;在胡适的访谈中,唐与胡适形成了较好较平等的互动,前提正是唐氏对胡适其人其事了如指掌的把握,此时的材料已经成为口述中不可分割的内容。

唐德刚曾描述过他操作李宗仁口述的过程:

> 大体说来,我那时起稿的程序是这样的:第一、我把他一生的经历,大致分为若干期。他同意之后,我又把各期之内,分成若干章。他又同意了,我乃把各章之内又分成若干节,和节内若

干小段。其外我又按时新的史学方法，提出若干专题，来加以"社会科学的处理"；希望在李氏的回忆录里，把中国近代史上的一些问题，提出点新鲜的社会科学的答案来——这也是当时哥大同仁比较有兴趣的部门。

可是经过若干次"试撰"之后——如中国传统史学上"治、乱""分、合"的观点和史实，在社会科学上的意义——我觉得这种专题的写法，是"离题"太远了。盖李氏所能提供的故事，只是一堆"原始史料"而已。他偶发议论，那也只是这位老将军个人的成熟或不成熟的个人意见。我这位执笔人，如脱缰而驰，根据他供给的"口述史料"，加上我个人研究所得，来大搞其社会科学，那又与"李宗仁"何干呢？这样不是驴头不对马嘴了吗？所以我就多少有负于校中同仁之嘱望，决定不去画蛇添足。还是使他的回忆录以原始史料出现罢。

在李先生觉得我的各项建议俱可接纳时，我就采取第二步——如何控制我的访问时间，和怎样按段按节，一章章地写下去了。

首先我便把访问次数减少。每次访问时，又只认定某章或某几节。我们先把客观的、冷冰冰的、毋庸置疑的历史背景讲清楚——这是根据第一手史料来的；无记录的个人"记忆"，往往是靠不住，甚至是相反的——然后再请李先生讲他自己在这段历史事实里所扮演的角色。约二三小时讲完这段故事之后，我便收起皮包和笔记；正式访问，告一结束。

随后我就陪李氏夫妇，天南地北地聊天聊到深夜，这也算是我们的"无记录的谈话"罢。这个办法是我从访问胡适所得来的经验。因为这些不经意之谈，往往却沙里藏金，其史料价值，有时且远大于正式访问。

　　李先生很欢喜我这种办法。因此有时在正式访问之后，我也约了一些哥大的中美同事和友人，一起来参加我们的"无记录的谈话"。哥大师范学院的华裔胡昌度教授，便是后期常时参加这个"谈话"的李府座上客。人多了有时也宾客盈室，笑语喧哗，俨然是"代总统府"在海外复活。

　　但是就在这轻松的谈话之后的三两天内，我则独坐研究室、广集史料、参照笔记、搜索枯肠，一气写成两三万言的长篇故事来，送交李公认可。他看后照例要改动一番。取回之后，我再据之增删，并稍事润色。①

　　通过唐德刚的这一大段文字描述可知，他的确煞费苦心。但问题依旧是，李宗仁在他参与的这个项目内外并无明显差异。进入口述史之前的李宗仁，毫无疑问，是民国史上的风云人物；进入口述史之中的李宗仁，依然是民国史上的风云人物。口述史不是塑造李宗仁性格的场所，更不是唐德刚展示其材料组织能力及人物形象刻画能力的场所。从唐德刚的上述文字可知，"史料"是他最关注的；至于李宗仁的人格，则不是他关心的重点，甚至是他极力要剔除的部分。李宗仁原本是性格开放、喜欢说话之人，尤其是其丰富的从政经历使其有较多的倾诉欲望和可能，但唐德刚却把这些都看作影响获知准确史料的负面因素。问题是，这种讲述者摆脱采访者束缚、自由发挥的情形，本该是考察讲述者形象的绝佳机会。相

---

① 《撰写李宗仁回忆录的沧桑》，见《李宗仁回忆录》，第793—795页。

似的情形发生在传记写作中时，基本都成为塑造传主人格的契机。无论是包斯威尔对约翰逊还是爱克曼对歌德，他们都把对方的即兴发挥看作是重要事情。可以说，整本《约翰逊传》就是约翰逊的即兴发挥，《歌德谈话录》就是歌德的即兴发挥。约翰逊的机智、尖酸，歌德的高度自信，都展露无遗。

在口述史中，因为追求史料而在操作过程中减少讲述者自由发挥空间及形象展示的情形，是非常普遍的。据唐德刚介绍，"胡氏当年与笔者对各项问题的讨论，以及笔者访问胡氏时的问难与感想，均为正式录音记录所未收"。① 在具体的操作过程中，"胡适之先生……常常发问：'你还要我说些什么？还要说些什么呢？'笔者循例翻阅自备的'大纲'，临时建议，故录音纪录上亦时时有此问答。但是在校稿时我照例把这些问题全都划掉了。"最终，《胡适口述自传》的篇目为："故乡和家庭""我的父亲、初到美国""康奈尔大学的学生生活""哥伦比亚大学和杜威""青年期的政治训练""青年期逐渐领悟的治学方法""文学革命的结胎时期""从文学革命到文艺复兴""'五四运动'——一场不幸的政治干扰""从整理国故到研究和尚""从旧小说到新红学""现代学术与个人收获"。且全书基本都是以第一人称完成，问答的痕迹几乎全部消失。问答本身正是口述史的特点，提问部分或者沟通部分却被删除殆尽，原因不外乎，提问、沟通并非史料，因此不是必需的。在几乎不涉及私人生活的《胡适口述自传》中，胡适的人格是不明显的。

与之相类似，《蒋纬国口述自传》②的目录是："父亲蒋中正""家世与

① 《胡适口述自传》编译说明页。
② 蒋纬国口述，刘凤翰整理：《蒋纬国口述自传》，北京：中国大百科全书出版社，2007 年。

童年""求学历程""交友婚姻家庭""投身军旅""战地政务""简述装甲兵""任职'国防部'""军事教育与训练""外国顾问与军官训练""军事制度""联合勤务总司令部""国防部联合作战训练部""退出政坛""两次手术""老夫人""生活琐忆""俄美之旅""水的哲学""余絮"。这些小标题已经很好地说明了该书以史实为主要诉求的特点。仅有的几个看似涉及情感生活的章节，也停留在事件的陈述上，基本没有蒋纬国个人形象的痕迹。蒋纬国在其口述自传中基本没有展示任何其本人及亲属的人格。可以说，看完《蒋纬国口述自传》后，人们在了解蒋纬国生活的部分细节之外，并不能获知其他新鲜的东西。

　　现代著名作家老舍于 1965 年在北京投太平湖自尽。三十年后，当代学者傅光明做了一次旨在寻找当年老舍自尽细节的口述访谈。他在做这次口述访谈时遇到了出其意外的情况，"三个互不认识的自称是打捞老舍尸体的人，按照他们的叙述还原'历史'，他们竟然是在同一时间、同一地点，打捞起了同一个人——老舍"。① 他曾经做过三次访谈。在做第一次访谈时，他对宣称亲自打捞老舍尸体的受访者表示了极大的尊重，详尽咨询所有细节；但第二位受访者也宣称自己是第一个发现、打捞老舍尸体的人，这就令他困惑；当第三位受访者同样如是说时，他就表示了极大的怀疑。② 这里出现的情况是，采访者应该做的另一个准备工作：调整好对受访者的期待。即是说，采访者不应该自然而然地把讲述者当作一定会讲出真实材料的讲述者，在采访者与真实材料之间不但没有直接对应关系，相反，讲述者可能是阻碍真实材料呈现的因素。

---

　　①　《文坛如江湖》，第 12 页。
　　②　王俊义、丁东主编：《口述历史》第一辑，北京：中国社会科学出版社，2003 年，第 243—267 页。

　　一般而言,这个工作在历史著作的撰写者以及传记作者而言是不同的情形。史学家探寻真相,既存在辨明真假材料的过程,也有与史料来源进行交流的过程,但史学家一般不会轻信提供信息的人——他们要远比对方更熟悉历史概况,他们需要对方提供的经常只是一些细节佐证。自传作者为自己写作,一般按照自己的意愿或者自己与周围世界的关系来开展写作过程。作为作者的他对现实生活中的自己必然存在期待、改造等情况,但二者一般而言是大体吻合的,自传作者也很少在作品中与现实中的自我对抗。他传作者的情况有所不同,因为可能会出现他与传主真实交流并受后者影响的情形。值得注意的是,他传作者面对这种影响通常采取的是不质疑的态度,《约翰逊传》《歌德谈话录》是明显的例证。之所以出现这种情况,很重要的原因是他传传主对他传作者常常具备的居高临下的优势使然。而在他传传主不具有这种优势的情况下,作者也会因为自己持有的固定观念而很少出现自我对抗的情况。

　　不论是历史学家还是传记作者,他们一般都是某个领域的专家学者,基本可以做到对史料及史料提供者的完全掌控。即便无法做到,司马迁、修昔底德、梁启超等人也拥有自称一家之言的机会。而口述史的采访者并不尽然。首先,他未必是专家学者;其次,他必须要面对既成的事实:讲述者的存在。而讲述者,正是影响口述史真实性的重要因素。

　　采访者应该尽可能挑选可信的讲述者,这就需要讲述者事先进行细致的调查。而在口述访谈开始后,采访者也不能把受访者作为正确无误的资料本身,不能认为讲述者的讲述都是准确的。《口述历史:从磁带到类型》中就指出了“应该对口述历史材料持有怀疑态度”。① 不可否认,破

---

　　① *Oral History: From Tape to Type*, p. 5.

除对讲述者的迷信有利于得出真相。迷信包括两种,一种是对讲述者人格的敬重乃至崇拜,认为讲述者绝对正确,以致不敢提出疑问;一种是认为讲述者是事件的经历者,其讲述必然是正确的、准确的。第一种情况经常发生在普通采访者与显赫的讲述者之间,如普通学生、新闻记者、显赫人物的秘书或亲属做采访者时,他们对讲述者非常尊重,会出现以聆听为主、引导为辅的情况,缺少质疑。第二种情况是,部分未经职业训练的人从事口述实践时经常遇到的——这同时符合读者对口述历史的一般认识。

　　一般而言,读者相信作者所述为真,这是作者写作作品、读者购买或者阅读作品的前提条件——传记作品尤其如此。法国自传研究者勒热讷的《自传契约》曾经对这种“契约关系”进行过论证:“如果说自传的特点是基于某种外在于文本的东西而定的,那么这种东西不是文本之内和某个真人无法核实的相似,而是文本之外自传所导致的阅读类型,它本身所流露的以及在批评文本中所能感到的可信感”。① 虽然勒热讷关注的重心不在文本本身,而是借助于诸如“出版者的名字、丛书、前言、采访”②等“副文本”因素,但这是考察自传中契约关系的出发点导致的。而且,他也在事实上指出了自传的作者对读者的期望:相信我的话。他传作者以及历史作品作者因为要做相当的资料工作,包括渡边淳一、司马迁在内,他们的作品一般而言被认为具有资料价值。但是如果因此就认为自传作者、他传作者及历史作家所言一定真实,就违反了逻辑。首先,并非所有传记作者、历史学作者都严格追寻事实。其次,不同作者眼中的真实未必

---

① 菲力浦・勒热讷著,杨国政译:《自传契约》,北京:三联书店,2001 年,第 248 页。
② 同上,第 296 页。

完全一致。最后，同一个作者也可能对传主给出彼此矛盾的描述，比如司马迁在《史记》的不同篇章中对刘邦、项羽等人的描述存在一定的不一致之处。

可见，读者应该摒弃对传记、历史书予以全部相信的做法，而与一般传记、史书有所不同的口述史的情况更加特殊。建立在采访者、讲述者彼此合作基础上的口述史，不但涉及对作品真实性的考量，更存在采访者是否信任讲述者、讲述者是否讲述真相等问题。

采访者应该摒弃讲述者的讲述与历史事实相同的想法，因为讲述者也是社会的人，他不能像录音机、录像机等机器设备保证其所储存的材料不发生变化，相反，在记忆、心情等多种因素的影响下，讲述者的讲述可能会偏离真实；更何况，讲述者所知的未必就是真实。

一般读者认定的口述历史价值，正是基于讲述者与历史真实之间的直接联系。这种观点曾经在很大程度上促进了口述历史的推广，但这并不符合事实。唐德刚曾有机会为宋子文做口述访谈，但宋子文不幸突然去世。对此，唐德刚遗憾地说："他是位核心人物，本身就是一部活历史……我们治民国史的人，又怎能把宋子文这样的'口述史料'，失之交臂呢？"①此处体现了他对宋子文在历史价值的重视，但不能把宋子文的讲述就当成历史。唐德刚为李宗仁做口述历史的时候，就出现了李宗仁的很多讲述不符合历史实情的情况。因此，采访者需要做大量的工作来保证讲述者的讲述符合历史真实。一般读者没有必要也不具备相关的条件去细致区分，但采访者需要具有这种心理准备：事先认定讲述者的讲述不一定真实。面对这种情况，采访者需要做出很多努力来追求真实。采

---

① 唐德刚：《撰写李宗仁回忆录的沧桑》，见《李宗仁回忆录》，第 787 页。

访者需要"把一个讲述者的证词与其他人的讲述作比较","如果怀疑证词不真实,那么就要去寻找能证实或证伪该怀疑的证据"。[①]

面对两种迷信,怀疑态度是必需的。事实上,与读者倾向于相信口述历史的真实性不同,"口述历史从业者和专家学者一般对口述历史持有怀疑精神"。[②] 但仅仅如此并不能解决问题。事实上,傅光明在《文坛如江湖》中提到他在口述访谈中逐渐由信生疑,怀疑却未能帮助他实现其此次口述访谈的初衷。相反最后他不仅没有得到希望的材料,而且他还认为实际情况究竟如何已不再重要,转而去探讨文化意义以及历史真相之不可知。

口述历史的本意在于寻求事实真相、挖掘历史材料,如果最后不仅未能提供真相而且拒绝提供真相、不相信有真相存在,那就未能达成访谈的目标,更有悖于口述历史的出发点。且不说真相与事实是两个不同的概念,西方新历史主义即主张,历史存在一定的诗学意味。当然这并不是说历史真相根本不存在。其代表人物——不论是格林布拉特(Stephen Greenblatt,1943—)及海登·怀特(Hayden White,1928—)——的作品都体现了这一点。格林布拉特的《俗世威尔:莎士比亚新传》(*Will in the World: How Shakespeare Became Shakespear*, 2005)结合史料,讲述了莎士比亚的生活经历、工作状况,其所处的社会、文化、政治、经济环境,对莎士比亚的内心世界和创作进行了细致描述。该书曾列《纽约时报》畅销书前十,入围美国"国家图书奖"决赛阶段,并获得《纽约时报》2004 年"十佳图书"、《时代周刊》"最佳非小说类图书"、《华盛顿邮报》"最佳图

---

① Valerie Raleigh Yow, *Recording Oral History: A Practical Guide for Social Scientists*, Thousand Oaks, California: SAGE, 1994, p. 212.

② *Envelopes of Sound*, p. 127.

书"、《经济学家》"最佳图书"等荣誉。问题是,现在人们对莎士比亚的出生日期、教育经历、1585—1592 年间的活动、创作高水准的由来、具体作品的年代甚至其本人是谁等问题依然云里雾里、众说纷纭。格林布拉特的这部书对莎士比亚生平及创作的精妙描述必然是一家之言,不但不能等同于事实,而且对该书而言,真实性在一定意义上已不再重要——它不是史书。海登·怀特《元史学》(*Metahistory: The Historical Imagination*, 1975)一书通过对黑格尔以及兰克、托克维尔、布克哈特等人的实证史学与马克思、尼采、克罗齐等人的历史哲学的辨析,指出"对于历史作品的研究,最有利的切入方式必须更加认真地看待其文学方面……历史学家不仅赋予过去的事件以实在性,也赋予它们意义"①,并得出了结论:"历史知识永远是次级知识,也就是说,它以对可能的研究对象进行假象性建构为基础,这就需要由想象过程来处理,这些想象过程与'文学'的共同之处要远甚于与任何科学的共同之处。"②新历史主义因为受到二十世纪后半期流行的结构主义的影响,认为文学、历史都是建立在一种结构基础之上的,在历史的叙事中,虚构、想象等叙事因素承担着重要的作用。新历史主义主要是一种批评理论,其观念对于理解历史作品、传记作品具有非常强的实用性,可以用来解释众多文化现象。

　　那么是不是可以直接借用新历史主义的观点,认为口述历史中的真实其实是一种修辞学意义上的真实,而不是绝对意义上的真实呢? 口述历史是什么样子与历史的真相是什么样子,的确是两个有联系但又不同的问题。口述历史应当追求历史的真相,虽然它未必能提供事件发生时

---

　　①　怀特著,陈新译:《元史学:19 世纪欧洲的历史想象》,南京:译林出版社,2004 年,中译本前言,第 1 页。
　　②　同上,第 7 页。

历史的真相,只能做到相对真实。而新历史主义的格林布拉特在一定意义上变成了戏说历史,海登·怀特则在事实上认为历史本身是一种修辞行为,如此一来,历史的真实度便不再是绝对目标。即使如此,读者也不会丧失对历史作品(包括传记作品)的接受和阅读——后者是建立在史实资料基础上的。

口述史的不同点在于,它本身就是历史和传记赖以建立的事实和资料,不可能放弃对绝对真相的追求。否则,它不且有变成《俗世威尔:莎士比亚新传》的危险,而且完全失去可信力。影响口述历史发现真相的因素有很多,比如人为的因素、物质条件限制等。具体到人为的因素:尽管口述历史建立在个人经历、个人讲述的基础上,但"讲述者的个人动机与历史事实并不一致"。[①] 但无论何种因素,都是需要克服的困难,而不是放弃追求真相的理由。采访者做好准备,积极应对,克服困难,正是口述历史以实际操作为主的特征的体现。而口述历史恰恰在采访者与讲述者的对话合作中完成。

怀疑精神不是口述访谈顺利进行的充足条件,相反,它可能会产生破坏性的作用。首先,怀疑在这种层面上是可以接受的:即讲述者的访谈不能等同于历史事实本身,也未必符合采访者的采访意图。当讲述偏离访谈主题时,就背离了采访者的初衷。采访者此时应当如何处理? 正确的方法应该是,怀疑然后加以引导,同时相信自己可以获得所需的信息。而如何使得口述者的谈话符合采访的要求,谈出需要的信息,就需要在充分准备材料的情况下,在访谈中与口述者达成较好的关系,即是说,傅光明遭遇的情况本是可以避免的。傅氏在采访第一个人时怀着绝对信任的

---

① *The Oral History Reader*, 1998, p. 84.

心态,在采访第三个人时单单怀着怀疑的精神,都不利于访谈。

　　过度抬高怀疑精神,认为在口述历史的操作过程中也存在一个具备怀疑精神的主体(或者是采访者,或者是讲述者),本质上是把口述历史等同于传记写作。该主体与外在或内在的障碍进行交锋,克服困难困难,确认自我,并在此过程中展示自己的人格,完成个人叙事。传记,尤其是自传,是传主的自我(成长过程的)展现与自我身份确认,其中包含了自我怀疑、对外界的怀疑。在自传写作的细节方面,也需要怀疑精神。有学者在评论伍尔夫的自传时指出:"书写自我,有时会遇到迷失的情况,混乱与无意识的记忆会涌入……"①此时,即需要传主对这些记忆做一个辨析、挑拣。怀疑在此时,发挥着巨大的作用——这与口述历史中的怀疑精神有相通之处。口述历史中固然存在着活动的主体,却绝不是一个主体,而是两个。采访者与讲述者有彼此的怀疑和阻碍,但两者归根到底是合作的关系,是双方共同遏制对方甚至是自己的部分动机,促成口述历史的实现——有时候采访者主动,有时候讲述者主动,但都改变不了双方合作的本质。因此,过度夸大怀疑精神,引入传统叙事学理论,实际上是忽视了口述历史文体的独特性。

　　既然代表单一权威的怀疑精神没有那么关键,口述历史的操作就必然是在双方合作的基础上展开。如此一来,从真实的角度考察时,那些妨碍真实性的因素也就获得了意义。南京大屠杀幸存者偏离(采访者规定的)主题的谈话不再是全无意义,傅光明笔下撒谎(至少有两人撒谎)的受访者的谈话也有了新的价值。它们都是讲述者能动性的体现。

　　在最终出版的南京大屠杀史料集中只保留了与大屠杀相关的简短访

---

① Linda R. Anderson, *Autobiography*, London: Routledge, 2001, p. 101.

谈文字，"空巢"老人们的情绪都消失不见，因此符合了采访者的意图。傅光明失败的访谈当然也是口述历史，其出发点和方法都说明了这一点，但其结果却令其失望。可见，口述历史的方法之下有着相当的张力。这种张力来自于采访者、讲述者不同的诉求。采访者的目的很简单，就是寻求事实，而讲述者的思路并不一定与之吻合。口述历史的活力正在于此。

单纯的讲述（一般的自传、他传）只能告诉人们作者对人物、事件的看法，是单向度的，至少在形式上如此——读者被告知的，就是作品讲述的、作者讲述的。自传作者在创作过程中要考虑读者与市场、亲友、道德、法律等问题，但自传反映的是作者个人对包括这些影响因素在内的事件及他对世界、自我的认识。他传作者同样要参考市场等外在因素，但传记作品反映的就是他对传主的认识，不论他与传主的关系是亲如包斯威尔之于约翰逊还是仇如陈寿之于诸葛亮，不论出于对传主的崇拜还是对金钱的崇拜，不论他说的是真心话还是假话。口述历史则不然，它是采访者与讲述者两者彼此合作、妥协的场所。在这里，采访者期望把讲述者纳入自己的轨道，而讲述者经常会偏离这一期望——采访者应当对此有所了解，更应当采取措施来实现自己的意图。

具体到傅光明，他应该事先揣测到受访者可能有借名人为己增光的心态。特别是很多时候，口述历史需要的是"未见诸记录的信息"①，讲述者实际上有信口开河的机会。因此受访者借机为自己博取名利等情况是可以想象的。采访者需要在访谈中推敲发问，而不是一味倾听或者质疑。从了解对方的心态，到理解其想法，到努力使之与自己的初衷一致，取得

---

① Barbara W. Sommer, Mary Kay Quinlan, *The Oral History Manual*, Walnut Creek: Rowman Alta Mira, 2002, p. 56.

平衡点,是需要在访谈实践中锻炼的技巧,也是人与人对话、交流、相处的基本规则。此处所论述的是,采访者应该具备一定的心理素质、知识素质及合作精神。它们都是来自实践的。而口述历史的实践则基本集中于剥离不真实的成分、去除影响真实的因素,因为真实的信息始终是口述历史的最终诉求。

通过上面的论述可知,口述历史中存在着寻求真实与偏离真实的两种倾向,采访者向讲述者寻求事实,而讲述者提供信息。当然,采访者与求真实之间并不能画等号,有许多采访者没有做到求真实,有时候是因为实践能力所限;有时候是因为见解、知识不足;有时候是因为缺乏足够的动力,比如对讲述者过于尊重或者外部的压力,为舒芜做口述历史的许福芦未能用访求事实的精神去追问最为人关注可能也是价值最高的告密信事件;有时候,是态度问题:《文强口述自传》中,采访者对文强的湘方言把握不清,也没有向其本人或他人求证的意愿,对一些明显的错误也没有做订正。不合格的采访者必然不能得到真实。由此可以见出,口述历史严重依赖于操作环节。诸如"访谈技巧、问题的选择都导致它的真实性不能保证,需要采访者仔细检查"。[①]

而且,采访者所追求的真实只能是历史真实的"一个侧面或者局部"[②]:局部真理。纳粹屠犹的幸存者们讲述的是纳粹杀害犹太人的情形,这是采访者所追求的真实。这些讲述无论对讲述者的生活还是当时宏阔的历史风云而言,都只是其中的一部分。幸存者可能会终生难以忘

---

① Alun Munslow, *The Routledge Companion to Historical Studies*, London & New York: Routledge, 2006, p. 198.

② Susan Armitage, Patricia Hart, Karen Weathermon, *Women's Oral History: The Frontiers Reader*, Lincoln: University of Nebraska Press, 2002, p. 83.

记这段经历,并且从身体、精神上都深受其害,但其人生经历毕竟还有很多其他方面,口述历史对它们却视而不见。而对头绪繁多的屠犹,采访者需要的经常只是讲述者所知晓的某时某地某人被杀死的事实。但这不是全部的历史事实。

从局部真理的角度分析,那些以显赫人物为讲述者的口述历史具有更明显的局限:基本回避了情感等私人问题,缺少了人格层面的材料和心理探讨,经常是历史事件的罗列。把历史事实等同于事件,在人与履历表之间画等号,是对历史参与者人格不够重视的表现。关于这一点,中国数千年的官修历史是很好的例证。如果把它们等同于历史事实或者历史,是错误的。历史的主角是人,这包括了有(精彩)故事的人和没有(多少)故事的人。口述历史把目光局限于所谓的事实,就注定其所得到的只是历史真相的一部分。它未必真实;即便真实,也只是历史的一部分。

因此,尽管很多学者认识到口述历史存在缺陷,告诫"使用这些来自田野作业的材料人们应该清楚它们的缺陷"[1],但其真正缺陷却在于,依照传记的标准来看,它过度重视事件,过度重视所谓的真相,因而可能会忽视其参与者作为人的精彩之处,忽视了参与者们特别是讲述者与过去事件的情感纽带。所以很多人把它作为一个工具,认为"它本身并不能解决任何问题"[2],只有在采访者的正确使用下才能有效发挥(其资料性)作用。这明显没有估计到参与者特别是讲述者作为人的特征,仅仅重视事的层面。在这一点上,一般传记要胜出一筹。一般传记通常会为读者留

---

[1]　Trevor Lummis, *Listening to History: The Authenticity of Oral Evidence*, London: Rowman & Littlefield, 1988, p. 7.

[2]　Ramon I. Harris, *The Practice of Oral History: A Hardbook*, New York: Microfilming Corp. of America, 1975, p. 12.

下有性格、有特点的传主,而这个有特点的传主在口述历史中变成了有故事的人或者那些故事的主人,不再有(明显的)人格特点。促成这一点的,正是采访者的诸多努力。

对事实的追求,是口述历史发起的源头,也是采述双方特殊关系的起因。但讲述者们不可能被所谓的事件完全束缚。傅光明的老舍之死口述访谈中,那些提供虚假信息的讲述者就是明证。更多时候,讲述者不会如此完全捏造事实,相反,他们会在提供真实信息的时候也提供虚假信息。而导致他们如此不尊重历史真相的原因,正是他们寻找自我身份的努力。讲述者需要在历史中找到自己的定位,需要为自己确定身份,为此他们不惜撒谎。这虽然只是口述历史的副产品,却不应当成为口述历史研究的盲区。本文将在第三章中对形形色色的讲述者进行分析,那些没有讲出真相的受访者与讲出了真相的受访者都应作为研究对象。同样,采访者也不是完全服务于真实的、没有丝毫个人动机的人,相反,他们代表了一定利益的个体或集体,其追求真实的努力及在访谈中的表现、访谈前后的变化,同样应该纳入视野。

第五节　操作的价值

有的学者认为口述历史的价值在于"使那些历史上沉寂的人发出声音"。[1] 美国卸任总统及李宗仁、顾维钧们是历史的缔造者,他们讲述的

---

[1]　Edited by Paula Hamilton & Linda Shopes, *Oral History and Public Memories*, Philadelphia: Temple University Press, 2008, p. 3.

经历、见解的历史,其价值毋庸讳言,而且该价值(至少)部分地体现了讲述者本人的价值。李宗仁的口述,按照唐德刚的说法,就是中国末代皇帝的历史。[1] 因此,他们的口述历史可以被冠以"回忆录""自传""口述自传"等称号。虽然它们不涉及个人私密情感,侧重点也不是讲述者的私人经历而是公职、社会贡献等外部事件,但人们仍可以把《李宗仁回忆录》中的"末代皇帝"等同于李宗仁,把外交天才等同于顾维钧,因为这是他们个人一生中最光彩夺目的部分。出生于爱德华时代的普通人(《爱德华时代的人》)、美国经济大危机的亲历者(《艰难时世》)、"9·11"的生还者也亲自参与了历史事件,其讲述之历史价值已与讲述者本人的价值之间基本不存在这种等值关系:定宜庄采访的某一位满族妇女之身份绝对不是"满族妇女"四个字可以概括的;围绕某一建筑物展开的口述访谈中,建筑物的价值与讲述者个人人生价值之间则一般不存在重要关系。

普通人进入历史并成为历史的主要声音,这是史无前例的。不论在中国还是在西方,历史不但是由胜利者书写的,而且是由英雄人物为主人公的。

《史记》共一百三十章,分为八书、十表、十二本纪、三十世家、七十列传,除八书十表之外的一百一十二章均以历史上的重要人物为主人公。

有学者这样评价司马迁:"重视下层人民的力量,歌颂下层人民的品质才干,用了很多篇幅为他们树碑立传,诸如《游侠列传》《滑稽列传》《日者列传》《扁鹊仓公列传》等都属于这一类。至于那些虽以贵族人物标名,而文中实际所写仍是下层人物的篇章就更多了。"[2]

---

[1] 唐德刚,《撰写李宗仁回忆录的沧桑》,见《李宗仁回忆录》,第776—778页。
[2] 《史记》,"前言",第4页。

　　通观《游侠列传》，朱家"所藏活豪士以百数，其余庸人不可胜言"，剧孟获评"以任侠显诸侯……天下骚动，在想得之若得一敌国云"，郭解"入关，关中贤豪知与不知，闻其声，争交欢解"，三人无一不是"奇"人，无一是普通人。司马迁在《游侠列传》的"太史公曰"部分说："吾视郭解，状貌不及中人……谚曰'人貌荣名，岂有既哉？'"①这里所说的中人正是普通人，而郭解虽然相貌不佳，却不是普通人。根据《史记订补》的解释，"人貌荣名，岂有既哉"说的是"郭解状貌不取，而得荣名，故以人貌荣名无定为解"②，正是承认郭解并非常人。《滑稽列传》中，齐国的"淳于髡，齐之赘婿也。常不满七尺"③，但因为"谈言微中，亦可以解纷"④，后官至负责接待外宾、使节的诸侯主客。楚国的"优孟，故楚之乐人也。长八尺，多辩，常以谈笑讽谏"⑤，"楚相孙叔敖知其贤人也"⑥。秦国的"优旃者，秦倡朱儒也。善为笑言，然合于大道"⑦，并谏止了秦始皇、二世的荒唐举动。这三人"在当时的地位极其低下，甚至为一般平民所不齿；但是他们的操行见解，以及他们那种批逆鳞、论大事的智慧和勇气，却又往往为衮衮诸公所不及"⑧，说明的正是，他三人均不是普通人。《日者列传》早就失传，现存为他人补写。与《日者列传》接近的《龟策列传》除论赞部分外也已失传。《扁鹊仓公列传》中，扁鹊以医术名闻天下⑨，汉代名医仓公淳

---

① 《史记》，第 1701 页。
② 同上。
③ 同上，第 1707 页。
④ 同上。
⑤ 同上，第 1709 页。
⑥ 同上，第 1710 页。
⑦ 同上，第 1711 页。
⑧ 同上，第 1721 页。
⑨ 同上，第 1741 页。

于意"知人死生,决嫌疑,定可治,及药论,甚精"①。可知,此二人亦非常人。

常人,即普通人,在《史记》中极难成为主角。偶尔出现的游侠、扁鹊也都不是普通人。相反,他们是奇人,是重要的人,这是他们能够进入《史记》的重要原因。

而作为西方传记体史书的源头,《希腊罗马名人传》(*The lives of the Noble Grecians and Romans* 或者 *Parallel Lives*)同样是以重要人物(即中译所谓"名人")为主人公,无须赘述。

《史记》之后的中国正史无不以朝代更替或者国家政治、文化等大事中的重要人物为主角。事实上,英雄(hero)与主人公(hero)的英文是一样的。英国作家卡莱尔(Thomas Carlyle,1795—1881)在《论英雄与英雄崇拜》(*On Heroes and Hero Worship and the Heroic in History*,1841)一书所列出的英雄有:奥丁神,先知穆罕穆德,诗人但丁、莎士比亚,牧师马丁·路德,文人约翰逊、卢梭、彭斯,领袖克伦威尔、拿破仑等。他们中的每一个在自己所从事的领域做出了举世瞩目的成就,或者干脆改变了历史进程,与普通人之间存在极大的区别。

由于普通人不占有英雄人物的特征,也没有做出英雄人物的业绩,很难在历史上发挥重要的作用,因此无法在史书中留下类似于英雄人物的丰功伟绩。《史记》中即使出现了普通人,他们也只是被动承受重要人物行动的后果,如《李将军列传》中有如下记载:

> 顷之,家居数岁。广家与故颍阴侯孙屏野居蓝田南山中射

---

① 《史记》,第 1412 页。

猎。尝夜从一骑出,从人田间饮。还至霸陵亭,霸陵尉醉,呵止
广。广骑曰:"故李将军。"尉曰:"今将军尚不得夜行,何乃故
也!"止广宿亭下。居无何,匈奴入杀辽西太守,败韩将军,后韩
将军徙右北平。于是天子乃召拜广为右北平太守。广即请霸陵
尉与俱,至军而斩之。①

汉代的尉,是主管缉拿盗贼的政府官员,从地位上本有别于普通百
姓。但在李广的传中,这位霸陵县尉连名字都没有留下,事实上,在《史
记》中,他正是一位不折不扣的普通人。他存在的价值,大约就在于彰显
大英雄李广性格之复杂。也就是说,他的存在依附于李广这位英雄(重要
人物)。

与之类似的是,《希腊罗马名人传·忒修斯传》中,也有一段记载:

　　现在到了第三次进贡的时刻,雅典男青年的父亲们都要前
去抽签。这事在悲愤的人群中再次激起对埃勾斯的不满和怨
恨,因为埃勾斯是他们一切苦难的根源,而他本人却免受惩罚,
还要把王国传给一个外来的私生子,但他对许多人陷于贫困,合
法的儿子被夺走,却无动于衷。忒修斯对此甚感不安,他认为自
己的正确态度不是漠然置之,而是分担同胞们的苦难,于是他挺
身而出,自动要求不经抽签前往应征。民众钦佩他的见义勇为,
为他的大公无私精神感到高兴。②

---

① 《史记》,第 1472—1473 页。
② 普鲁塔克著,黄洪煦主编,陆勇庭、吴彭鹏等译:《希腊罗马名人传》,北京:商务印书
馆,1990 年,第 17 页。

　　这里的民众扮演的正是普通人在史书中的角色：陪衬。他们用自己的平凡衬托着主人公的各种美德，比如此处忒修斯的正义与勇敢。

　　关于普通人，西班牙二十世纪思想家奥尔特加·加塞特（Ortega Gasset，1883—1955）曾指出，"大众就是普通人"①，而"大众既不应该亦无能力把握他们自己的个人生活，更不用说统治整个社会了"②。按照奥尔特加的观点，社会上的少数精英与大众共同组成了社会，而"少数精英是指那些具有特殊资质的个人或群体，而大众则是没有特殊资质的个人之集合体"。③ 这种资质指的是能否严格要求自我。少数精英对自己提出严格的要求，并赋予自己重大的责任和使命，大众则放任自流——尤其是对自己。④ 奥尔特加是一位对欧洲的衰败与没落深感焦虑的文化人，特别排斥大众，即普通人。这一观点自然有不可取之处，但是他主张的大众（普通人）无法掌握自己的个人生活，却是真实存在的，尤其是在与重要人物对比的时候更是如此。上文提到的霸陵尉就是一位无法掌控自己命运的人，所以他是普通人；而郭解、扁鹊、李广在相当程度上能够把握自己的个人生活，所以他们是重要人物。

　　长期以来，有机会在历史舞台上表演、发出声音的基本都是重要人物，或者，历史基本上就是重要人物的历史；普通人则一直是舞台下沉默的存在，只是前者的陪衬。但口述史的出现使得普通人有机会在历史中留下自己的印迹，虽然仍然不如英雄人物般耀眼，且未必有机会展示自己的人格魅力，但即使是南京大屠杀的幸存者、见证者，也能够活生生地出

---

①　奥尔特加·加塞特著，刘训练、佟意志译：《大众的反叛》，广州：广东人民出版社，2012年，第28页。

②　同上，第25页。

③　同上，第28页。

④　同上，第29页。

现在《南京大屠杀史料集》中或者凤凰卫视"口述历史"电视节目中。《南京大屠杀史料集》有三卷是幸存者的口述，他们均有姓名、有行迹，做到了青史留"名"。

同时，口述历史的操作也出现了人民化的趋势，一个采访者、一个录音机和一个讲述者就可以制作口述历史，一时间出现了众多"手册""指南"的指导文章、图书①，商业操作也开始进入口述历史。以当代中国为例，口述史已经成为热门话题，报社记者、电视记者等新闻媒体从业者的进入，使得口述史不再专属于史学家等专家的后花园，而是门槛降低，普通人都可以参与其中。崔永元 2001 年访日时在 NHK 看到庞大的影像库，受到启发，后来发起了《我的抗战》大型历史纪录片。全部三十二集影像每集均有一个主题，所表现的或是关键战役，或是人民武装，或是国际援助，或是武器补给，或是战时情感，或是伪军战俘。《南京大屠杀史料集》的幸存者口述部分，很多是由在校学生参与完成的。

不论是普通人在历史中发声，还是普通人参与历史制作与操作，这在现代口述史出现以前都是不可想象的。历史，从来都只属于少部分人。中国历代均设置专门记录和编撰历史的官职，统称史官，后分为专门负责记录的起居注史官和史馆史官，前者随侍皇帝左右，记录皇帝的言行与政务得失，皇帝也不能阅读这些记录内容；后者专门编纂前代王朝的官方历史。这是官方机构，普通人自然无法涉足。至于这些史官中不畏强权、秉笔直书如董狐等人的伟绩，更与普通人无缘了：

据《左传·宣公二年》记载："乙丑，赵穿攻灵公于桃园。宣子未出山而复。太史书曰，'赵盾弑其君'，以示于朝。宣子曰：'不然。'对曰：'子

---

① 英国口述历史协会的网页就有"实践指导"一栏。

为正卿,亡不越竟,反不讨贼,非子而谁?'"……"孔子曰:'董狐,古之良史也,书法不隐。'"①据《史记·齐太公世家》记载,崔杼弑君后,"齐太史书曰'崔杼弑庄公',崔杼杀之。其弟复书,崔杼复杀之。少弟复书,崔杼乃舍之"。②毫无疑问,普通人连这种被杀害的机会都无法得到。

官修史书是普通人无法进入的。东汉班固私修《汉书》,遭揭发后被皇帝下诏收捕,经过查实后被任命为掌管图书的兰台令史,得以继续撰写《汉书》。曾私人撰史的孔子、司马迁、班固、万斯同、普鲁塔克、斯塔夫利阿诺斯(Leften Stavros Stavrianos)、费正清(John K. Fairbank),无一不是学富五车、见识深刻之辈,普通人更无法望其项背。

总之,较高的准入门槛堵死了普通人参与传统历史活动或者历史编纂的途径,而这一点,直到口述历史出现后才得到了极大的改观。

被采访者或者按照采访者的安排讲述(并成为讲述者)或者干脆拒绝发言③(如此一来,他就不可能成为口述历史的讲述者)。而很多时候,这种价值与讲述者的真正价值之间并不一致。类似于溥仪的最后一位妻子李淑贤这样的口述者,是比较特殊的普通人。她们/他们是历史人物的主要亲属或者历史事件的著名见证者。他们不是历史人物,但他们总是被人与溥仪等历史人物、南京大屠杀等历史事件相提并论。此时的历史价值更体现了采访者的力量。这反映了口述历史操作对讲述者个人影响之大,它赋予了讲述者新的价值,至少突出了其原有价值中的某一部分。

口述历史关注的史实依据讲述者的地位不同,可以分为两类:显赫人物类和普通人物类。对普通人物的发现,是口述历史的一大贡献。中

①　王守谦、金秀珍、王凤春译注:《左传全译》,贵阳:贵州人民出版社,1990年,第490页。
②　《史记》,第487页。
③　*Recording Oral History*, p. 172.

国数千年的官修正史中有数量巨大的帝王将相传记,但除前四史中所记之外,许多都乏善可陈,主要原因就是其叙述重事件、少语言、无心理,类似于扩展版的履历表,导致人物形象简单薄弱,无血肉。梁启超在《新史学》对此评论称:"今中国之史,但呆然曰:某日有甲事,某日有乙事,至此事之何以生,其远因何在,近因何在,莫能言也。其事之英雄于他事或他日者若何,当得善果,当得恶果,莫能言也。故汗牛充栋之史书,皆如蜡人院之偶像,毫无生气。"①与之相比,口述历史的进步之处有二:开始注意挖掘普通人物,重视细节。普通人物走进历史,成为为人倚重的角色,如《爱德华时代的人》与《艰难时世》中的讲述者、满族妇女、社区百姓;而伟人、帝王将相的亲友也首次大规模进入历史。在正史和伟人传记中,他们很少出现,如果出现也只是背景或者配角。而在口述历史中,他们以主要讲述者的身份出现,至少成为文本中的主角。

与"故事"主角变化相比,"故事"本身的变化更大。与正史相比,口述历史所关注事实有一个巨大的转变:从主要是军政大事扩展到包括军政在内的社会各方面,如经济、文化、生活、某些细节等。正史一般是由政权组织或者学者独立完成的,体现的是某些团体、个人的观点,经常与真相相去甚远。而口述历史讲述者呈现的是自己所了解的部分,可能不会如正史、专门史完整,但在细节上要详尽。

与一般的他传、自传相比,口述历史在内容上也有较大的变化。传记是以人物(传主)为核心展开的,"这是因为传记关注的首先是人,其次才是事件;对传记家来说,揭示那些以传主为中心的意义联系才是他们的更

---

① 梁启超:《梁启超史学论著四种》,长沙:岳麓书社,1985 年,第 244 页。

高任务"。①日本作家渡边淳一的《遥远的落日》是一部以日本医学界名人野口英世为传主的传记。在《遥远的落日》中,他使用了野口想方设法借钱、借钱不还、花天酒地、研究工作存在重大失误等一些不同于以往野口传记中的偶像式形象的材料。渡边淳一自己说,他不是为了破坏偶像,而是为了创造新的真实的野口形象。这一真实具有两方面含义:首先,有更多更准确的材料作支撑;其次,渡边淳一认为应当如是。他把野口生命中辉煌的"光"的部分与黯淡的"影"的部分令人信服地结合起来,契合点在于他对野口的新认识:野口是一个竭尽全力活着的人。② 对野口的这一认识其实与渡边淳一的自我认识和文学观念有关。渡边在文学创作中多次刻画了这类竭尽全力活着的人,从其文学观念出发,结合丰富的材料,写出了令人信服的野口传记。但不论是渡边的《遥远的落日》还是之前粉饰野口的其他传记,都是按照作者的观点来组织材料、叙述故事。

　　渡边淳一这种组织材料的方式在传记写作中很常见。传记作者之所以为传主写传,就是因为他发现了传主有可写之处。不论是长篇传记还是寥寥数语,传记作者都是按照自己的喜好来编选材料、刻画人物。传记作者对传主的描绘、解释,是他的主体性的体现。传记是"一个反省的所在,一个人(传记作者)在那里主动地建构和反思发展中的身份/主体性"。③

　　与他传写作类似,在口述历中,采访者同样会按照自己的观点来搜寻材料。比如,在《艰难时世》中,讲述者被要求只能讲述与大萧条有关的

---

　　① 杨正润:《传记的要素》,《江苏社会科学》2002 年第 6 期,第 174 页。

　　② 清源康正:《解说》,见渡边淳一著,芳子译:《遥远的落日》,北京:文化艺术出版社,2002 年,第 468 页。

　　③ Paula Nicolson, *Gender, Power and Organization: A Psychological Perspective*, London: Routledge(UK), 1996, introduction, p.7.

事情。但这要求讲述者的配合,更多的时候,采访者只能引导,而无权直接决定。如果讲述者的话不符合采访者的要求,采访者也就无法获得所需信息。与传记作者相比,采访者有一个优势条件,是他面对着活的历史参与者本人,这使得他有可能获得真实的信息。只要面对讲述者,采访者就有机会获得所需要的信息,获得纸面上没有的信息。因此,口述历史为采访者提供了一个普通他传作者很难拥有的契机,就是通过谈话获知需要的信息。可能性正是口述访谈的优势所在,也是采访者的优势所在。但能否如愿获得该信息,要求采访者在访谈中掌握足够的技巧,并且需要讲述者的配合。一旦讲述者给出信息是错误的、伪造的或者无意义的,那么,讲述者还要有更多的甄别、整理工作去做。与传记作者相比,这又是弱势。传记作者可以按照自己的意愿——有时甚至是错误的观点——来安排材料,而采访者却必须依仗讲述者来获取"史实",不能完全按照自己的心意做事。

对于自传而言,自传作者自为权威。法国学者菲利浦·勒热讷在《自传契约》中主张,自传是自传作者与外界诸多因素(出版商、读者)妥协的结果,是一份契约。该观点夸大了外部因素的影响。自传作者在写作时是有目的的,包括书信、日记等实用的亚自传,都有具体的创作动机,或者要针对一些外界的批评,如卢梭之《忏悔录》;或者受经济利益驱使,如英国球星贝克汉姆、鲁尼等人受出版社邀约;或者纯粹为了总结、纪念自己的经历,如吴宓编纂《吴宓自编年谱》;或者因外界压力胁迫,如一些检讨、检查类的作品。

自传创作总有一个动机,那就是讲述自己的故事,其中包含了对自我价值的珍视。自传作者对自己有较稳定的认识(经常是自高自许),结合这种认识讲述自我的经历。传记作为西方文明的重要组成部分,"伟人"

的价值观乃是其核心,自传尤其如是。自传作者不仅会像他传作者那样精心挑选材料去刻画形象,他还走得更远:他兆选对自己有利的材料。没有一个自传作者会把自己写得龌龊不堪,即使如卢梭的《忏悔录》般惊世骇俗也只是挑选一些"无足轻重"的坏事写入自传,目的还是自辩。[①]自传对研究自传作者而言具有相当高的权威性,除了自传作者的不可替代性外,还有一个重要原因是,自传作者对自己的评价经过了一番思考,相当稳定,因而是考察其思想的重要根据。

当然,需要注意的是,自传作者的写作并非独立创作,经常受到外界的影响。

法国卸任总统希拉克在 2009 年出版了一部自传,名为《每一步都应当有目标》。在这部书中,他爆了许多"猛料":十八岁的时候在阿尔及利亚一港口初次发生性关系,对方是一名妓女;对待感情不忠,曾背着接近订婚的女友与另一女子谈恋爱。至于希拉克为何自曝丑事,一种解释是为了提高曝光率进而提升自传销量,但也有人认为这是因为希拉克总统的前任同样很有女人缘,同样情人众多,而希拉克这样写是为了证明自己的异性魅力不输给密特朗。在此处,读者或者密特朗就成为刺激或者影响希拉克写作的力量。

无独有偶,德国著名作家君特·格拉斯在其第一部自传《剥洋葱》中也爆出"猛料":他曾经加入过党卫军。他是一位执着地反思德国军国主义的知识分子,甚至被认为是"德国的良心"。这一猛料自然震动文坛,甚至动摇了部分知识分子的良知。那么,他为何会在自传中写下这段事情? 首先,这可能代表了他对自传这一文体的忠实;其次,有人怀疑他是

---

① 杨正润:《论忏悔录与自传》,《外国文学评论》2002 年第 4 期。

为了提高其著作的销量。据君特·格拉斯的说法,他这一迟到的坦白是因为他曾经深信纳粹宣传,后来自觉羞愧因此不愿提及,但是他需要向世人澄清此一情况,比如,他提到自己从未开枪。不论从何种角度理解,人们都能发现自传作者的写作并不是独立的和不受干扰的。尽管(或者说由于)引起了较大的争议,君特·格拉斯依然广受关注。值得注意的是,他后来写出的第二部自传《盒式照相机》即没有了此类争议性话题,相反,文字优美,充满爱意。据报道,格拉斯自称创作这部自传的灵感来源于摄影师这个形象:"摄影师玛丽亚·哈马亲历了格拉斯家族的生活。借助她拍的照片,格拉斯探究过去发生的事件,展望和幻想未来的世界。"①

尽管如此,自传作者仍然是契约的署名人,作品是他内省和反思的成果。与之对比,口述历史的采访者没有足够的权威来写下这份契约,因为他并不是事实的见证者,讲述者才是内容的提供者。

虽然同为来自记忆的文体②,但传记是传记作者利用材料描绘传主形象的地方;口述历史是采访者力求获得信息的地方。出发点的不同是两者的最大区别。但也有很多作品既是口述历史也被看作是传记,可见,二者有相通之处。口述历史是一种独立的文体,又可以被纳入传记的领域中研究,已经具备了传记的众多特征。最主要的是它们都需要处理人的问题,而材料又都与人的生平密切相关。

口述历史是对历史学的突破,对传记研究也有重要的借鉴作用。传记中的人物是有人格的;虽然有学者也关注了口述历史"人格"的问题③,

---

① 许怡:《德国作家君特·格拉斯谈第二本自传》,《文汇读书周报》,2008 年 9 月 27 日。

② J. Murphy, "The Voice of Memory: History, Autobiography and Oral History," *Historical Studies*, 1986, Vol, 22.

③ 如 James Hoopes 的 *Oral History: An Introduction for Students* 提到了采访者如何通过极高技巧来更好地理解人物的人格,但这人格不会体现在最终的口述历史作品中。

但基本上,口述历史中的采访者、讲述者的人格并不明显。由于口述历史追求史实,所以讲述者的人格不是发起动机的组成部分,也不是最后作品的主要内容。在以普通人为讲述者时,讲述者的形象一般是单薄的。现在许多学科的研究者都把口述历史作为收集材料的方法,讲述者对他们而言,就是社区妇女的工作、黑人的社会地位、哈特兰德卫生情况等信息的提供者。最后成书的口述历史中,这些讲述者基本没有人格也没有个人情感。在以显赫人物为讲述者时,因为篇幅加长,容量加大,提供的信息也更多,有条件去展示讲述者个人的形象,而且显赫人物大多在某一领域有着较高的成就,具备较高的修养,对采访者具有一定的影响力,因此在最终的作品中,采访者可能会保留许多含有讲述者个人形象的信息。同时,普通人物受采访时所讲述的并不是该人最重要的特征,相反可能只是其生活中微不足道之处,但被采访者发掘到了。采访者有备而来,普通人准备则不会如此充分,访谈中也无暇整理思绪,且由于普通人语言表达能力不高,经常导致在最后的文本中,其口头语言被替换为采访者的书面语言,其人格、情感的传达媒介亦不复存在,此时其人格、情感自然难以展现。显赫人物具备了较高的思维能力和说话水平以及个人威望,采访者会在最大程度上保留其个人语言,因而有机会在口述历史文本中展示其人格。尽管几种情况彼此不同,但相同的是,采访者都无法拥有绝对的权威。要获得真实的史料,采访者必须做好从精神到物质条件的充分准备,必须具备相当的谈话技巧,因而口述历史对操作环节的依赖非常明显。而操作环节中最显眼的一环,就是采访者为了获取真实史料,采取多种措施来保证讲述符合自己的思路,加重了人为制作的成分。

第二章　求真之险途

追求史实的目的决定了采访者需要采取各种措施来保证真实性。由于口述历史需要的是采访者认定的事实,其真实性必然要受到采访者的巨大影响,同时由于讲述者未必能讲出事实,最终的口述历史之真实程度是采述双方通过访谈合作完成的。

不同于一般传记作品和历史作品大量依赖纸质材料的情况,口述历史所记载的事件来自访谈实践,与"真相"不同。采访者主张的未必就是真相,而其主张会影响到真实。以《白崇禧先生访问纪录》为例,这部作品涉及解放战争及以后的篇幅比较少。由于白崇禧的立场问题,他在谈及李宗仁竞选"总统"成功的原因时有如下分析:(1)广西建设的声誉;(2)北伐时第七军的声誉;(3)抗战时主持第五战区军事的功勋;(4)待人接物的态度。① 可以说这些分析明显有所偏袒。而他对李宗仁胜选后南

---

① "中央"研究院近代史研究所:《白崇禧先生访问纪录》,台北:"中央"研究院近代史研究所,1989 年第 3 版,第 858 页。

京、上海等地民众在未经组织的情况下进行热烈庆祝的描述,更能体现这
一点。他在讲述中对蒋介石明显多次表示不满。虽然他经常用小人进谗
言之类的话来转移对蒋的指责,但"蒋先生听信谗言"之类的话很明显地
体现了他维护桂系、不满中央及其他派系的观点。考虑到白崇禧接受访
问是在蒋介石已经去世的 20 世纪 80 年代,他这样表达的风险不是很高。
但读者很难相信,如此态度之下,白崇禧在涉及二人时的讲述的真实度。

　　这一点尤其需要注意。口述历史的真实性源自实践领域,而实践不
同于纯粹的理念,其开展需要现实环境的配合,需要适应现实的环境。如
果说传记、历史书的撰写要受到材料工作、作者见解及文笔等因素的制
约,有可能失去可信度的话,那么影响口述史真实度的因素要多一条,那
就是,口述史是基本认可现存环境而缺少抗争精神的;而且讲述者的见解
并不关键——读者在阅读白崇禧的口述时,一般不会因为他的倾向性而
否定其价值。

　　尤其明显的是,口述历史很少提到与自我批判、自我反思有关的所谓
阴暗面。丑恶势力是不会作为正面形象进入口述历史的。公然违背人类
道德伦理的思想固然存在,但它们不存在于口述历史中。

第一节　语言、知识、情感、情绪

　　在口述历史的制作中,首先是语言的问题。上一节曾提到普通人的
口述一般会遇到文字被采访者改变的情况——从口头证据（oral
testimony）到口述历史文本的转变需要后期编辑。很多学者都主张"在编

辑的时候,要使用完美的英语,删除令人不快的评论,删除采访过程中的问题"①,而"编辑工作更是由采访者承担的"②。

　　文字的改变必然带来所述事实的变化。这种例证在中西文化史上都发生过许多次,最有名的就是西方的文艺复兴与中国的五四新文学革命。意大利作家但丁(Alighieri Dante,1265—1321)被誉为"封建的中世纪的终结和现代资本主义纪元的开端的……标志……中世纪的最后一位诗人,同时又是新时代的最初一位诗人"。③ 但丁不仅撰写了《神曲》(The Divine Comedy)这样的文学作品,而且他在写作《神曲》时使用的是古意大利语——这是基于意大利一个地区的俗语并结合了拉丁语及其他方言的语言形式。但丁借用这种俗语得以使小市民、牧师等都可以阅读他的作品。而在中世纪,只有上流社会才可以阅读、写作拉丁语作品,普通人是没有能力接触高雅文学、高雅艺术的,因为几乎没有用普通人的语言完成的文学作品。这一状况在古意大利语进入文学创作后发生了改变。要使市民阅读其作品,必然要体现市民的观念。自但丁之后,使用古法语写作《巨人传》的拉伯雷、使用古西班牙语写作《堂·吉诃德》的塞万提斯以及使用古英语创作诗歌和戏剧的莎士比亚,在其作品中无一例外地体现了有悖于中世纪压抑感的世俗观念。《巨人传》中惊世骇俗的低俗与叛逆、《堂·吉诃德》中令人啼笑皆非的闹剧、莎士比亚戏剧中屡见不鲜的下流语言,这些都不见容于中世纪拉丁语作品,它们体现的是使用俗语的市民阶层的世俗观念:叛逆,肯定欲望,渴望爱情,追求实利。

---

　　① *Dialogue with the Past: Engaging Students & Meeting Standards though Oral History*, p. 48.

　　② Sharon Veale & Kathleen Schilling, *Talking History: Oral History Guidelines*, Hurstville, New South Wales: The Department of Environment & Conservation, 2004, p. 38.

　　③ 中共中央马克思恩格斯列宁斯大林著作编译局编:《马克思恩格斯选集》第一卷,北京:人民出版社,1995 年,第 269 页。

　　而在五四新文学革命中，同样存在语言工具的改变。在漫长的中国古代社会中，一直存在着口头语言与书面语言脱节的现象：人们普遍使用口头语言，但只有掌握读书识字能力的上层社会及读书人可以使用书面语言。因此，普通百姓一方面无法接触到文学作品，同时其独有观念也很难体现在文学作品中。胡适在《文学改良刍议》（1916）中提出"八事"来解说新文学精神与形式革新的具体举措，其中第八条正是"不避俗语俗字"。胡适结合西方文艺复兴的历程肯定了俗语这种"活文字"并亲自创作了包括《尝试集》在内的多种新文学作品，加之陈独秀等人的鼓吹以及鲁迅、周作人等人的创作实绩，最终，五四新文学展示了有别于古典文学的面貌：否定孔教及传统观念，肯定人性，歌颂爱情，同时在语言上也靠拢普罗大众。而在今天，"屌丝""碉堡"等不乏恶俗意味的互联网词汇大行其道，也表明普通人的身份与观念益发重要。可见，语言的革新，经常是一个可能导致思想变革的大事件。

　　综上，即使不考虑那些诸如"只可意会，不可言传"的事物（而这也是不容忽视的），仅仅考虑到很多讲述者使用的是方言土语就能知道，其讲述在转变成标准英语或普通话的过程中不仅失去了原汁原味，还失去了许多方言中才有的意义。与文字密切相关的是文风，讲述者的文风也会遇到采访者的挑战。也有部分口述历史为了保持所谓的原汁原味，力求全面保存讲述者讲述内容的原貌，但事实上口音（音调、词汇等）的变化也是不可避免的，而保持原貌就意味着放弃了对"真实"的追求——讲述者的讲述与事实经常是有区别的。定宜庄发起的《撞不破的关系网》对讲述者原话照录，但因此也带来问题：口语的零散，思维的不连贯，真实性不足。为了解决口述者讲述时跳过的省略的东西，采访者不得不在最终的文字中用"（　）"来补足，虽然尽量保存了原汁原味，但还是做了一定的改变；而对讲述者思维不连贯及真实性有待考证的问题，采访者说：
"虽然有些细节还有待进一步核实，但从整体来看，还是能够为研究内务
府旗人地位以及清末京城社会生活，提供一些新的思路和旁证。"①言下
之意，真实性不再是她能够保证的东西，这已经部分地违背了口述历史的
初衷：采访者有责任去核对细节、追求真实。

　　需要指出的是，由于口述历史基于口头讲述而非精心构思，相对于一
般传记而言，它本来就普遍地文学价值不高，如果在讲述者是普通人的情
况下仍旧保持原汁原味的谈话原貌，就更加缺少文采。现在可以见到的
多部口述史作品，其最大价值仍然是（辅助性）文献价值，而非文学价值。
无文采，则不免湮没于浩瀚的著作中以至无名，或者被束之高阁，仅仅为
研究者翻阅。因此，单单从可读性的角度看，对讲述者的谈话进行修改也
是必要的。在普通人之外，显赫人物的文风有时也会遭到改造。以国内
最为知名的唐德刚参与的口述历史作品为例，它们都是唐德刚根据谈话
整理过的，而且是从英文本翻译过来的，早已不是口述访谈之时的口头语
言。当然，唐德刚在撰写《李宗仁回忆录》的时候，还是尽量保留李宗仁
语言风格上的特色。

　　采访者修改讲述者的语言，却并非为了行文的精彩，而是为了更好地
传达真实。原话未必就是真实，修改后不再是原话，却未必不真实。这不
是诡辩。很多讲述者的记忆、知识存在缺陷，其讲述并不真实，有些时候
讲述者甚至故意造假，因此，为了保证真实性，采访者要对讲述者的语言
进行修改。这是采访者参与修改、制作的合法性所在，而且采访者参与的

---

① 　刘汝舟口述，定宜庄采写：《撞不破的关系网》，见《口述历史》第三辑，"采访手记"，第
263 页。

修改、制作不会停留在语言文字层面。在讲述者的讲述（包括其原话）通往真实的道路上，采访者的制作（包括采访完成后的后期制作①）是很重要的一环。

在历史著作或者传记作品、文学作品的撰写中，对谈话进行文字润色、增删都是常见的现象。至于效果如何、成功与否，则另当别论。历史著作对谈话进行润色、修改，是可以理解的。毕竟许多情况下，史学家无缘听到历史人物的真正谈话，需要在查找资料的前提下加以补充。至于如何填充这些对话，自然是史学家在外界环境影响下自己作出的选择。

而传记作品中，传记作者即便引用原文，仍然可以通过评论的方式表达自己的看法。美国学者布赖恩·克罗泽在其《蒋介石传》中对蒋介石并不怎么客气，他指出蒋介石针对新四军的信件中有不实之语：

> 我无须声明，我们的政府唯一关心的就是领导全国抗击日本侵略者。消灭叛徒汉奸，它绝没有一点要再以武力"镇压共产党"的意思。政府不愿再听到那种现在已成为中国历史遗迹的不吉利的话。望他们服从命令，放弃对他们的战斗同志的攻击，并停止一切挑衅行动；这样，政府将尽可能地为他们考虑。②

毫无疑问，蒋介石的这段话充满谎言与掩饰。作为研究者，布赖恩·克罗泽早就注意到蒋介石的名言"日本人是肌肤之病，共产党则是心头之

---

① James F. Fogerty, "Oral History: Prospects and A Retrospective," see (Edited by) Danuta A. Nitecki, Eileen Abels, *Advances in Librarianship*, Emerald Group Publishing, Volume 30, 2006, p.189.

② 布赖恩·克罗泽著，封长虹译：《蒋介石传》，北京：国际文化出版公司，2010年，第181页。

患",并把这段话附在前面的引文之后。如此编排之下,作者对蒋介石在这事情上的态度已经非常明显。而传记作者为传主增删话语,甚至将传主的话语删除殆尽,也是常见的。比如梁启超所著《李鸿章传》几乎没有使用李鸿章的原话,原因在于梁启超的这部传记本来不是为了刻画更生动的李鸿章,而在于评论、评价李鸿章及与他相关的历史事件。李鸿章的对话于此无甚大助。

由于讲述者并非生活于真空之中,也不是史料提供者这样的标签可以简单概括的。相反,他可能是一个复杂的,有着自己的独特处境、想法与应对策略的人。他的陈述离真实可能有相当远的距离。这在给采访者对其谈话内容加以修改提供合法性的同时,也提出了一个问题:这种看似真实性不足的谈话,是否另有价值,比如,提供了采访者、讲述者各自的形象及史实被制作过程的真实?

现代重要教育家蔡元培有一部《蔡元培自述》,包含了他自己撰写的几篇回忆文字,及黄世晖等笔录的口述《蔡孑民传略》。考虑到该书使用了蔡元培的口吻且行文流畅,不符合一般谈话的特点,可知,笔录者对口述进行了相当篇幅的整理。

《蔡孑民传略》可以看作是蔡元培的言行录,不是标准的口述史,其操作过程也不是标准的口述历史制作过程。口述历史是由访谈双方共同参与,因而也是共同负责的,但基本事实是由讲述者提供,文字(很多时候)也倾向于采用讲述者的语气,呈现的观念(如果有的话)在形式上也是讲述者的。采访者可以删减但不能增添文字于讲述者的谈话,更不会改变讲述者的思路,即使他不同意讲述者的观点。[①]　归根到底,口述历史

---

① Edited by Dave Egan, Evelyn A. Howell, *The Historical Ecology Handbook*, Washington D. C.: Island Press, 2001, p.106.

是谈出来的,而不是如一般写作那样写出来的。一般而言,口述历史的讲述者是真实信息的提供者,尽管他的讲述可能有失真有错误,需要采访者予以纠正提醒,需要采访者加以后期制作。采访者的制作不会深入到人物内心世界,特别是思想层面。

　　而上文提到的几部作品带给口述历史研究的启发有很多,最重要的是它们来自"制作"的这一特点提醒研究者,口述历史是不是也具有制作的特点？这种制作又是如何体现的呢？文学作品也需要从构思的巧妙设计到字句的精心雕琢,所谓"推敲"是也。中国古代文学史上最优秀的诗人杜甫曾留下"为人性僻耽佳句,语不惊人死不休"的诗句,最伟大的小说家曹雪芹也曾写下"批阅十载、增删五次"的创作自况;西方文学中的詹姆斯・乔伊斯(James Joyce,1882—1941)、加西亚・马尔克斯(Gabriel Garcia Marquez,1928—2014)也是以精雕细琢著称的作家。制作的好坏,相当程度上影响到文学作品的成败。但在文学创作中,作者的文学功底、才情、见识、心情乃至人际关系等都会影响到作品的面貌,使用文字的"制作"只是其中一个层面。一部文学作品优秀与否取决于很多标准:文采高下,情感是否真实,是否实用等。俄罗斯著名作家列夫・托尔斯泰就主张感染性才是艺术的标志,而感染的程度也是衡量艺术价值的唯一标准①;自然主义文学则推崇客观性标准。制作,并不是文学作品成功与否的最关键因素。宋代王安石认为,精心制作的文辞并非文学的要义,"适用"才是关键:"且所谓文者,务为有补于世而已矣。所谓辞者,犹器之有刻镂绘画也。诚使巧且华,不必适用;诚使适用,亦不必巧且华。要之以

---

　　① 列夫・托尔斯泰:《艺术论》,见伍蠡甫、胡经之主编:《西方文艺理论名著选编》中册,北京:北京大学出版社,1986 年,第 423 页。

适用为本,以刻镂绘画为之容而已。不适用,非所以为器也。不为之容,其亦若是乎? 否也。然容亦未可已也。勿先之,其可也。"①事实上,以拜伦(George Gordon Byron,1788—1824)、雪莱(Percy Bysshe Shelley,1792—1822)等为代表的浪漫派诗人,向来以情感热烈、真挚为特色,他们的作品经常在文字雕琢、写作技巧上存在提升的空间,在思想上常常缺乏理性。中国现代文学史上,巴金的《家》亦不乏情感宣泄,少了些许成熟稳重。这固然影响拜伦、雪莱、巴金作为优秀作家的成色,却不能改变他们是优秀作家的事实。而《堂·吉诃德》《哈克贝利·费恩历险记》《红楼梦》等作品的不完美也是公认的事实。历史学作品也会有粗制滥造的嫌疑,比如相对于精心制作的《新唐书》,《旧唐书》可谓半成品,但它也有着去唐未远、细节真实的特点,因此二书不可偏废。可见,制作不够精美、缺乏匠心独运的才情,足以损害一部文学、史学作品的名誉,却未必会改变其性质。

比较而言,制作对口述历史却有着决定性的意义,因为评价口述历史成败的最重要标准是真实与否。制作与真实看似相悖的两个概念,却在口述历史中统一起来:真实是最终目标,能否得出真实则需要采访者克服诸多困难、通过严谨的制作,经过与讲述者的谈话来完成。制作是真实的保证,真实是制作的目的。而客观原因就是,讲述者、采访者以及他们的对话中都存在众多变数,影响到了史实的得出。如果制作过程不能保证真实,则口述作品将失去其应有的价值,被剔除出口述史的行列。在这个意义上,有些口述访谈可以看作是访谈活动,却未必是口述史。而《南

---

① 王安石:《上人书》,见郭绍虞主编:《中国历代文论选》第二册,上海:上海古籍出版社,2001 年,第 293 页。

京大屠杀史料集》幸存者口述部分的作品虽然全无文采,却是完全合格的口述史。

从操作的层面讲,采访者设定的受访者范围、采访计划是不是合理,都会影响到访谈能否得出其想要的事实。如果他对讲述者不够真诚、尊重,可能会导致讲述者的反感,因而拒绝讲出真相或者随便应付,甚至讲述虚假的信息。采访者如果有意透露出物质、精神的奖惩,诱惑、暗示讲述者,那么口述的真实性也会大打折扣。口述历史由于要录音或者录像,赤裸裸的物质奖励就比较罕见,但讲述者可能会通过各种途径得知自己所讲述内容的意义,并蓄意造假,如前文提到的"老舍之死"口述访谈。采访者需要注意自身的职业素养,也需要有较好的谈话技巧。

理想的采访者,应该是一位学识渊博、温文尔雅、循循善诱、不乏睿智、严厉又有温情、与讲述者和谐相处、有爱心的专业从业者,而不应该经常有相反的举动。相对于一般的历史作品作者或者传记作品作者,采访者更需要具备的是人际沟通的能力。从美国口述史早期的内文斯、英国早期的汤普逊到唐德刚、崔永元等,口述史的采访者经常比讲述者更加耀眼甚至成功,这也说明,采访者需要具备众多的素质要求,而经过历练后,他们也更有机会成功。采访者所需要提高、进步之处基本都是与讲述者进行交流的需要,并在交流过程中实现。

与采访者相比,讲述者对真实性的影响更大,也更明显。讲述者的知识、见解、感情、心情、记忆能力、自我身份认证等都会影响到其讲述的真实性。虽然采访者能够采取一些措施来减少这些因素对真实性的影响,但不能把采访者看作是审查官,把讲述者看作是弗洛伊德精神分析学中的"本我"①；而且，采访者并不能完全取消这些影响。需要注意的是，本文所讲的讲述者指的是事实上参与口述史访谈的讲述者，却未必是真实信息的提供者。

首先是知识和见解。讲述者（关于具体事件及宏观环境的）知识的丰富与贫乏，直接影响到其所提供材料的充实与否，也影响到真实与否。现在国内有多种针对其长辈的口述史作品，因为他们没有或者较少有与长辈的交集，所以这些作品看起来就缺乏了该有的可信度。其中的主要原因就是，讲述者缺乏应具备的知识。如《我的母亲李瑞芬》（2012）采用了口述史的形式，由谢文纬口述其母亲生平。谢文纬讲述了李瑞芬不平凡的一生，包括李瑞芬的童年与家庭、出世、外曾祖母、祖父、父亲、母亲，以及李瑞芬的成长、李瑞芬少时的家庭教育、李瑞芬的中学生活、李瑞芬的大学生活及爱情生活这些谢文纬不可能亲历的事情。谢文纬对它们的讲述未必是第一手材料，真实度或受到影响。《我的父亲母亲》来自凤凰卫视金牌历史文化节目"口述历史"，秉承以过来人亲身谈历史往事，大是大非中细诉点点滴滴，"因事找人，因人找事"的宗旨，希望通过口述还原真相、透过细节撼动心灵。但是这部书同样存在《我的母亲李瑞芬》的问题，讲述者讲述了诸多其本人未曾亲见、亲闻、亲历的事件。借用柏拉图关于文学与真理隔了三层的理论，会发现发生在这两本书的现象颇为类似：如把真实事件作为柏拉图所说的理念即真理，那么谢文纬等人所借助的材料恰恰是柏拉图口中处于第二层、摹仿真理的由木匠制作的具体物品，写作者所讲述的也就是摹仿其所借助材料的艺术家笔下的物品，

---

① 有学者分析了讲述者的 ego，但没有把讲述者等同于 ego，把采访者等同于其审查者。可参见 Anna-Leena Siikala 编辑的 *Interpreting Oral History* 所收录的 The Narrator and the Praxis of Folk Narratives 一文。该书由 Suomalainen Tiedeakatemia Academia Scientiarum Fennicae 出版于 1990 年。

已然与真实事件隔了三层。在这种情况下，口述历史已然不能确保真实。究其由，则是因为讲述者不具备足够的相应知识：亲身经历。因此，见证（testimony）是讲述者需要具备的最重要知识储备，是否具备这一知识决定着口述史的成败。

然而，即便是讲述者亲身经历过，因为未必有机会了解全局，其见解也经常是片面、有局限的，因此其讲述的可信度就值得怀疑。这是读者在阅读口述史作品时经常发现的现象。讲述者固然可以提供逼真的细节，带来局部的真实感，却在大局上屡有亏空。南京大屠杀的幸存者的讲述以其个人或家庭的遭遇为主，较少谈及对时政或者社会现象的认识。值得注意的一个现象是，据多种资料记载，南京大屠杀时，有多次屠杀是在数量极少甚至只有几人的日军对多达数百人的中国军民进行的。这一现象为何产生？南京大屠杀的幸存者自然不会涉及这一话题。唐德刚在正文中议论较多的《胡适口述自传》（的注解）中对胡适多有非议之语，则进一步说明讲述者的见解（在采访者眼中）远非尽善尽美。胡适在讲到留学美国期间对美国基督教热情一面的认识时，唐德刚即在注释中表示了不以为然：

> 　　近代西方游客，对极权国家旅游事业（通称"观光事业"）的批评，总欢喜用"限制导游"（guided tours）这句话来说明对方只许看好的，不许看坏的。近百年来，美国各界之接待外国留学生，事实上也是一样的。所不同者，美国的限制导游多出诸游客的自愿；另一方面，则是多少有点强迫性质罢了。其实就"限制"一词来说，二者是殊途同归的。只是自动比被动更有效罢了。胡适之先生那一辈，比较有思想的留学生，就是参加了这个

自动的"限制导游",而对美国文明,终身颂之的！①

1910—1917 年间,胡适在美留学七年,1938—1945 年为中国驻美国大使,在中华人民共和国建立后他又长期寓居美国至 1957 年,并担任过普林斯顿大学东亚图书馆馆长。按理说,胡适谈及美国大学(基督教籍)教职人员热情本没有问题,但唐德刚偏偏认为这是美国有意识地加以诱导,留学生自己又主动投诚。笔者曾有留学美国的经历,确曾亲身体会胡适所言之事。可能是因为笔者所接触之大学中教会人员传教动机较为明显,令人敬而远之,且笔者杂事在身,未能有进一步接触。但仔细体会,胡适所述乃为感受,唐德刚则是细致分析。胡唐二人重点不同,一方面是口述史重事实的性质使然,但讲述者未必以见解取胜,由此也是显而易见了。

如果讲述者缺乏足够的依据事实进行正确理解、判断的能力,不仅是其个人的悲剧,同时会影响到其讲述的重点以及口述访谈的顺利开展。唐德刚曾要求李宗仁少讲述其对军国大事、历史发展的判断,部分原因就在于李的这些判断不尽正确。因此,讲述者理解能力的高下是采访者需要考虑的重要因素。目前为止,口述史作品数量越来越多,但给人留下清晰印象、足以成为名著的却比较少见,部分原因即在于其中的讲述者多数只不过是能介绍事件经过的见证人,鲜见深思熟虑或者真知灼见。前文所提到的显赫人物胡适、李宗仁如此,舒芜也如此。

《张发奎口述自传》是讲述者张发奎及采访者精心准备、认真核对之后完成的。在这部作品中,他表达了对许多事件的看法。在谈及国共

---

① 唐德刚译:《胡适口述自传》,北京:华文出版社,1992 年,第 48 页。

1949 年的和平谈判时,他说:

> 我一向不反对和谈,基本上没什么可以谈的。当我们比对方强时,才可以谈判;双方势均力敌时就没法谈判;敌强我弱时,还有什么可谈的?

> 我不认为长江天险守得住,因为我们内部太复杂了——我知道蒋先生是不会交出权力的。也因为民心士气的沦丧。

> 我认为和谈无疑投降,唯一出路就是战斗,有道是"不成功便成仁"。①

张发奎从军从政日久,知人论世颇有见地。但是在这段口语化的谈话中,不难发现自相矛盾之处:(1)他不满桂系的李宗仁与白崇禧,对蒋介石也不满,没有在必须选边站队的情况下给出选项——这可能是因为他口述的时候与和谈已经相去数十年,不再有强烈的参与感;(2)明知长江天险守不住,也知道守不住的原因,却说,唯一出路在于战斗;(3)按照他主张的进行和谈的条件,这个世界上是不可能有和谈的:双方势均力敌不能和谈,一方居于弱势则不能谈;(4)"我一向不反对和谈,基本上没什么可以谈的"——这句话也是逻辑不通的。

但是这些并不妨碍张发奎口述的价值。他提供了一些有价值的历史信息,比如国民党高级军政干部对和谈的态度、蒋介石恋栈、民心士气沦丧等。也就是说,一部口述历史的价值并不依赖于其口述者是否见解精

---

① 张发奎口述,夏莲瑛访谈及记录:《张发奎口述自传》,北京:当代中国出版社,2012 年,第 350 页。

到或者深思熟虑。

在一般自传中,作者"明明白白地控制了一切,是他的题材的最好和唯一的权威"。① 当讲述者让位于事实的时候,个人的思考也退出了,不仅对童年,对整个的人生也缺乏更深刻的反思。受限于讲述的特殊情境,讲述者少有从容思考的机会,讲述很难比平时的见解有突破,这与自传中一般带有明显的反思性不同。自传不仅仅是回忆,作者要对回忆的内容有所选择,这一选择的过程就是思考的过程。思想、观点原是自传的重要组成部分②,以思想为重要内容的忏悔录不必多言,普通的自传中作者也要回溯往事,表达自己对人生、对世界的观感。以美国最重要的《富兰克林自传》为例,全书 144 页,提到"opinion"33 处,"thought"(包括动词 think 的变形)68 处,可以说,这是一部思考者之书。

鉴于以上种种情况,采访者在选择受访者时都会有一个针对其知识层次的挑选过程。这种知识可以是普通的天文地理日常生活,也可以是与访谈主题事件密切相关的周边情况,有时候也包括判断能力。一般而言,讲述者作为历史的参与者或者经历者,相对于普通人而言,有着更多的知识和较高的见解,但在历史学家等专门人才看来则未必如此。普通民众的讲述者中,"基本上只有少数人会读历史书。绝大多数人对过去的看法和情感来自于家庭成员和教师的故事、报纸文章、历史虚构小说、虚构的半真实的电影、纪录片"。③

讲述者经历着历史,有时候并不清楚其真实面貌,有时甚至不知道自

---

① Louis Lyons, *Autobiography: A Reader for Writers*, Oxford University Press US, 1984, p. 6.

② 在 Wiki 百科全书对自传的界定中,自传是要建立在大量的材料(documents)和观点(viewpoints)基础上的。

③ Larry A Samovar, Richard E Porter, Edwin R McDaniel, *Intercultural Communication: A Reader*, Thomson/Wadsworth, 2006, p. 73.

己在经历着重要的历史时刻。很多时候,讲述者处于从属的地位:如果他没有意识到自己对历史事件的认知,那么他如何拥有对该事件的独立判断乃至卓越判断? 讲述者是显赫人物的时候,情况有所不同,但知识与见解的多少仍然对其讲述的价值有着巨大的影响。

可以说,普通人对历史的了解是比较片面和肤浅的。中国、西方自上古以来,就存在着对知识、政治精英的高度推崇。孔子动辄以君子、小人分别而论,其中君子即是具备优秀道德品质的理想化的人,同时也应具有相当的文化素质,所谓文质彬彬"君子儒"。由于文化人占据着文化的创造、传承与解释权,后世对知识阶层是普遍尊重的。在学而优则仕的古代社会,知识阶层与政治阶层彼此重合度较高,因此,人们对知识阶层的敬重同时掺杂了世俗政治的元素,变得益发深入人心。

当然,近世以来,知识分子在正史以及影视文学作品中常常以地位低下、阴险诡诈、结局失败的丑角示人,不如李逵、许三多等粗鲁但不乏良知的无文化的人受追捧。

但不论如何,从长达千年的国家层面的科举考试选官制度到各种演义小说中比比皆是的智囊(吴用、诸葛亮、荀攸),再到十年寒窗、头悬梁锥刺股、欧阳修母亲画获教子的佳话,处处可见古人对知识阶层的向往与敬重。知识分子既有知识,又处于少数,即所谓分子(精英)意识。

西方的文化传承自然离不开精英人士。而很多情况下,知识分子与精英人士也高度重合。

问题就在于,口述历史的讲述者经常缺乏精英意识。对于普通人物讲述者而言,这可能是他们从未考虑过的问题。普通人生活经历普通,自我追求不高,较难接近国家机密或者事件真相,普遍缺失坚信自己是唯一正确的观念。而在学科细分、前人成就卓著、同时代人同样出色等因素的影响下,今天的知识阶层也在慢慢丧失精英观念。尤其是考虑到口述访谈的特殊场合不同于闭门写作,讲述者也会小心谨慎,不愿多提及个人观点。

回到知识与见解的问题,如何从讲述者的讲述中获得历史的真实面貌,是采访者需要解决的重大难题。上文提到的《撞不破的关系网》的讲述者刘汝舟,经历了民国以来一些重要事件,却并不知道其意义。这时候,采访者采取从特定角度切入的方法,请他讲述他所了解的清政府后裔的生活和关系网。这一从个人经验到历史经验的提升,是讲述者常常无法做到的,需要采访者的参与。讲述者是李宗仁、胡适这类显赫人物的时候,情况自然有所不同。胡适对自己在中国的文艺复兴中的功绩、自己对中国文化的意义,有着很自觉甚至是清晰准确的认识,李宗仁则对历史有着不甚准确的见解。这就对采访者提出了更高的要求。《胡适口述自传》共计十二章,第一、二章讲述家乡及父亲,第三至五章介绍留学生活,第六章到十二章介绍学术生活,特别是五四时期的学术生活。一半以上的篇幅集中在五四前后,最重要的原因就是,胡适在这场"中国文艺复兴"中发挥过重要作用。他的一篇《文学改良刍议》是五四新文学革命的指导性文章。胡适对此颇为自诩,联想到他后来再无更伟大建树,他把讲述重点放在此处应是思考之后的结果。但正如上文指出的,唐德刚对他的多种见解均有所保留。李宗仁的情况相对简单些。他曾执意表达对历史事件、发展趋势的看法,后被唐德刚设法阻止。

可见,采访者对讲述者所作的见解或判断未必采信的主要原因是,不能保有精英观念的普通人对历史的见解一般都是肤浅的,而显赫人物的见解又常常是片面的。同时,采访者需要的是事实,不是看法。看似理智的判断包括个人的看法,就可能偏离事实。一般而言,看法不属于口述历史所追求的范围。采访者需要加以甄别,去除那些影响到真相的判断,然后才能公之于众。① 当然,它们会不可避免地或多或少进入到口述历史中。因此,采访者承担着巨大的责任。

知识、见解之外,讲述者的感情也是重要的影响因素。口述史的讲述者并非司马迁的《史记》中那些仅有名字及寥寥数字的史料提供者,他们的文字可能遭到采访者的删减,但(尤其在访谈中)他们是有感情的、活生生的人。

唐德刚对胡适的不完全尊重虽然原因较多且复杂,但也保持了一定程度上的稳定,通览《胡适口述自传》会发现唐德刚对胡适始终保持尊敬其历史地位及前辈身份、又质疑其所说细节、保留具体判断的姿态。《李宗仁回忆录》中众人对蒋介石始终没有好话。《蒋纬国口述自传》中,蒋纬国对蒋介石则恭敬有加,绝无半句恶言,甚至到了盲从的程度,毫不质疑蒋介石的言行,与吴国桢形成了鲜明的对比。蒋介石本人固然富于争议,但此处产生的现象却因不同的讲述者而产生。因为敌对派系或者政见不同,在富有争议的现代政治人物口述史上,这类现象较为常见。

在以普通人物为讲述者的口述史中,同样存在感情因素的影响,只是较少存在争议而已。

不单在口述史中,在一般的传记中,这种感情同样存在并且发挥着巨大的作用。

在西方,古罗马时期奥古斯丁的《忏悔录》表达了对上帝的无限尊崇;卢梭的《忏悔录》阐述了自我辩驳的主题,体现出了一个公民的自信

---

① Willa K. Baum, *Transcribing and Editing Oral History*, Walnut Creek, California: Rowman Alta Mira, 1991, p. 72.

与尊严;列夫·托尔斯泰的《忏悔录》则展示了处于困惑期的他的困惑与思考。这三部作品都有相对稳定的感情及其指导下的行文思路。

鲁迅的传记作品为数众多,但他们对鲁迅的评价却基本可以分为以下几类:一类遵循了毛泽东对鲁迅的高度评价:"鲁迅是中国文化革命的主将,是伟大的思想家和革命家。鲁迅的骨头是最硬的,他没有丝毫的奴颜和媚骨。这是殖民地半殖民地人民最宝贵的性格。鲁迅是在文化战线,代表全民族的大多数,向着敌人冲锋陷阵 最正确、最勇敢、最坚决、最忠诚、最热忱的空前的民族英雄。"[1]这些作品以许广平创作于1959年的《鲁迅回忆录》为代表。另一类则持完全相反的态度,如苏雪林、郑学稼则对鲁迅并无好感。当代学者、作家则试图还原真实的作为人的鲁迅。这三类彼此泾渭分明,却都体现了作者鲜明的感情取向。

口述史与一般传记中都存在的这种较稳定感情其实是略有区别的。虽然它们都客观存在,并且影响到作者的判断及讲述,但前者的口述访谈场合在一定程度限制了讲述者的情感表达,而后者基本是作者长时期意愿的呈现。口述访谈会使用诸如摄像机、录音机、录音笔等现代设备,这些设备的出现会提醒讲述者,其讲述将被公之于众。讲述者会设法伪饰、修改某种感情。

如果说政治人物、政治话题等大事件经常给讲述者带来对个人长期、稳定感情的些许变化,那么在涉及社区史、普通人生活时,讲述者的感情就相对简单多了。讲述者一般会感激采访者给予的让自己进入口述史的机会,并按照要求讲述所知之事。这类作品中的讲述者形象是简单的,缺乏复杂感情,比较直白。

---

① 毛泽东:《新民主主义论》,见《毛泽东选集》第二卷,北京:人民出版社,1991年,第698页。

　　由于口述采访有可能持续较长时间,特别是在讲述者是显赫人物的情况下,采访者可能会花费数月甚至数年的时间做口述访谈。如《李宗仁回忆录》的采访、整理自1958年9月开始,到1965年李宗仁返回中华人民共和国为止,前后达七年之久。《顾维钧回忆录》的访谈更持续达十七年之久。在这一过程中,采访者、讲述者的感情发生变化是可能的,也是可以理解的。关于这一点,本文将在采访者部分予以论述。

　　稳定的感情在口述历史中反映得比较明显,也会影响到口述的真实度。除了部分明显错误的材料容易甄别外,采访者和读者只能通过其他材料来查证这些感情色彩浓厚的讲述是否真实——也就是说,本来应当是真实的口述历史,其真实性又需要借助其他的资料来保证。感情色彩,是口述历史不能回避的难题。许多讲述者都历经过风雨岁月,对世事人情有着较成熟稳定的看法,或者至少经历了一些(导致其被采访者选择为讲述者的)重大历史事件。因为这些事件(对讲述者)比较重要,讲述者对它们自然有固定的看法(习以为常乃至视若无物,也是一种看法;之前讲述者从未想过,经采访者提出后才发现,也会有看法),也夹杂一定的情感于其中。受害者的讲述因为对施虐者的刻骨仇恨也存在着失实的可能性。这是采访者需要正视的事实。但剥离这种感情,几乎是不可能的,有时也是没有必要的。私人感情乃是人的组成的重要部分。虽然口述历史存在着忽视个人感情的倾向,这是它难以避免的缺陷,但它又不得不面对难以摆脱个人情感的影响的事实。因此,采访者未必能做到制作的纯洁性。

　　以上知识、见解、感情是比较固定的层面,有迹可循,容易识别和应对。除此之外,还有不稳定的因素,心情和情绪即是其中之一。心情和情绪不同于褒贬、好恶等长期固定、较难改变的心理,它们是即时性的,只能在较短时间内保持。心情和情绪更多地影响到了事件的内容,比如,讲述者兴致一来,离开了主题,讲起家长里短或自己的丰功伟绩。有时一些情绪会保持一段时间,但在口述访谈的整个过程中会发生变化。以《李宗仁回忆录》为例来看,李宗仁为人健谈,寓居纽约期间比较寂寞,在与唐德刚做口述历史时,两人彼此需要,唐德刚制定的口述提纲也是要点性的,任其发挥,因此李宗仁的口述有时会离题万里。当然这些随意发挥影响到了对史实的获取,后来均被唐德刚想方设法制止了。而时过境迁,在1960年代中期,李宗仁已经打定主意回到大陆怀抱,此时,他不希望自己的心事被别人探知,其讲述便谨慎了许多。

第二节　记忆与自我身份认证

　　记忆是又一个影响到口述历史真实性的因素。这不是口述历史的专有问题,在回忆性文字中都存在;在口述历史中表现也不一定最明显,但由于口述历史重史实,因此对结果的影响最大。在回忆录等自传作品中,回忆本就是一个值得探讨的问题。而口述历史最终依靠的就是讲述者的记忆,但记忆恰恰是有缺陷、不能被百分之百信赖的。

　　讲述者的记忆中很大程度上是社会的产物,正如克罗齐所主张的"一切历史都是当代史",人们的记忆也不可避免地沾染了当前社会的痕迹。如何从中剥离出属于讲述者个人的部分,这是一个充满不确定性的难题。首先,人是社会的产物。歌德说:"我们一生下来,世界就开始对我们发生影响,而这种影响要一直发生下去,直到我们过完了这一生。除了精力、气力和意志外,还有什么可以叫作我们自己的呢?如果我能算一算我应归功于伟大的前辈和同辈的东西,此外剩下来的东西也就不多了。"①如其所说,在一个人的知识储备和人格构成中,究竟哪些是专属于其本人的东西,几乎是无解的难题。新历史主义者格林布拉特在解说里根总统的时候则认为:"罗纳·里根产生于一个更大、更久远的美国结构——不仅是权力结构、意识形态上的极端主义和军国主义,而且是美国式的娱乐、消遣和趣味的结构。"②说明的也是同一个难题。这个"更大、更久远的美国结构"自然是宏阔、难以追踪捉摸的,但又是事实存在、有迹可循的,因此,这事实上构成了一个难解之题。格林布拉特的《俗世威尔》及其《文艺复兴时期的自我塑造》(Renaissance Self-Fashioning, 1980)大名鼎鼎,却都存在无法回避的问题:以六经注我的心态研读六经,六经的本来面目何在?作为学术探索,这样的做法无可辩驳,但口述史不允许如此操作。

　　一般情况下,人们可以对以上情况淡然视之。但对于口述历史的采述双方而言,这些因素至为关键。讲述者往往缺乏从记忆中剥离真相的能力,这一剥离的工作主要是采访者去做的。同时如果讲述者得知的消息是虚假的,他的记忆的来源是不可靠的,那么这一工作将会更加困难。"李宗仁每每喜欢开玩笑地说他所说的是'有书为证',而他的'书',却往往是唐人街中国书铺里所买的'野史'。"③这些"野史"组成了李宗仁记忆的大背景,在此基础上的对历史事件、人物的理解肯定会有偏差,讲述

---

　　① 《歌德谈话录》,第88页。
　　② Stephen Greenblatt, Toward a Poetics of Culture, from *Learning to Curse: Essays in Early Modern Culture*, New York & London:Routledge, 1990, p.154.
　　③ 《撰写李宗仁回忆录的沧桑》,见《李宗仁回忆录》,第793页。

也会丧失原有的价值。唐德刚带史籍给李宗仁看,为的是使他能够有一个更准确的记忆背景,保证他的记忆不会建立在错误的背景之上。但这样一来,李宗仁讲述的就不再是自己的记忆,而是经过修正的,包含了其他人和社会的记忆在内。这更体现出采访者参与制作的重要性。

记忆既与社会环境有关,更与个人的自我身份认证有关。身份(identity),是一个个体区别于其他个体的,保持一定时间的特征。如官员、下级官员、普通民众,都是个体的身份标签。

影视明星刘晓庆是最早创作自传的当代演员,曾创作过多部自传,分别是《我的路》(1983,刊载于《文汇报》),《我这八年》(1992,刊载于《新民晚报》),《我的自白录——从电影明星到亿万富姐》(上海文艺出版社)以及2015年的《人生不怕从头再来》(长江文艺出版社)。由于她的话题性较强,又是开风气之先者,这几部自传作品的销量都很好。而且它们的标题都很好地说明了刘晓庆对自我身份的重视。她要通过这几部作品向人们传达自己作为一个女演员,一个女名演员的事迹与心迹。在《人生不怕从头再来》的开篇部分她写道,“我曾无数次被打倒,可是我绝对不会被打败。我已蜕变成大女人——伟大的女人”。[①] 可以说,这部作品中,刘晓庆对自我身份的认知又进一步。

在一定意义上说,缺少身份认证或者身份模糊、混乱的传记作品,必定无法成功。在传记作品中,传主的身份应该是明晰且可以理解的。少数传记作者如司马迁在《淮阴侯列传》的最后谴责了韩信谋反:

　　　　吾如淮阴,淮阴人为余言,韩信虽为布衣时,其志与众异。

---

① 　参见网易云阅读:http://yuedu.163.com/book_reader/5633fc10de17488f9e65f4051a96d7ea_4.

其母死,贫无以葬,然乃行营高敞地,令其旁可置万家。余视其
母冢,良然。假令韩信学道谦让,不伐己功,不矜其能,则庶几
哉,於汉家勋可以比周、召、太公之徒,后世血食矣。不务出此,
而天下已集(同辑),乃谋畔逆,夷灭宗族,不亦宜乎![①]

但《淮阴侯列传》正文中,韩信在刘邦情势最危急的时候不离不弃,
在项羽派人劝其叛汉的时候严词拒绝,却在"天下已集"、不可能成功的
情况下谋划造反,这时韩信的行为缺乏逻辑上的可信度。研究者多认为,
这是司马迁有意为之。司马迁不可能公然对抗已有定论的韩信案,只有
采取如此曲折、隐晦的方式来表明自己并不赞成此观点。因此,韩信是否
叛汉、是否为逆臣,就变得模糊起来,不再明确了。

在涉及重要、敏感的政治题材时,传记作品中的传主也可能变得面目
不清或者不太可信,这是可以理解的。而在面对部分历史疑案如生卒年
不详、生平事迹流传不多的莎士比亚时,传记作品不可能给出清晰、确定
的传主。除此之外,多数传记的传主身份是合乎逻辑,并且或者由自传传
主依据自我的判断自行确定,或者由他传作者依据情形确定。但是在口
述史中,情形发生了变化。首先,采访者的身份认证不同于他传作者;其
次,讲述者的身份与自传作者也有巨大差异。而造成这种不同的主要是
口述访谈的场合。这就使得口述史中参与者的身份变得复杂、不易捉摸。
与之对应的,讲述者的回忆受到了复杂身份认证的影响,必然会出现比一
般传记作品复杂的情况。前文提到的老舍之死访谈的讲述者们都是这种
情形。正是出于对自身身份的认知与情感,他们才伪饰自己的记忆。

---

① 《史记》,第 1291 页。

一般而言,讲述者都有固定的身份,并选择性地讲述符合自己身份的经历。胡适在《胡适口述自传》中大谈中国的文艺复兴(五四),即是因为体察到自己是五四的倡导者;李宗仁在《李宗仁回忆录》中也是因为知晓自己是现代中国史上的风云人物。可见,显赫人物对自己的身份认证是清晰的。在这种情况下,他们所讲述的记忆必然很少涉及其日常生活的经历。胡适、李宗仁在口述史中均不提及自己的情感生活等可能影响到人物人格发展的因素,部分原因即在于,他们的文化巨人或军政要人的身份与情感生活关系不大。而当讲述者是普通人物时,他们的身份一般是由采访者事先选定的。一个普通人可能同时兼有母亲、妻子、农民、穷人、满族人等多重身份,但是在《老北京人的口述历史》中,他们的身份被确定为"老北京人"——采访者希望通过他们的讲述,反映北京人的百年生活变迁和历史命运。对这种被确定的身份,讲述者要么拒绝,要么接受。如果他们拒绝,则不能进入口述史;如果他们接受,就意味着,他们生命的多样性遭到采访者的制约。同理,南京大屠杀的幸存者绝不会只是幸存者。而一个南京大屠杀的幸存者所讲述的记忆是与南京大屠杀不可分割的,因而注定是不完整的,甚至有可能是不真实的。

口述史中讲述者受到身份的影响与限制,进而影响到其讲述的真实程度,这一现象出现的概率大大超过了一般的传记作品和历史作品。如前文所论述,传记作品传主由传记作者确定,虽然部分地受到了读者、亲友、自己的良知或者心理、情感等的影响,但基本而言,不论是否真实,这是一种较为稳定、自主的行为。如,据张纯如的《南京暴行:被遗忘的大屠杀》收录:

　　　　日本的宣传最卑劣的例子是,1938 年 1 月 8 日,刊登在上海一家日本人控制的报纸——《新申报》上的一篇文章。在"南京城融洽的气氛在令人愉快发展"的标题下,文章宣称,"皇军进城,把刺刀插入鞘,为了检查和治愈病人伸出仁慈的双手",该文还说,日军在南京给又饿又病的南京群众提供医疗帮助和食品。男女老少向皇军跪拜,表达其敬仰之意……大群大群的人围绕着太阳旗和红十字旗下的士兵高呼"万岁"以表示他们的感激……士兵和中国儿童欢聚一堂,高兴地玩滑梯。南京如今是各国注目的至善之地,因为这里洋溢安居乐业的气氛。①

日军是如此无视事实地、卑劣地制作假新闻,而张纯如是如此真切地批判日军的无耻行为。这些都是自主的表达。但在幸存者的讲述中,就掺杂了一些并非自主的行为,前文曾提到的几位幸存者兼慰安妇并不愿意提及自己的这一身份,但在国家、民族大义的感召下,还是坦诚接受这一身份并作出了符合这一身份的讲述。所以,讲述者在口述史中的身份经常不是自主定义的,相反,可能是采访者及其所代表的外界势力带来的。

2014年1月出版的《改革开放口述史》的讲述者包括了古牧、万里、伍修权、龚育之、周南、陈锦华等党和国家领导人以及其他改革开放进程中重大事件的参与者、知情人。这一身份就限定了他们讲述的范围;稍后出版的《名家口述》一书收录了《"大闹怀仁堂"会议记录整理真相》《红卫兵报刊幕后往事》《"清队"杂忆》《蔡旭:"学堂小麦王"的苦恼》《大饥

---

① 张纯如著,孙英春等译:《南京暴行——被遗忘的大屠杀》,北京:东方出版社,1998年,第126—127页。

荒年代的城乡时滞》《粒米如金忆当年》《佟麟阁：抗日将领的生前身后事》《张伯驹："此情欲诉少人知"》《我和周信芳相处的日子》《林彪的读书生活》《我所了解的江青与康生的关系》等作品，讲述者同样基本都是见证人、参与者。在《名家口述》背后的是《同舟共进》杂志，该杂志以其敏锐、泼辣的眼光关注和挑选影响当代中国进程的历史事件和人物。

采访者的介入，改变了讲述者的身份认证，也改变着讲述者的记忆。而记忆既关系到讲述者的自我身份认证，还有着生理层面的问题。记忆的一大问题是失真，包括了伪造（傅光明主持的老舍之死口述访谈中的讲述者）、精确度不合要求等，其中尤以精确度即可信度的问题最为复杂。现在影响过去是一，时间带来的记忆模糊是二。关于现在影响过去，《爱德华时代的人》是较典型的例证：由于记忆的影响，爱德华时代的人的讲述都带有了访谈发生时时代的特色；同时，现代人对往昔的看法大都固定。比如，日军侵华、残酷迫害中国人是无可否认的事实，也是绝大多数有良知的中国人的一致看法。但日本侵略者公布的很多"中日友好"的图片也是"事实"，说明人们在讲述时就会略掉很多细节。

这种事情在自传中也有。《知堂回想录》中，周作人对自己一生中的事件进行了选择性讲述，在讲与不讲、如何讲述之间，显示了他的思考与自我身份认定。例如他不愿意讲述敌伪时期个人的行事，却又细述了自己被日本方面认定为"反动老作家"的前前后后——这就可以看出，他对这段"汉奸"经历颇为敏感。他也详细描述了北京沦陷之前其在北京大学工作时的人与事，着重介绍了自己在文学领域的建树。这种选择性描述显示了周作人重塑自我身份的努力，更表明了记忆的选择性。如在《知堂回想录》中，张勋复辟与"法豪事件"重要性等同。什么是"法豪事件"呢？所谓"法豪事件"，指的是有人洗澡，影响他的生活。周作人自知此事"渺小得很,可是搞乱我们的心绪,影响实在很大"。① 单论影响,为敌伪工作应该是对周作人生活影响最大的事件之一,他却吝啬笔墨于此——照常理判断,"法豪事件"对他的影响是不可能比为日伪工作带来的影响大。他也没有提及自己的日籍妻子,同时刻意回避政治。事实上,他无法彻底避开政治这一话题。在介绍完"清党"后,他引用了马幼渔的话:"看这回再要倒霉,那便是国民党了!"然后他说:"总算勉强支持了二十年,这句深刻的预言却终于实现了。"②如此曲折的讲述,正说明周作人无法自主确定身份、无法自主表达。

周作人的例子表明,自传不是完全私密的写作,最终需要面对读者和批评家等代表的外部世界,因此自传作者会在事实上有所选择,这是回忆的工作机制之一。部分自传作家因此不惜篡改、伪造或者夸张渲染自己的记忆。前文提到的法国卸任总统希拉克、德国作家君特·格拉斯在自传中爆猛料,就被人质疑可能是为了提高作品的销量。

这种现象在口述历史的讲述者那里有所变化。采访者的介入是最大的不同。采访者是讲述者的第一个外在批评家。采访者是另一个人,而讲述者是面对镜头或者录音机说话的,这就使得讲述者要顾及很多事情,隐私成为讲述的禁区。很多采访者希望在口述历史中保持匿名,尤其是当他们是艾滋病患者、遭遇性侵犯的女子、吸毒者、政界或者宗教界或者其他某些特殊群体的人时。③ 而当讲述者自觉其讲述并不准确时,绝大多数人都不希望被录音。④ 讲述者在讲述的时候,也要依据采访者的要

---

① 周作人:《周作人回忆录》,长沙:湖南人民出版社,1982 年,第 190—192 页。
② 同上,第 449 页。
③ *The Oral History Manual*, p. 16.
④ *A Field Notebook for Oral History*, p. 15.

求选择性地回忆，并且要与社会总体的"集体记忆"保持一致。一个讲述者私下里可能会表达有违公德的真心话，但在得知自己面对摄像机、录音机时，他一般会加以调整。在《台湾老兵口述历史》一书中，身在台湾的洪淦棠讲述了戴笠的故事：

> 　　戴笠一生搜集到的最有价值的情报是"日本计划偷袭珍珠港"。当年，戴笠的情报网络遍布全球，可谓无孔不入。他一生最大的遗憾也是因为这宗重大的情报未被采信——因美国人疏失，日本成功偷袭了珍珠港。
>
> 　　当时，戴笠手下的谍报人员已经收集到了日军计划偷袭珍珠港的重要信息，拿到这份绝密情报后，戴笠立即上报给蒋中正，蒋中正也在第一时间将这个重要情报报告给美国的罗斯福总统。可是，美国人根本看不起老蒋的情报能力，压根儿没有予以重视。结果，日本偷袭珍珠港得逞。[1]

对于戴笠搜集到日本计划偷袭珍珠港情报之事的传说，可谓甚嚣尘上，但总归只是传说，目前并无确证。洪淦棠介绍了这件事情，既符合自己出身于戴笠特工部队的身份，也迎合了读者的猎奇心。真实性是衡量口述史价值的重要标准，但洪淦棠并未亲自参与戴笠搜集到日本计划偷袭珍珠港情报之事，其口述史价值便大打折扣。即便他是戴笠手下，这件事情的说服力也并非板上钉钉。当他说到国共内战时的感受时，虽然真

---

[1]　赵川：《台湾老兵口述历史》，桂林：广西师范大学出版社，2013 年。转引自 2013 年 12 月 13 日《西安晚报》。

切,却已不再是历史了:"当年,我们是怀抱着抗日救亡的想法参加随军团,后来又去报考军校,从此成为一名军人。八年抗战之后,却身不由己地沦为内战的牺牲品。回忆过去,除了抗日以外,很长时间内,我们是自己人打自己人,想想这些历史,我心里真的很疼很疼……"①

　　在另一部《台湾老兵:口述实录,我在台湾四十年》②中,从台湾返回大陆的台湾老兵对国民党则经常没有好感可言。周云亭到台时已年届四十,1987 年返回大陆。他提及在台湾的生活,总有很多压抑;谈到返回家中看到分别接近四十年之久的妻子、儿子时,语气感人肺腑;谈及国民党政府时,则充满了怨愤。他虽然也表达了对战争强加于他们的不幸遭遇的愤愤不平,并呼吁祖国统一,这与洪淦棠有相似之处,但区别还是很明显的。不同于身居高位的洪淦棠,周云亭只是一个普通士兵,而且是被强征入伍,到台湾后更是长期面临妻离子散,返回大陆之事又遭到了阻拦。在经历波折回到大陆安享晚年之时,他不可能如洪淦棠般超脱或者忠诚于国民党。他们的记忆自然也因此差别巨大。

　　讲述者此时的记忆不再纯粹,而是与现在结合一起。这就来到了第二个问题,即记忆不只是对过去事件的回忆,而是与现在息息相关。记忆是"真实地存在于一个人精神中的,实际上已经发生过的事件",发生过的事件对人的心理产生了作用或者适应了现在的需要,留下了印象才会被记住,因此"记忆是现在经验的一个维度"。③ 史学专家苏珊·阿尔科克在她的一本考古学专著中引用过关于记忆的两句名言:"现在一直被过

---

① 赵川:《台湾老兵口述历史》。

② 于秀:《台湾老兵:口述实录,我在台湾四十年》,石家庄:河北人民出版社,2000 年。

③ Both see Zachary Hayes, *Visions of a Future: The Study of Christian Eschatology*, Collegeville: Liturgical Press, 1992, p. 82.

去纠缠不休,而过去又被现在塑造、发现、重新发现、重构";"记忆是一个过程,不是事件"。[1] 这些话都说明记忆中的过去不是透明的、确定的,相反都已经过了各种变形。(社会)记忆虽然"是强大的力量,但也是易于消逝的。记忆会相互叠加、竞赛;时间久了它们或者变化或者被抹去;人们会遗忘"。[2] 有的学者还提出了与个人记忆、社会记忆、集体记忆等并列的文化记忆的概念,"文化记忆是发生在现在的活动,在其中过去被不断地调整、重述,同时在塑造着未来"。[3] 导论中曾提到有学者因此主张从集体记忆角度研究口述历史。社会记忆、文化记忆对讲述者有着重大的影响,但本文主要考察讲述者的个人记忆及采访者的应对。

个人记忆可能有虚构的成分。口述历史专家桑迪·普利什克采访一位女工人记者时,就发现她"编造自己的背景,把自己描述成一个左派人士甚至是工会激进分子",原因是她"有着丰富的想象力,抵抗不住把自己空虚、不够生动的经历变成美丽故事的诱惑"。[4] 按照普利什克的看法,她不是第一个虚构记忆的人。回到胡适,他因为后来地位崇高,导致他回首往事的时候,不得不坚持彼时的观点,这也是"现在产生过去"的例子。现在的情境、心境会影响人们回忆往昔时的看法。《爱德华时代的人》的采访、创作是为了考察爱德华时代英国社会的变化,可是"活下来的生活在'爱德华时代的人',后来变成了'乔治时代的人',现在变成了

---

① Susan E. Alcock, *Archaeologies of the Greek Past: Landscape, Monuments, and Memories*, Cambridge: Cambridge University Press, 2002, p. 1.

② Ibid.

③ Edited by Mieke Bal, Jonathan Crewe, Leo Spitzer, *Acts of Memory: Cultural Recall in the Present*, Hanover, New Hampshire: University Press of New England, 1999, Introduction, p. 7.

④ Sandy Polishuk, Secrets, Lies, and Misremembering: Take II, *The Oral History Review*, p. 58.

'伊丽莎白时代的人'"①,他们讲述的不再纯粹是"爱德华时代"了。

　　面对讲述者提供的虚假信息,采访者要尽可能删除其中的不实成分。但有的口述历史研究者认为,"不实"正是口述历史的特殊真实。在谈及"是否应该相信口述信息"时,波特利认为"口述信息是可信的,但有着特殊的可信度","记忆不是被动的收集事实,而是创造意义的主动的过程。"②言下之意,口述历史的可信之处不在于它的内容,而在它产生、形成的过程。口述历史把历史的产生过程与结果生动地展现出来。历史上的蒋介石如何固然重要,但是李宗仁对于蒋介石的看法,也属于历史事实的一部分。

　　同时这也提醒读者,曾经被看作确凿无误的史籍也是写作的结果,在写作中,"史家追述真人实事,每须遥体人情,悬想事势,设身局中,潜心腔内,忖之度之,以揣以摩,庶几入情合理。盖与小说、院本之臆造人物,虚构境地,不尽同而可相通"。③公认的史学名著《史记》原本就经常被认为是小说家的源头,比如《项羽本纪》记载的鸿门宴一节,与清代小说《说岳全传》中的部分情节几无差异,其中有项庄舞剑、樊哙闯营的典故,在《说岳全传》中第二十九回《岳元帅单身探贼　耿明达兄弟投诚》同样有岳飞受王佐邀请赴宴之事,岳飞手下牛皋则扮演樊哙的角色:

　　　　牛皋对张保说道:"你在此好生看守马匹要紧,待我进去保元帅。"那牛皋未到军边,大声叫道:"要犒劳哩!"王佐看见,却

---

　　①　《与历史对话:口述史学的理论与实践》,第35页。

　　②　Alessandro Portelli, *The Death of Luigi Trastulli and Other Stories: Form and Meaning in Oral History*, State University of New York Press, 1991, pp. 52-53.

　　③　狄尔泰语,见钱钟书:《管锥编》第一册,北京:中华书局,1986年第2版,第166页。

不认得是牛皋,心下想道,"好一条大汉!"牛皋走上堂来,岳爷道,"这是家将牛皋,生性粗卤,贤弟休计较他。"王佐吩咐手下取酒肉与他吃。家将答应一声,登时取了酒肉点心出来。牛皋看见道:齐吃个干净,就立在岳爷的身边。

元帅开言道:"愚兄的酒量甚小,要告辞了。"王佐道:"岂有此理!酒尚未饮,正还要奉敬。小弟这边有一人使得好狼牙棒,叫他上来使一回,与兄下酒如何?"

岳爷道:"如此甚好,可唤他上来使一回。"王佐吩咐:"叫温奇来。"那温奇见唤,即忙上来,叩了一个头。王佐道:"岳元帅要你舞一回狼牙棒佐酒。好生使来,重重有赏!"温奇:"既要小将舞棒,求元帅爷将桌子略移开些,小将方使得开。"

王佐对岳爷道:"哥哥,他倒也说得是,恐地方狭小,使不开来。"岳爷道:"贤弟之言有理。"遂命左右将酒席撤在一边。

那温奇把狼牙棒使将起来。看看使到岳爷的跟前,那牛皋是拿着两条铁锏,紧紧站在元帅跟前。便喝一声:"下去些!"那温奇只得下去。少停又舞上来,被牛皋一连喝退几次。那温奇收住了棒道:"你这个将军,好不知事务,只管的吆五喝六,叫我如何使出这盘头盖顶来?"牛皋道:"单丝不成线,独木不成林。你一个舞终久不好看,待俺来和你对舞。"不等说完,扯出锏走将下来。架着温奇的棒。

从这段文字来看,岳飞所赴之筵席与鸿门宴无异:他与王佐名为兄弟、实为敌人,岳飞是刘邦的化身,王佐是项羽和范增的结合,而温奇承担了项庄的功能。牛皋所做之事与樊哙近乎相同:大口喝酒,大口吃肉,应对着类似于项庄舞剑的危局,保护主人——当然,由牛皋来保护岳飞,是很滑稽的事情。《史记》中的樊哙更与牛皋,甚至《水浒》中的李逵、《三国演义》中的张飞、《杨家将》中的孟良、焦赞等人同样相貌丑陋、举止粗鲁、道德水准不高、空有蛮力,同时又忠心耿耿,可谓是后世这些粗鲁英雄的宗师。需要注意的是,《史记》是小说,而《说岳全传》是不折不扣的通俗小说。二者的惊人类似在说明后世小说借鉴《史记》的同时也表明,《史记》确有小说家言的情形存在。

《史记》的这种情形固然不是正常状态,但一般的史学著作或者历史文献也会因为作者生活在现实世界中而受到周遭环境的影响。

即使时间、人物、大事件都确定的历史史籍,在细节上的记载也未必是可靠的,很多时候这种"臆造""虚构"的细节使得历史更加丰满,也是部分史书文学性的重要来源。史书中的不确定性是因为历史人物的缺席,不能再现历史场景。当历史人物出现在面前的时候,口述历史告诉我们,他们也无法确切地讲出自己经历的"历史",同样不能再现历史场景。

记忆的第三个问题是遗忘,是对识记过的材料不能再认与回忆,或者错误地再认与回忆。遗忘分为暂时性遗忘和永久性遗忘:前者指在一定条件下还能恢复记忆的遗忘,后者指不经重新学习就不可能恢复记忆的遗忘。遗忘又可以分为自然遗忘和选择性记忆中被有意留出的空白。讲述者的自然遗忘是不可避免的,选择性遗忘则要复杂得多。自然遗忘基本是一种生理现象,随着时间的流逝和需要记忆内容的增加,人类会遗忘部分不太重要、不常用的信息。选择性遗忘则是心理现象,指的是人们为了减轻心理痛苦或者不快,有意识地迫使自己不去回忆能引发负面情绪、心理体验的事件,或者以某种方式加以歪曲,最终使得这些事件不再出现在记忆中。选择性遗忘作为心理防卫机制的一个内容,对于维持人们的现实心理健康,发挥着举足轻重的作用,但是却不利于口述史获取真实的史料信息。

因为考虑到自己的现实感受,讲述者即使在同意讲述之后,他也未必愿意讲出采访者希望得到的一切。特别是大灾难的经历者、幸存者,灾难对他们来说是不愿意再提及的悲伤往事。以日军侵华时期造成的很多"慰安妇"为例,她们在肉体和精神上都受到过严重的创伤。当采访者采访她们时,她们必须在心理上要有激烈的斗争,同时要承担极大的风险。有的慰安妇讲述的时候说"我活不了多久了,我什么也不怕了"①,正说明其难为之处。采访者要帮助讲述者克服心理障碍,以完成访谈,或者采访者可以考虑暂时放弃这段访谈,尊重被采访者的心理感受。

在欧美学界,犹太人大屠杀研究成了一门学科,甚至包含了影视文学作品在内,蔚然成为热门题材。犹太人大屠杀研究区分于中国南京大屠杀研究的重要一点就是它能够尊重被采访者、参与者的感受,而不是用政治动机、国家利益去绑架他们。目前的影视文学作品有《奥斯维辛的爱情》《安妮的日记》《大独裁者》《华沙一条街》《夜与雾》、长达九个半小时的纪录片《浩劫》《钢琴师》《无形的命运》及其电影版《非关命运》《伪钞制造者》等,可以说这些作品在一定层次超过了人们对南京大屠杀的研究或者关注。首先,犹太人大屠杀研究的资料搜集工作开展更早,持续的时间也更久,展开的范围也更广泛;其次,各学科集体参与其中,包括文学、历史学、现代性研究、心理学研究、传媒研究等,没有停留在史料搜集阶段;在犹太人大屠杀研究中,民间力量成为主力军。

有研究者认为,"所有的人,当他们变老和认为自己将不久于人世时,

---

① 见 http://www.people.com.cn/GB/tupian/1098/3046129.html,访问于 2006 年 4 月 1 日。

他们会经历一个生平回顾的心智过程"[1]，似乎这是一个自然而然的过程。但即使是这一观念的提出者罗伯特·巴特勒（Robert Butler）也"同意老年人对他的过去之所以感兴趣，最根本的原因就是他对现在生活（暗示了满意）的评估以及死亡的迫近"。[2] 不是所有的老人都有令自己满意的"现在生活"，也不是所有的往昔事件都会被讲述出来。慰安妇的事例就表明很多人或者讲述者在很多时候是不愿意"回顾生平"的。尽管这里的"生平"毫无疑问影响了讲述者人格的发展，是解释其此后行为的重要内容。采访者却没有利用它来发现、解释讲述者的人格，而是停留在对事实的挖掘上。在口述历史中，讲述者的讲述总是联系着过往与现在，并且深深受到现在的影响。

那么该如何看待这种并不完全的真实性呢？ 回忆、心理机制、外界认识、自我认可（身份确认）都是不可避免的影响因素，必然导致失真，而真实性正是"口述"为人看重的特点。相比于冷冰冰的史籍记载，它的确是鲜活的，但鲜活带来的问题就是它不再是固定的，而是充满了不稳定因素，其真实性也因此打了折扣。口述历史的真实性之种种可能性最终要在采访者与讲述者的对话中变成确定的未必真实的"现实"，即其真实性是关涉到人与人的，采访者与讲述者如何在对话中交锋、如何得出结果，是一个值得探究的过程，但口述历史的真实性首先是事件的层面，在现在与过去之间展开。

口述历史中真实与失真并存，它在"失真"等方面的新特征以及影响

---

① 罗伯特·巴特勒语，转引自《与历史对话：口述史学的理论与实践》，第 37 页。

② Kathleen Woodward, "Reminiscence, Identity, Sentimentality: Simone de Beauvoir and the Life Review," see Edited by Robert Disch, *Twenty Five Years of the Life Review: Theoretical and Practical Considerations*, Haworth Press, 1988, p. 29.

因素,也为研究者在多个领域的研究提供了新鲜的材料。在历史学中的地方史、妇女史、边疆史以及新闻学、社会学等领域,真实与失真并存的口述历史都有其价值。传记特别是自传写作同样严重依赖记忆等生理环节以及自我认同等心理环节。自传作者在遴选材料、勾勒框架时,需要考虑的因素中,自我身份认证是最重要的一环。讲述者的自我认证诉求在口述历史中也是客观存在的,但受到了讲述者追求真实的动机的制约,同时,由于讲述者一般没有自传作者那样深思熟虑的自我判断,其自我身份认证比较复杂。

总的来说,真实性在口述历史中是很难得到保证的。这些困难,无一不需要采访者精心准备,灵活应对,引导讲述者按照自己设定的采访提纲去讲述所需要的东西,并在访谈后依据录音整理成文本。整理的过程又是制作的一个重要环节。整理,包括了文字的修改,也包括思路的调整。其中文字的修改又包括了针对方言所作的修正、资料的核实、去口语化,思路的调整则主要是依据预先的设计做的调整,尽管有时这种调整会与讲述者的侧重点不再完全重合。现在国内出版的口述历史一般由讲述者和采访者联署为"＊＊＊口述,＊＊＊整理",可见整理工作对采访者对口述历史的重要性。后期整理是口述历史"制作"特性的又一展现。

需要指出的是,采访者本身也有可能影响到真实性的成分。他与讲述者一样是社会的人,一样有着来自社会的经历与见解,这些都可能影响到口述历史的面貌。但他的动机才是决定口述历史面貌的最重要因素,他在此动机下的制作最能体现其特色。

国内一些学者强调口述历史的鲜活一面,却忽视了采访者对这种鲜活性的处理。采访者的制作,不仅改变了口述历史的文字,更昭示了口述历史独有的价值观。口述历史中现在与过去的关系也因此呈现出独特的面貌。

第三节　现在与过去

如何处理过去与现在的关系,是口述历史的重大课题。过去与现在的关系在口述历史中,相对于传统历史学及传记都有所变化,有其鲜明特色。谁掌握了现在,谁就掌握了过去,这是传统历史带给人们的观感。历史总是由胜利者讲述的,口述历史能够给我们很好的启示。口述历史追求史实不仅不代表它一定能带来"真实"的史实,同时,它是不会违抗官方意志或者主流观念的。这就带来它与一般传记的不同,它在现在与过去关系的处理上缺少批判性,而后者正是以深刻的反思或者批判观念作为自己的重要标志。

口述历史最先是由美国哥伦比亚大学为了获取、保存资料而做,因此是非观念并不是其主要关注之处。而该校中国口述历史项目为1950年代在美寓居的前国民政府要员所做的口述历史,也只是为了保全史料,并非为了尊重这些人本身。可以说,口述历史从一开始,就是以放弃某种个人价值的判断来工作的,因为其目的只是搜集(哪怕是有争议的[①])材料。

唐德刚所做的张学良口述历史建立在双方彼此钦佩的基础上。唐德刚对张学良"三位一体"的评价也深获张学良的赏识。"三位一体"的具体意思是,"公子哥、政治家、军事家"集于一身。[②] 这一评价在相当程度

---

① *The Oral History Manual*, p. 17.

② 唐德刚:《论三位一体的张学良将军》,见《史学与文学》,第98—107页。《张学良将军的赤子之心》一文在第108—112页。

上顾全了张学良世纪老人的现实地位，考虑到唐氏在此八年之前所写的另一篇《张学良将军的赤子之心》中，他把张学良的"不更事"作为值得称扬之举，可知，他对张学良实际上是缺乏批判的：

> 　　张学良将军是现代中国史（甚至是现代世界史）上，一个少有的是非人物，他的是非的焦点，便是他一手主导的西安事变。没西安事变，当今中国甚至整个今日世界的局势，可能就不是现在这个样子了。正因为这一局面之出现，他这个世界近代史上少有的是非人物，历史家就很难下其定论了，是之者会说他是反侵略的抗日英雄，千古功臣；非之者也会说他是不知敌我情势，搞政变误国的乱臣贼子。至于半是半非，乃至三七、二八开……今后千年的历史家，显然对他也不会有个一致的定论。
>
> 　　最可笑的还是张将军自己，他对他自己所发动西安事变的是是非非的自我批评，也是是非不定的，虽然他在口头上还是一硬到底，说什么历史如走回头路的话，西安事变他还是要发动的。这是他亲口向我说的。但是他也认真地说，他如是蒋，他会把他自己枪毙了的；他自己的部下，如果也干出这桩犯上作乱的事件，他自己也早就把他枪毙了。因此他被蒋关了半个世纪，不但无怨无尤，蒋在他心目中，始终还是个"亲如骨肉"的、抗日救国的统帅，他心目中，大大的民族英雄。[1]

---

[1] 　张学良口述、唐德刚撰写：《张学良口述历史》，太原：山西人民出版社，2013 年，"张学良自述的是是非非（代序）"，第 1 页。

　　唐德刚虽然指出张学良可笑且富于争议,但这没有影响到他对后者的尊敬。从其行文中,读者甚至可以读出,正是这种争议性使得张学良更有价值——史学价值,即口述的价值。相应地,口述历史文本也缺少秉笔直书和批判的风骨,相反,它是顺从的,少冒犯、少批判的。即便采访者唐德刚对张学良有着一定的看法(偏见),这些看法(偏见)却只存在于口述史开始之前或者口述史之外,并未在口述史中有明显展示。

　　在中译本《胡适口述自传》中,有很大一部分篇幅是唐德刚对胡适的看法。这些看法绝大多数是以注释的方式体现出来的。彼时恰逢胡适落魄到美国哥伦比亚大学,担任东亚图书馆馆长微末之职。唐德刚本为其晚辈学生,但随着双方地位的此消彼长,同时,唐德刚对胡适的经历及学问均有所了解,因此他一改在为顾维钧做口述历史时的配合角色,积极参与其中,与胡适建立了较平等的对话关系,但是在行文上,依旧是以胡适的语言为主。唐德刚对胡适的个人看法和见解基本都移到了注释之中。这些注释的确也非常精彩,同时,这些注释是《胡适口述自传》的重要组成部分却不是口述历史文本的内容。虽然采访者无法做到彻底外在于口述史,但一般他会自觉地减少自己出现的戏份——他知道口述史发起的动机是什么。唐德刚对张学良、李宗仁的褒贬,尤其是贬的部分,基本不会在口述历史中出现,因为口述历史要保存史料,不是褒贬人物。唐德刚不欣赏张学良对蒋介石的态度,但他并未在访谈中劝止或者批评,他深知自己的身份和职责。读者只能从一些蛛丝马迹去判断他的功能:

　　　　我现在我不好意思说,我接触了十一个人,这十一个人都是
　　正经人呐。我接触的一个小姐,我不能说这个小姐是谁,那简直
　　淫荡极了,我没看见过这样的人呐,跟这个一般的姑娘不一样,

我从来没看见过这个。我不能说她名字,这个人简直啊,我跟你说她淫荡到什么程度,她每一回见我面,不管在谁家,她一定要来这个。

她这人奇怪了,她从来不跟我说实话,后来我并不太喜欢她。

……

我有一次去跟她告别,我要走了,就去看她,见她一下,我说我要回东北去了。我刚要走,她说你就这么走了? 非要来这个不可,你说这人奇怪不奇怪? 她需要,她一定需要,当然我也晓得她一定旁的男人还有,但是,她绝对不告诉我别的男人谁,我想不明白她怎么会这样。

后来这个人更好玩,我给她拿钱,把她送到美国去了,她跟老先生就是蒋先生的那个亲戚,在一个船上。后来她回国了,到美国念书回来了,她是上海中学的学生,她回来了,我到旅馆去看她,她头一件事就要求这个事。我跟她说你到美国还不有的是男朋友吗? 你怎么解决呢? 她说那你管我怎么解决呢? 我说,这个性欲高不高男女也不一样,我看她大概非常需要。

我跟你讲,这人呐,我想我这个人也是天生的不同。这人的年龄、生活不同,对男女关系的要求也不同。①

当九十岁的张学良讲述自己的如此淫荡的一个女朋友时,唐德刚并未流露出认为该话题低俗的痕迹,相反,读者可以从张学良一开始不好意

① 《张学良口述历史》,第40—41页。

思说自己接触过十一个正经人到后来大谈一个淫荡的女子猜测,采访者唐德刚当时的面部表情至少没有令讲述者张学良倍感羞涩,而是有所纵容、有所鼓励。这正是有经验的采访者在想方设法使讲述者可以跨越时间的历练与世俗的眼光,重现其彼时彼地的心境。

在《胡适口述自传》的访谈中,唐德刚同样保持了一定的疏远感。胡适大谈的某些话题是其不能同意的,唐德刚只是在注释中加以说明而已。面对胡适在对话场合内外的不同,他并未当即发表意见,而是记录下来:

> ……在胡氏著作里,我们就很难找到他对"律诗"说过一句好话。但是在"对话"里,他却说做律诗要下几十年的工夫。
>
> 又如谈政治罢。他曾一再公开地说:"CC 反对我!"意思是说国民党里 CC 系的领袖们,曾经反对他做总统。可是后来他又私下告诉我说:"CC 在拥护我!"(笔者自己的 1958 年 8 月 8 日"日记"所载)这句话我就未尝听他在公共场所说过。
>
> 其他的例子还多着呢。可惜当时我未留意把它们全部记下来,以后大半也都忘记了。可是每当我深夜独坐,回译胡氏自述时,昔年与胡老师的对话,往往又重浮脑海。想起来了,我就随手在译稿上写个小眉批。等到一章译完,我就把这些眉批稍稍整理一下,抄作"注释"的一部分。①

当然这并不能说明唐德刚放弃了自己的立场。尽管采访者对讲述者持有这种相对冷淡、疏远的态度,但这种关系并非绝对且简单的,二者之

---

① 《胡适口述自传》,第 7 页。

间的关系与口述历史的操作、制作过程及最终面貌之间具有的相关性，却不容忽视。如果讲述者是普通人，而采访者又是某一课题的发起人或者专家，二者的关系经常是采访者占据绝对优势，且常常出现不甚关注讲述者的情形。前文提及的南京大屠杀口述访谈就是一例。如果采访者崇拜讲述者，那么他就可能会对后者的讲述（的细节）缺乏应有的怀疑，缺乏修订其错误的动力，因而不能保证真实性。

唐德刚可以对张学良、胡适、李宗仁的个人作风、具体观点颇有微词，却对其生平经历非常感兴趣，引以为英雄豪杰。在这里，讲述者与其经历之间产生了分离，不再是相互依存、互为论证的。这种分离的原因即在于采访者发动口述历史的动机乃是追求史料。前文曾经提到，参加南京大屠杀口述访谈的采访者可以对幸存者的个人表示极大不满，但是这不影响到他对讲述者所述事件的关注。

口述历史对过去的态度，与口述历史对讲述者的态度，是需要辨析的问题。很多时候，讲述者与其经历之间，失去了传记作品中传主与其经历的对应关系。这主要是因为传记作品是记人的，而口述历史是记事的。

前文曾经提到多种由于采访者及客观环境等外界因素、讲述者的自我塑造等因素，讲述者可能会伪造自己的讲述。但他所讲述的事情，在一定意义上，可以与其自身在现实生活中的身份及处境缺少关联。《与鬼子玩命：抗战将士"口述历史"》（2009）是新华社记者采访参加抗战的部分将士后完成的口述作品，其中邓建中所述"我下令枪毙了南京大屠杀首恶谷寿夫"部分中，读者很难分辨出讲述者与历史事件的联系。"和许多中国人一样，邓建中认为，像谷寿夫这些罪大恶极的人，其实根本不用审判，直接拉出去枪毙得了。'不过，中国人还是讲法制的，不像日本人那么野蛮,所以要审判。'"①从上下文的逻辑来看,上述话语都是邓建中在现在的表达,而非对过往心境的陈述,但在形式上,他仍然体现出了一种分离感:虽然今天的自己主张"像谷寿夫这些罪大恶极的人,其实根本不用审判,直接拉出去枪毙得了",但是现在的以及当时的"中国人还是讲法制的,不像日本人那么野蛮,所以要审判"。姑且不论"中国人还是讲法制的,不像日本人那么野蛮"这句话是否属实,单单是讲述者对此时自己心态与彼时国人心态之间的描述已然有了分离,而后者正是历史事实。在这样的讲述中,读者甚至难以分清楚到底当时的国人是主张直接枪杀还是主张先审后杀,也难以分清现在的中国人是主张直接枪杀还是主张先审后杀。采访者此时对讲述者的话语进行了处理,部分放入了引号之中,部分没有,显示了采访者在面对这种讲述者与事实相分离的现象时难以统一的困境。也有部分口述史作品,因为主流观念的影响,还是保持了在过去与现在之间的相对和谐,如《失落的巅峰——六位中共前主要负责人亲属口述历史》及《红色日记:往事亲历——开国将帅的亲情家事》。第一部口述历史题材的书对陈独秀、李立三、博古、张闻天、瞿秋白、胡耀邦的评价及讲述,第二部书中对中共高层将领、官员的回忆,都符合现在主流的观念——这甚至成为第一部书的重要卖点。只是,不论采访者、讲述者对博古、李立三的个人感情如何,他们笔下、口中的博古、李立三们最吸引的不是个人魅力或者特点,而是其特殊经历及这种经历产生的身份:中共前主要负责人、开国将帅。

　　崔永元团队所作《我的抗战》的序言中提出:"我们会用足够的篇幅去痛斥侵略者的罪恶,也应该不吝笔墨劝一劝国人的自省。的确,战争真

---

① 　梅世雄:《与鬼子玩命:抗战将士"口述历史"》,北京:新华出版社,2009 年,第 97 页。

的会卷土重来,而历史也真的是一面镜子。"①这是一部特殊的口述史作品,因为它已经在一定意义上混淆了口述史的动机与参与者的动机。自省,不必是也不该是口述史的组成部分,甚至痛斥也不该是其组成部分。一部开始有了痛斥与自省的口述史,在处理过去与现在的关系时,显然已经越界了。日本侵华的罪行、中国军民的抗日壮举与所受灾难,在口述史中应该属于真的范畴,而痛斥、自省这属于善与美的范畴。一部普通的口述史虽然是基于某种研究或者情感动机,但至少在行文中,双方要尽量抹去这些情感的痕迹,尽可能只保留资料性的一面。而且,因为邓建中所讲述的事情之所以吸引人,是因为谷寿夫是南京大屠杀的罪魁祸首之一,与邓建中关系不大。所以读者读完这段口述史,很难感觉到参与者的形象,因为他只是一个见证者。采访者虽然对口述访谈的顺利展开起着举足轻重的作用,但他对往事的看法与往事之间并无直接的逻辑联系。不论采访者是否欣赏,历史人物都在做着他们自己的事情,他们的亲属则在讲述着他们知晓的事情,采访者无权去干涉、去大规模调整其讲述的重点,除非如唐德刚般为了使得口述访谈能够得出真实的历史材料,才会要求讲述者按照其制定计划讲述。

在形式上,虽然是对话,但在采访者与讲述者之间,总有一方强一方弱,而且不论是哪一方强哪一方弱,一方都需要依赖对方,可以怀疑,但不能忤逆,更不能批判。美国总统或普通百姓的讲述,都需要采访者细心倾听。在口述访谈中,经常发生采访者不能同意讲述者的观点或者态度,或者有时他会发现讲述者就是错误的。这时候,采访者可以予以提醒。但采访者在采访中不能表达对讲述者所述事实的严重质疑及对讲述者个人

---

① 《我的抗战》节目组著:《我的抗战Ⅱ》,北京:中国友谊出版社,2012 年,序言页。

的负面观点,以保证采述双方关系的平衡,因为他的目的是保证口述访谈顺利进行,以获取事实,而质疑及批评无助于讲述者的顺利讲述。口述访谈不是新闻访谈,不能出现尖锐的令人尴尬的问题。新闻的主人公通常是名人(celebrity),他们因为需要经常应对新闻记者,已经习惯了各种刁钻问题,并应对有方。而口述历史的主人公即使是有名的人也属于社会地位显赫/声望高/业绩卓著(elite),何况还有许多讲述者都是默默无闻的人。他们或者人格突出、身份突出,不习惯面对也较难接受苛刻的问题;或者几乎没有与媒体打交道的经验,无法处理好严苛的问题。因此,尽管有的学者主张对讲述抱有怀疑态度,但这种怀疑只能是心理的而不能直露地表现出来。

　　口述历史对待过去的态度是言辞温和,而历史典籍和传记就未必如此了。一般的史籍和传记总能蕴含褒贬于其中。《春秋》享有"春秋笔法"的声誉,即是因为孔子暗含了自己的褒贬于其中;中国历代为前朝编史,是借鉴往昔的意思,其价值取舍很明显。而清代地方志中的"烈女传"更是赞许、鼓励丧夫女子为亡夫守寡殉情,其价值观虽然扭曲,倾向性却十分强烈。西方的历史/传记作品从希罗多德的《历史》《希腊罗马名人传》都包含了评价性文字。斯特拉奇(Lytton Strachey)的《维多利亚名人传》(*Eminent Victorians*,1918)被弗吉尼亚·伍尔夫(Virginia Woolf)认为是新传记的开创作品。该书由红衣主教曼宁、著名的南丁格尔女士、阿诺德博士、戈登将军的四段传记组成。虽然作者很少盖棺定论般评论作品中人物,但依然把自己的感情和评价体现在了行文之中。他刻薄地去讲述南丁格尔的刻薄:

　　　　待到老年真正降临,一些奇异的变化出现了。命运一直在耐心等待,现在和她开了一个古怪的玩笑。可与她漫长一生中服务于献身公众的精神相提并论的,只有她那股刻薄劲儿。她的美德一直与强硬并行不悖,在全心全意为人民服务的同时,她的唇上一直挂着一抹冷笑。如今,那些冷嘲的岁月将惩罚落在了这个骄傲的女人头上。①

斯特拉奇对传主的这种评价在近现代传记中比较常见。传记作者难以做到彻底隐藏自己的动机与思想,干脆自己来到作品中,让传记作品成为传主与传记作者共同的舞台。事实上,传记作品(他传)的作者都把作品作为了自己观察世界、观察人情的切入点或者成果体现。

广义的自传作品也是如此。曾给后人留下洋洋洒洒二十册日记的吴宓把日记看成了自我审视、自我表现表演的绝佳舞台。他在日记中记下了满腹牢骚的同时,对自己的心事也有所反思:"宓自感觉:宓今竟成为一纯粹之个人主义者。每晨至晚,惟注意自己之睡眠、起居,享受饮馔,无异孩童。"②虽然吴宓身上保持了古代文人雅士的一些酸腐气,但他的日记作品及自编年谱都体现出他的独立思想——不论他人能否接受,他就是一直在审视他人与自我的吴宓。

季羡林在《牛棚杂忆》中,对自己粘贴大字报、发表演讲这些顺应彼时时代潮流的自保之举保留了一定的自我批评,值得肯定。

结合其他自传作品可知,自传是最有利于表达内心世界的文体之一,它一般都带有自传作者的感情倾向。同时,自传本身就是自我分析、自我

---

① 利顿·斯特拉奇著,周玉军译:《维多利亚名人传》,上海:上海三联书店,2007年,第111页。

② 吴宓著,吴学群整理注释:《吴宓日记续编》第四册,北京:三联书店,2006年,第321页。

辩解、自我鼓吹的样本，价值取向鲜明，成为读者考察自传作者心态的绝佳切入点：他把往事的回忆与自我形象紧密联系在一起。

在口述历史中，则有较大不同。一般地说，口述历史中不应出现明显的感情倾向。即使是南京大屠杀的口述历史项目也不应该出现情感倾向。至今国人仍然难以对南京大屠杀及日军侵华释怀；东史郎为自己当年的侵华罪行下跪，日本《朝日新闻》社组织的日本老兵所写的信件中回忆到当年情景时都后悔不已①，这说明，南京大屠杀是一件具有明显的是非观的事情，无论是受害者还是施虐者都会从感情上产生很大的触动。但口述历史却要求参与者排除感情因素的干扰，直奔事实而去。毫无疑问，此时的采访者与讲述者有自己的立场，口述历史的操作却要求他尽可能压制而不是展示自己的立场、讲述者的立场。讲述者流露的个人感情，最终会被删除，只保留了史实的部分。这一分离工作只能交由采访者在整理中加以处理。但有部分被目为自传的口述历史作品，仍有情感倾向保留于其中，说明了口述历史的复杂性。以唐德刚为例，在他做李宗仁口述历史时，保留了李宗仁对白崇禧、蒋介石的看法，这被很多人认为是错误的。在口述历史的制作过程中，甚至在最终的纸质文本中，采访者要尽量保证不要让口述访谈时的心境、情绪来影响口述的进展，而且要努力使讲述者达到同样的要求。这本身已经是现在与过去之间的多重对话：现在对过去必定会产生并非客观的影响，又不得不舍弃这种影响去追逐原始的过去。

有学者主张"口述历史在文化上是中立的：访谈可以支持对过去有

---

① 参见法兰克·吉伯尼编著，尚蔚、史和译：《战争——日本人记忆中的二战》，北京：中央编译出版社，2002年，第三章。

争议的看法;可以介绍与这些看法相抵触的声音;它们可以使我们对过去的事件和意义变得复杂"。① 文化上的中立自然是一种立场,它可以是兼容并包的自由立场,也可以是放弃个人独有的立场。口述历史实则属于后一种。由于口述历史要考虑到直观的读者(或者是直接的采访者或者是经由采访者间接体现的)的感受,它基本上尊重采访者的立场,而采访者对事件本身需要保持中立,不能批判,以与讲述者达成较好的合作关系,保证访谈顺利进行。

现在对过去的影响有很多种。批判,是其中比较重要的一种。批判,建立在立场的基础上,而立场是有倾向性的,口述历史恰恰要排斥倾向,保持中立。一切影响获得真实信息的,都应该抛弃,尤其是情感因素更必须加以避免。这与历史著作是一脉相通的,但正如上文所说,历史著作往往也不可避免地体现出了编著者的价值判断,传记作品就更加明显。

口述历史的采述双方都是鲜活的社会的人,冰冷的真实的史料不会独立于他们的生活之外。相反,在实际生活经验和情感经历中逐渐长成的人们对自己的生活和周围事件总是有着一定的看法,即使有时候因为习以为常而缺少了感觉,但在提及的时候还是会展示出来。也就是说,倾向性等价值判断是采述双方都无法避免的。乔纳·包纳特在《口述历史、健康与福利》中曾提到,很多的采访者把 HIV 与 AIDS 等同起来。② 这虽然是知识性的倾向,但仍然对口述访谈的开展产生了影响。采访者在圈定访谈题目、对象、计划的时候,也包含了自己的倾向在其中。为何选择这段时间的历史,为何挑选这个人来做讲述者? 因为在采访者看来,该段

---

① *Oral History and Public Memories*, p. 3.

② Joanna Bornat, *Oral History*, *Health and Welfare*, London: Routledge, 2000, p. 231.

历史和该人十分重要。在此过程中,采访者即实施了个人判断,同时,认定该人"重要"也就表明了他对讲述者的态度——对其历史价值的尊崇,有时会演变成对对方人格的尊崇。

采访者对不同讲述者的选择体现出其历史观和价值观的差异性。目前中国口述史工作已经比较繁荣,但显赫人物所占比例依然较高,与英美等国口述史多数以普通民众为讲述者形成鲜明对比。台湾出版了多种口述访谈系列丛书,基本都以现代史上的党政军要人为讲述者。大陆出版的口述图书同样以党政军要人、文化界名人或者重大题材(抗战等)为主,真正在关注普通民众生活中的普通事件的为数尚少:《老北京人的口述历史》(2009)内容丰富,触及官方文献资料较少涉及的领域,包括人的社会交往,如婚姻关系、邻里关系、同事关系、长幼关系,也包括人的生活趣味,如吃喝玩乐以及守坟、手艺等审美情趣等;《铭记:512 汶川大地震口述历史》(2009)由 2008 年汶川大地震中幸存者等人的讲述组成;《苦痛的记忆:中条山战役难民口述历史实录》(2011)则以日军侵华期间的中条山战役中日军的罪行及当地难民的惨状为主题。可以预见,随着人们对口述史在发现民间文化与民众精神方面的功用及对民间文化的重视程度的提高,以普通民众为讲述者的口述史会越来越多。

有学者认为,口述历史的价值是使那些在历史上沉默无语的发出声音①,但如何认定这种"沉默无语"及他们能发出何种声音,体现的却是采访者的判断。有些时候,这种判断非常简单。(显赫人物)讲述者的口述是由其子女、秘书、研究者完成的。这些人一般不会表示出对讲述者的不敬,而且经常是怀着尊重甚至是崇拜。这部分地是因为讲述者的人格魅

---

① *Oral History and Public Memories*, p. 3.

力使然——这与讲述者的讲述得到尊重是不同的情况①，前者是建立在人物魅力基础上的。很少有人是在怀着对讲述者不屑的情况下开始访谈的。（显赫人物）讲述者作为历史的重要参与者和重要见证，其人格在丰富的人生经历中得以逐渐历练，特别是经历了重大历史事件的人，可能比平凡人的心态更豁达、平和，更值得尊重。

　　研究者如唐德刚对胡适、李宗仁、张学良都非常推崇，而且出现了受宠若惊甚至借以自重的现象。② 有香港学者认为唐德刚故意夸大了自己在《顾维钧回忆录》制作过程中承担的责任，原因就在于此。这对唐德刚是不公平的。唐是一位历史学家，发现、保存继而传承历史是他的本职工作，而顾维钧、李宗仁、胡适、张学良又是重要的历史人物，他尊重他们是可以理解的。而且，唐德刚也在诸如《胡适口述自传》的注释部分、《李宗仁回忆录》的后记部分等场合表达了对历史人物的批评或者分析。这不是采访者的人格出现了问题，而是口述历史的文体本身就要求必须尊重讲述者，因为讲述者代表的不是一个活生生的个体，而是一段活生生的历史。当"抢救历史"这样的口号成为口述史的发起动机，读者怎么可能指望采访者在言谈间对讲述者有所批评、指正呢？ 法国作家巴尔扎克（Honoré De Balzac，1799—1850）曾把法国看作是历史家，而把自己看作历史家的秘书③，把他的写作看作是真实、忠诚的记录——当然，作为一个作家，他的这种真实与忠诚是需要大打折扣的。他的作品在相当程度上揭示了物化对人们思想的影响——这是作家笔下的真实。但口述史的采访者是不能"揭示"真实的，他的责任是发现并提供真实的事件。

---

①　*Advances in Librarianship*，p.198.

②　张学良之于唐德刚是最好的例子。

③　巴尔扎克：《巴尔扎克全集》第一卷，北京：人民文学出版社，1984 年，第 8 页。

　　当讲述者是普通人时,情况会与显赫人物略有不同,但不变的是,采访者需要借助讲述者才能获得真实的境况。因此,采访者应对讲述者至少保持最低限度的尊敬,使讲述者能够讲出他所了解的情况。即便是傅光明"老舍之死"口述访谈中撒谎的讲述者,也是可能提供正确信息的人。傅光明可以怀疑但不能鄙视讲述者,他必须要尊重讲述者的讲述。作为现在的代表,采访者对过去的代表讲述者所抱有的尊崇、尊敬、尊重,必然影响到口述访谈的批判立场。当然由于采述双方的地位有所不同,采访者对讲述者的态度在细节上会有所区别。

　　口述访谈很难具有类似于传记作品、历史作品的批判立场或者自我身份论证①的功用,但这并不代表口述历史没有自己的倾向——它对讲述者保持一定程度的尊重。这就在现在与过去之间形成了复杂的关系:口述历史既不能传达出批判立场,更缺少对讲述者的批判,因此容易蜕变成讲述者的秘书,并可能因此无法较好实现追求真实的动机。

　　口述历史中当然不止具有这一种倾向。除了采访者对讲述者的尊重,同时,讲述者对事件的态度、采访者对事件的态度,也会留在文字中。如《爱德华时代的人》对爱德华时代的美化、《艰难时世》中积极乐观的姿态,都是值得探讨的例证。正如现在许多中国人分别把清代、明代、元代、宋代、唐代、魏晋、汉代、春秋时期等看作是最好的时代,浪漫主义诗人则把中世纪作为理想世界一样,对过去时代的美化大多建立在无知与想象的基础上,同时伴以对当前世代的不满。阎崇年喜欢清代的部分原因是他本人就是满族后裔;人们喜欢明代是因为这是汉族政权,但忘记了明代

------

　　①　部分讲述者存在这种倾向,但这既不是口述历史的目的,也会在采访者的操作下走样,最终难以如愿。

几乎是中国历代皇权专制社会中最黑暗、最专制、民众最无自由的朝代；人们喜欢元代是因为"一代天骄成吉思汗"及其子孙扩疆裂土的业绩，却无视其残忍的杀戮与低劣的民族分化政策；人们喜欢宋代经常是因为知识分子生活优渥、商业繁荣、知识发达，但两宋积弱又是无可辩驳的事实；唐代固然是古代中国的巅峰，但即便是贞观之治期间的唐太宗李世民也暴政连连；魏晋时期知识分子随性、谈玄的一面曾被李泽厚等人高度赞美，可是，造成刘伶裸体、阮籍醉酒的那个黑暗年代不也令人毛骨悚然吗？汉代军威令人印象深刻，但汉代同时也是中国专制制度日益严密、知识分子频遭打击、民众生活难谈改善的时代；至于有人喜欢春秋，原因经常有它是思想的黄金年代或者尚武的年代或者贵族的年代等，但孔子所说的"春秋无义战"、民众的默默无闻又是事实。可见，人们欣赏、怀念古代某一时期，与陶渊明在《桃花源记》中所讲"不知有汉，无论魏晋"的愤世嫉俗颇有相通之处。西方浪漫主义者把中世纪看作黄金年代与他们自己在现实生活中的不如意也有关系。

因此，读者就可以问，爱德华时代真的那么美好吗？答案必然是否定的。这一时代之所以令人怀念欣赏，不外乎：其相邻时代有大战争，国王和善，国家繁荣和平，社会温情脉脉。正如托克维尔在《革命心理学》中所说，"迄今为止支配人们行为的还是感情和信仰"①，在回顾往事时，人们常常把对今天的不满与对往日欢愉的美化相结合，于是，爱德华时代变得温情脉脉也就不难理解了。而《艰难时世》的采访者在数十年后采访那些经历了大萧条的人，认定在当时人们持有一种积极心态，同样是值得怀疑的。认为人们在无数人自杀弃世的时代具有积极心态，这不是历史

---

① Gustave Le Bon, *The Psychology of Revolution*, New York: G. P. Putnam's Sons, 1913, p. 81.

态度,而是文学手法,是善良的人的美好想象或者别有用心者的刻意捏造。

如此来看,口述历史不仅很难持有批判立场,又常常与人们自发的感情相一致,有时候脱离了真实、正确的方向。口述史因此经常给人留下不够真实的感觉。

相比而言,被人们认为是粉饰太平盛世、为当朝提供合法性证据的历史作品,对前朝倒经常有褒有贬,尽管其评价标准并不总是让人认同。在口述史中,讲述者的立场不再这么重要,以致经常为人忽视,事实的细节才是重点,因此二者区别较大。

批判性立场在传记中是比较复杂的现象。但值得注意的是,首先,人们认为传记作品带有立场是可以接受的,同时,该立场是针对传记中人物的。传记讲述的是人的生平,建立在传主的丰功伟绩或者独特经历的基础上。传主是传记作品的核心,而口述历史的核心是事件。口述历史可以在不对讲述者作人格评价的基础上完成,比如,《献给上帝:禁闭修女口述史》(*Dedicated to God: An Oral History of Cloistered Nuns*, 2014)一书的讲述者是一类特殊的群体,她们不与外人接触,不见诸史籍记载,把自己的生命奉献给上帝、奉献给祷告,相信来世的善报。采访者阿比·丽斯(Abbie Reese)笔下的她们彼此几乎没有差异,作者对她们(的选择)则采取了不批判、不予置评的姿态。

这一切都源于口述史注重事实的特点。因为敬重讲述者占有的事实(过去),采访者对讲述者也较少批评。当然,口述历史中的过去与讲述者不能画等号。讲述者是史料的来源,同时也是过去的代言人。采访者是站在现在向讲述者索取过去,力图复原过去。但是不能把口述历史中的现在与过去的关系等同于采访者与讲述者的关系,虽然这两种关系都涉及事件,也都涉及人物。

在现在与过去关系上的处理,口述历史中的声音是模式化的。在这一点上,它更接近于历史著作,而不是传记作品。与之相对,传记是有生命力的,塑造鲜活的传主形象甚至是传记的核心任务之一。

口述历史中,(生活于现在、着眼于现在的)采访者采访(从过去走来的)讲述者。在这个过程里,既有讲述者对过去的印象,也有采访者的对过去的看法。

现在在面对过去时,能否做出独立的见解,对传记是很重要的。北京大学的孔庆东称:"目前已经出版的金庸传记,确实提供了大量关于金庸的资料,作者也下了很大的功夫,但是那些材料不大可靠,金庸本人对那些材料不大认可,对书中的评论也不满意……"①他所撰写的《金庸评记》则是好的,因为金庸认可它。孔氏的这种说法,是值得反思的。金庸认可的金庸传记自然有其特殊的优点,但这并不代表这是一部优秀的传记。传记,应该是具有批判立场的,应该有令传主倍感难堪与羞涩之处。如果传主乐见这一部作品,则该作品难有很高价值——问题恰恰在于,口述史是讲述者不但亲见而且同意其内容的传记作品。

部分传记作者与传主或者有私人交情或者有利益关联,就难以确保其所著具有独立的批判立场及真实性。由传主亲人或者秘书等人写作的传记经常存在为亲者讳的现象。与上述作品有异曲同工之妙的则是批判反面人物的传记作品。在《右派分子的嘴脸》一书中,打成右派的知识分子被描画为十恶不赦之人,即使他们所说的一些话在今天看起来是有道理的。

---

① 孔庆东:《以一个人的功力让武侠进入百姓生活》,见《中国青年报》,2005 年 1 月 16 日。

《约翰逊传》《歌德谈话录》是特殊的传记,采用了口述访谈的形式,却不是口述历史。两书中传记作者对传主的尊重,对考察口述历史中采述双方的关系有很好的借鉴:传记应该具有批判性立场,这两部特殊传记与口述历史在批判性有立场上的不同。二人仍有自己的立场,那就是把自己放置于传主之下,顺从于传主及其讲述。

而口述历史中,采访者对讲述者存在不同程度的尊重,对讲述者的讲述(即过去)则有着怀疑和敬重的双重态度。这就又回到了口述历史对过去的立场上。口述历史在古今关系的处理上与采述双方的关系是有不同的,甚至可能是截然分开的。而在传记那里,这两者是联系在一起的。口述历史中,采访者可能对讲述者怀有极大的敬意,如唐德刚之于胡适、李宗仁;但在口述访谈中,却需要纠正他们的错误。这种纠错在包斯威尔、爱克曼那里是不可能的。而在一般的传记里,传记作者对传主的态度与他对传主生平的态度一般是吻合的,即传记作者对传主的尊重建立在对传主生平的敬重上,对传主生平中具体事件的看法又会因为对传主的个人印象而产生变化。

对事不对人,是口述历史的古今观。它对讲述者的讲述、对采访者事先收集的资料、对访谈的核心事件有不可避免的看法——主要是依据真实与否产生的判断——但对讲述者本人则避免作出评价。这正是口述历史在真实性上纠缠所带来的难题:如何面对参与真实制作的、未必与真实合拍的采述双方?在事件的层面上,口述历史在内容上放弃了是非判断,但在参与者以及外部因素中仍然持有判断。口述历史的采访者以真实性为标准去考量讲述者的讲述,但讲述者的人格魅力则不是其采录的关键因素,最终也不会保留这部分信息。事实是口述历史的最重要内容。不仅非口述历史专业人士认为,填补现有纸质材料的空白,是口述历史的主要任务①，一些口述历史从业者也把它看作是一种补充文献的工具性的方法②。如此一来，口述历史缺乏对参与者及参与者生平的批判立场也就可以理解了。

　　尽管讲述者的讲述也是从现在看过去，但他的讲述会受到采访者的引导，体现出采访者的观念。需要指出的是，采述双方与今古之间并不是对应的关系。采访者固然没有在（具体的口述历史所涉及的这段）过去的经历，主要体现了现在关注过去这一视角，但同时讲述者不是生活在过去的，在其讲述的事件发生至今也未必没有新的生活和见解，甚至他对过去的讲述中也会有现在留下的印记。仅仅从过去与现在考察，无法确知口述历史中的关系。

　　口述历史在现在面对过去时的无能为力，说明单单考察真实性，无法穷尽其内涵，也无法了解到参与者的情况，更不能对口述历史的完整操作和制作有详尽理解。论文将在接下来的一章中从参与者双方的关系入手来分析这一问题。

---

① Faye Phillips, *Local History Collections in Libraries*, Englewood, Colorado: Libraries Unlimited, 1995, p. 115.

② Vivian Perlis, Libby Van Cleve, *Composer's Voices from Ives to Ellington: An Oral History of American Music*, New Haven: Yale University, 2005, p. 18.

第三章　对话与人格

　　口述历史来自口述访谈,对话既是口述历史存在的重要形式也是它产生的来源。而对话的意义不仅是采访者与讲述者的生动谈话,更是双方互相主张自己的意志并协调、统一的过程。对话对口述历史具有特别重要的意义,贯穿其始终,并且是其精神内核,也是真实与虚构交锋的所在。

　　长期以来,人们把凤凰卫视的"口述历史"节目看作是口述历史,一些电视节目也把访谈、谈话类节目加上口述历史的名字结集出版,如中央电视台的《百年小平:口述历史》节目。这些都说明,人们注意到了对话、访谈对口述历史的重要性,以致有时把两者混为一谈。口述历史在形式上与对话有相通之处:话题的选择、转换、双方的态度都很重要。话题是谈话的重要内容,话题是否合适决定了谈话能否进行及最终结果。这也体现在了口述历史的对话中。话题的选择、转换对口述历史都很重要。一般而言是采访者集中确定一个话题,同时在谈话中掌控、引导话题的转换。这与一般的谈话区别并不大。口述历史中对话之特殊处在于它的功利性："获取对未知答案的问题的详尽回应。"①口述历史有两个参与者：一方是采访者（interviewer），他经常是历史学家或者某一领域的专家、新闻记者；另一方是讲述者，即信息的主要提供者（informant）或者被采访者（interviewee）②，由他向采访者提供信息。这也决定了其对话双方的地位、身份会存在差异。因此，当从对话的视角来考察时，口述历史明显区别于一般历史及传记。

对话是形式，更是一种精神。对话双方彼此合作、妥协，源自对另一方的尊重、对自己动机的克制。对话的对立面是独语。对话对考察历史与传记都有借鉴意义。

第一节　历史与传记：独语抑或对话

历史是一个舞台，各色历史人物的事迹、性格都各有特点，毫无例外都要交由历史学家去记述，交由后人去评说。历史学家是历史的叙述者，他们记录、整理着历史材料，虽然他们的评述不能改变历史上已经发生事情的面貌，但他们用自己的良知或者私心去记录，能够改变后人眼中的历史。现在一般认为，在唐以前，史家基本能够做到忠实于自己的见解；唐及唐以后，史家就变成了官方意志的代言人。③ 但无论何种情况，他们的

---

① *The Oral History Manual*, p. 3.

② Ibid, p. 4.

③ 唐太宗李世民开始大肆干涉史家的编史行为，文过饰非，拔高自己，对后世产生了较坏的影响。

良知或者私心或者其他动机都不能改变其讲述的独语性质。孔子用微言大义使乱臣贼子惧是一种独语。"郑伯克段于鄢"简单的六个字，令一般读者无法了解所言何事、所寓何理。在《左传》解释了此事之后，读者方得知其所述为郑庄公杀死试图夺位的弟弟之事，而且只有在《左传》中，郑庄公的老奸巨猾与深藏不露、其母的偏心与虚伪、颍考叔的机智才跃然纸上，同时，读者才领略到孔子写下"郑伯克段于鄢"这六个字，每个字都有深意。在一定意义上，孔子的《春秋》就是一个读者只能欣赏、把玩甚至需要崇拜的经书，它本身就是意义之源。《左传》《公羊传》《谷梁传》为《春秋》做传，是为了解释这一部地位崇高的经书（的意义），而彼此重点不同、特色各异的这三者也都成了后世眼中的重要著作。同样的，后世读者面对这些文本，只有解读的权利，难有与之实际对话的机会。

司马迁的"究天人之际，通古今之变，成一家之言"也可以看作是独语。司马迁根据当时的具体政治环境与自己的理解，对刘邦、韩信、项羽、李广等人给出了颇有离经叛道色彩的描述。读者也许不能同意他的描述。在《扁鹊仓公列传》中，扁鹊（秦越人）曾为晋昭公（公元前531—前526年在位）期间的赵简子（？—前475）治病；给约公元前655年左右的虢太子治病；给齐桓侯（应为齐桓公，公元前716—前643年或者公元前400—前357年）治病，后被秦武王（前329—前307）的太医令李醯毒杀。从时间上来看，这明显是不符合历史真实的讲述。但是读者对此无能为力。不论读者是否同意，都不可能改变这一记述。后世多人指出《史记》一书的资料真实性有问题、司马迁喜欢奇人奇事，但他们能做的也不过是指出来而已。司马迁与当政者的意见不合或者阳奉阴违或者据理力争，都是其个人思考或者人格的体现，读者尤其是后世读者难以参与其中。

司马光发起《资治通鉴》也是独语。宋神宗因为此书"鉴于往事，有资于治道"，可借历史得失作为鉴诫来加强统治，故定名为《资治通鉴》。司马光为人忠实，他从正统观念出发，"每患迁、固以来，文字繁多，自布衣以上，读之不遍，况于人主，日有万机，何暇周览！……删削冗长，举撮机要，专取国家盛衰，系生民休戚，善可为法，恶可为戒者，为编年一书，使先后有伦，精粗不杂"。① 司马光一改长期以来的纪传体史书体例，学习《春秋》，按照时间顺序，系统讲述了自西周至五代末的重要政治、军事事件，以为统治者提供借鉴。该书体例严谨、结构庞大、资料翔实，但是存在很多问题。除了一些史料问题外，后世读者对它还有其他一些指摘。比如，朱熹不满意该书列《魏纪》不列《蜀纪》以及诸如"亮帅诸军入寇，围祁山，以木牛运"的叙述："三国当以蜀汉为正，而温公乃云，某年某月'诸葛亮入寇'，是冠履倒置，何以示训？缘此遂欲起意成书。推此意，修正处极多。若成书，当亦不下通鉴许多文字。但恐精力不逮，未必能成耳。若度不能成，则须焚之。"② 按照朱熹的意见，《资治通鉴》竟然要落得焚书的下场！这自然是朱熹的一家之言，失之偏颇。但《资治通鉴》的确有把守孝三年的司马炎称作"不世之贤君"的不当言辞。司马炎于 265 年袭父爵晋王，数月后逼迫魏元帝曹奂禅位，建立晋朝。除了灭蜀吴外，他还采取一系列经济、政治措施以发展生产，国家出现过繁荣景象，史称"太康之治"。但他晚年生活奢侈腐化，宫中姬妾万人，各级官吏不理政事，斗富成风，奢侈之风盛行，埋下亡国的祸根。同意司马光这一评语的人应该不会很多，但是他们只有事后指摘、评论、解读的资格。比如，毛泽东就高度欣赏《资治通鉴》一书，认为："（《资治通鉴》）写战争，真是写得神采飞扬，

---

① 司马光：《进书表》，见司马光编著，胡三省音注：《资治通鉴》第二十册，北京：中华书局，1956 年，第 9607 页。

② 黎敬德编，王星贤点校：《朱子语类》第七册，北京：中华书局，1988 年，第2637 页。

传神得很,充满了辩证法。它要帮助统治阶级统治。靠什么? 能靠文化? 靠作诗与文章吗?"①言下之意,靠的是军事战争,当然,"没有秀才也不行,秀才读书多,见识广,可以出谋划策,帮助取天下,治理国家,历代的明君都离不开秀才啊!"②这就很好地体现了毛泽东对军事、文化的地位与关系的独特的深刻认识。

《明史》的历任编修篡改万斯同的《明史稿》也是独语。虽然万斯同才是《明史》的真正作者,历任编修基于当时政治环境、传统观念对史稿多次修改,既是万斯同无力改变的,也是读者不得不面对和接受的事实。《明史》因此也成了一部留待后世解读的作品。

甚至种种野史也是编纂者们的独语。野史多数是缺乏事实依据的传言、谣言,但清末刘鹗认为野史者有补正史之缺的作用。由三秦出版社出版的《中华野史》一书包含了武则天秘史、赵太后隐事等吸引眼球的内容,讲述了武则天荒淫无耻的奇闻等事件。野史在补充历史细节、满足了普通人对历史好奇心的同时,也用自己的特有描述表明了一种姿态,一种或者无视正史好恶或者迎合读者趣味的姿态。事实上,包括《史记》等作品在内的正统史书,也常常因细节的真实与否遭到质疑。《史记·淮阴侯列传》中对韩信意图造反时举动的描述向来为读者所热议,其真实性遭到质疑。在这一意义上,野史的确与正史有相通之处,即它们都是读者品评的对象,却难以实际参与到其创作过程中去。

汤因比把历史学家的研究、演绎称作是"在响应神的召唤中,发现他有职责去'体会神',从而去'找到神'"③,也说明了这一点。历史是按照

---

① 韶山毛泽东同志纪念馆编:《毛泽东遗物事典》,北京:红旗出版社,1996 年,第 390 页。
② 同上。
③ 汤因比著,曹未风等译:《历史研究》下册,上海:上海人民出版社,1964 年,第 424 页。

历史学家的思路来演绎的。历史虽然在这一过程中会有外界的影响，但是历史学家们在面对这些因素时的顺从或者抗拒已经表明了自己的态度，也就是说，其选择本身就构成了他们独语的内容和方式。司马迁在当时的政治压力下，在《高祖本纪》的开始把刘邦出生后的所谓神迹写出来，把韩信是否叛变写得扑朔迷离。毫无疑问，这是司马迁与外界环境互相作用的结果——结果这个词表明了在司马迁的写作过程中不管有无对话，最终，司马迁和汉王朝官方的声音合二为一，成为一个通过司马迁的笔端展示出来的声音。历史作品中，这一过程消失不见了，只有结果存在，读者只有通过仔细审读才能发现蛛丝马迹。而粗暴干涉历史作品独语的后果，就会使该历史作品失去应有的可信度。日军入侵南京后，曾犯下累累罪行，却至今极力否认。日本教科书对南京大屠杀乃至侵华战争的描述中，掺杂了大量的政治干扰或者民族感情干扰，已然失真。这时候，历史的独语遭到粗暴干涉，失去了原本的历史意味。

同样，传记作品，包括他传与自传，都会存在对话的成分，却一定首先是传记作者的独语。读者也许可以通过对文本的解读发现不同力量的角力，但他们读到的文本是传记作者在综合衡量各种力量之后妥协或者坚持不妥协的结果。

而在口述历史的具体制作中，对话的过程展现在读者面前。

对话可以存在于多个层面：事的层面（比如第一章涉及的现在与过去的对话）、人的层面、事与人的层面、人与环境的层面。巴赫金所说的对话则代表草根阶层的民间文化对占有话语权的阶层的一种反抗机制。

口述历史中，事与人彼此依赖，参与者之间的关系也不能离开他们对事实的了解程度。通过上一章的论述，可知，现在与过去的对话，不能涵盖更不能替代采访者与讲述者的关系。采述双方的对话受制于多种条件,呈现出多种态势。在进入两者的对话之前,首先来看传记中的对话关系。

传记中的情况要比历史作品复杂很多,但也基本以独语为主。秉笔直书、尊重事实真相的传记是一种独语。当然,这类作品的数量不多。多数的传记作品能够做到多数细节真实或者大致情节真实就已经非常难得,至于在所有细节、情节上都真实,还是比较罕见的。其中固然因为传记作者不可避免地会有自己的理解加入其中,同时,资料搜集工作也有重大困难。所以,诸如《毛泽东年谱》这类资料性为主的边缘传记作品可以在一定程度上保证真实,而一些争议性的传记就比较难保证真实度了。但总有一种坚信自己所述为真的信念支撑着传记作者的创作。吴宓在《吴宓自编年谱》中非常自然地向讲述自己与骡有关的一部分性心理:

> 此时宓抚摩骡之臀骨,心殊爱之。骡用力,以其紧硬直尾骨与肌掩覆肛门。宓用左手握骡尾之中段,向上掣起,得窥见骡之阴部,自肛门下至尿孔,阴毛盛长,谛观甚详。①

他还写下了六十多首以骡为主题的诗歌,但多数都在 1959 年焚毁不存。吴宓把观察骡子当作性启蒙的重要一部分,这不得不说是一个大胆的尝试。他未曾充分考虑读者的感受,恣意直言,其率真令人敬佩。事实上,五四时期的许多作家包括郁达夫、郭沫若都写过热烈、充满激情的自述性文字,这与那个时代知识分子高度膨胀的自我有密切关系。

韩愈的谀墓文是一种独语。韩愈是中国古代非常优秀的作家,在诗

---

① 吴宓著,吴学昭整理:《吴宓自编年谱:1894—1925》,北京:三联书店,1995 年,第 80 页。

歌、散文等领域建树很高,同时也有着令人敬佩的政治勇气,但他也写下了为数甚多的谀墓文。清初思想家顾炎武曾不无惋惜地表示,如果韩愈只写下《原道》《张中丞后传序》这些文章而不去写谀墓之文,其历史地位堪称泰山北斗。顾炎武的态度固然无法改变韩愈的写作,后世的众说纷纭也难以损害其历史地位,而且今人也对此有着基于同情的理解:"私心揣度,像谀墓的文字昌黎不能不写一样,送往韩府的润格也必不容推辞,因为在求评者眼里,那白花花的银子其实就是一条套人脖子的绳索,他们既已盯上了你韩愈,不真正套住你的脖子,是难以放心,也决不罢休的。世情如此,何容昌黎清高!"①彼时的韩愈也许有苦衷也许只是为了钱财,对此后人也只能推测。最终,他的谀墓文成了他展示其内心世界的一种具体行为,虽然人们无法确知其内心世界的本真面貌。

《遥远的落日》对传主的理解同样是一种独语。面对已有的林林总总但又彼此大同小异的野口英世传记,渡边淳一在浓厚兴趣的引导下,用了十年时间整理材料,把野口英世塑造成了不同于以往传记中接近完美的偶像的人:勤奋但是贪财、不义、好色,成绩卓著但存在重大缺陷,远没有传说中那么孝顺。渡边淳一的动机是刻画一位真实的传主,但同时也是他理解中的传主。野口英世在很大程度上应该是渡边淳一笔下的形象,而不是以往那位偶像,但普通读者乃至野口英世本人无法参与到其形象的塑造过程中。这可以说是大多数他传作品的普遍现象。不论是否受到外部世界压力,传记作者所描绘的传主一定符合其(可以接受的)理解的传主,而较少出现作者难以自主的情形。

少数传记作者迫于强大的政治压力,不得不修改自己的文字,所留下

---

① 庄锡华:《从韩愈谀墓说起》,《中华读书报》,2000 年 11 月 15 日。

的作品自然缺乏应有的可信度。这不应该是传记写作的正常状态。一旦传记中作者的独语遭到干扰，其行文或者作者的人格必然出现不应有的偏差。

传记作者普遍以材料真实基础上的人格真实为写作的出发点和归宿，这需要传记作者对已有材料加以整理、运用。此过程足以体现作者在处理外界影响时的态度与内在精神，尤其是人格。

传记作者收集传主材料，然后按照自己的理解写作。史家独自在那里思忖历史人物/传主的心迹，而历史人物/传主是不在场、没有实际声音的。传记，必然是依照传记作者对传主的理解完成的，可以看作是传记作者的独语。那么，传记创作中有无对话存在？此处以自传写作来考察。

自传作者在创作时也会考虑到诸多因素。外因是影响自传最终形态的重要因素，只是由于自传一向被看作是作者思想的表达，致使这些外因被忽略了。或者说，在自传作者与他成长中遇到的诸多困难进行斗争并完成人格塑造的过程中，我们看到的是他的行动，而忽略了他行动背后的导致这些行动发生的原因。古罗马奥古斯丁的《忏悔录》是以与上帝对话的方式写成，卢梭的《忏悔录》也有对话的成分。在《忏悔录》中卢梭的自我暴露达到了世人难以接受的程度，但是我们不得不看到，"在《忏悔录》中卢梭从自我揭露到自我辩护转入到自我歌颂"。①《忏悔录》与其说是"忏悔"，毋宁说是"辩护"。卢梭受到了世人的攻击后，他选择以《忏悔录》来反击：驳斥不实之词，并以此说明自己比敌人更加真诚。内容上的确是独语，却不是自说自话，而更像是法庭上的被告的长篇陈述。卢梭寄希望于一个拥有仲裁权的法官来聆听他的辩护词，《忏悔录》整个就是以

---

① 杨正润：《传记文学史纲》，南京：江苏教育出版社，1994 年，第 294 页。

与这法官对话的方式写成的。可见,自传中存在对话是正常现象。

美国作家格特鲁德·斯泰因(Gertrude Stein)的《艾丽斯·托克拉斯自传》(*The Autobiography of Alice B. Toklas*,1933)是她以朋友艾丽斯为主角写作自己的传记。在这样一部带有实验性的自传中,艾丽斯"观察,然后根据所看到的去写。她看到一些非凡的人物进入斯泰因的巴黎住所,尽管是从她的视角——当然这是完全从属性的……格特鲁德建构了一个文本,在这个文本里她用他者的眼睛来观察自己;或者不如说……她创造了一个场景,在这场景里,她只是以自己能够做到的方式来活动——在他者的注视下"。① 卢梭的《忏悔录》告诉我们在自传作者的创作动机中有外部因素的影子,斯泰因的例子则表明在自传的写作中,他人也一直在发挥着作用——自传作者正是以他者作为参照来描述自己的。批评家阿德里亚纳·卡瓦莱罗(Adriana Cavarero)使用"必需的他者(necessary other)"②来描述斯坦因在写作时对他者的倚重,我们不妨借用"必需的他者"这个词来指代自传的第一个读者,也就是写作进行时的作者想象中的读者,与自传作者一样发出声音的人(another narratable self)。自传的写作是一直以与这个读者对话的方式进行,作者要揣度这个读者对他的原有理解、可能的误解和他自己的应对方式。刘易斯·莱昂斯在把一般写作与自传对比的时候,认为"写作不是对话而是独语,至少没有一个真实的人不时在作者面前出现,用面部表情或语言表达来暗示他、怂恿他……而自传作者不得不一直在讲,单单通过他所说的话来操纵听众的注意力。为此他必须想象出一个听众,去回应他的问题和需求,最后写作不

① Adriana Cavarero, translated by Paul A. Kottman, *Relating Narratives: Storytelling and Selfhood*, London & New York: Routledge, 2000, p.82

② Ibid, Translator's Introduction, p.12.

再是独语,变成了与作家头脑中他者的对话"。① 自传离不开参与对话的"必需的他者"等外部因素,否则自传就无法完成写作。《自传契约》中强调指出了包括出版商、读者在内的多种与自传作者对话的因素。

这个"必需的他者"有时候会以真实的人或团体的面貌出现,但一般地,人们还是把自传看作是自传作者独立完成的。原因就是,这些因素同样以各种形式成为自传作者人格构成的一部分。对自传中对话的考察不可避免地转向了对自传中他者的研究。北京大学赵白生从叙事真实的角度来分析,②试图从自传事实、传记事实和历史事实的复杂关系中探讨自传作者与他者的对话:人与时代的关系,人与他人的关系。赵白生在其专著《传记文学理论》中也如此分析自传真实。他说:"自传作家的主要任务就是呈现两种关系:一、我与别人的关系;二、我与时代的关系。在呈现这两种关系的过程中,他不断地揭示自我。"③换言之,自传中存在着自传作者与时代、他人的对话。可以说这种分析带有经验的成分,理论深度不足,明显地只关注作者所受的显在影响,忽视了自传文学系统的其他因素,也忽视了自传作者自身的复杂情况。另一位学者王成军则区分了"自在之我""叙述之我""他者之我"这样三个自传主体的层面。④ 他主要借鉴、使用了菲利浦·勒热讷的"自传契约"理论以及罗兰·巴特等人的观点,与叙事学的传承关系相当明显,但缺少对自传作者与他者如何互动的阐述。

---

① Robert B. Lyons, *Autobiography*: *A Reader for Writers*, New York: Oxford University Press, 1984, p. 84.

② 赵白生:《自传就是他传吗?——论自传叙述中事实的三要素》,《国外文学》2001 年第 4 期。

③ 赵白生:《传记文学理论》,北京:北京大学出版社,2002 年,第 35 页。

④ 王成军:《自在·叙述·他者》,《国外文学》2006 年第 4 期。

　　菲利浦·勒热讷在《自传契约》中写道:"作者不仅是一个人,而且是一个写作的人和出版的人,他跨于文本外和文本之间,是联系二者的桥梁。作者既是一个承担社会责任的真人,同时也是某一话语的生成者。"①他对传记真实的论断显示了真知灼见②,但从作者、叙述者和人物的关系特别是同一程度上进行的分析,则存在着固定化、模式化的缺憾。比如,他认为卢梭的《忏悔录》中,作者卢梭就是作品中的人物卢梭。③这种结构主义的静态分析对我们认识自传作者的多重身份有帮助,但是无法解释作者卢梭与作品人物卢梭何以同一。菲利浦·勒热讷的自传契约理论并不能解释自传中复杂的对话关系。后来他的观点发生过转变。在《自传的契约》一书的后记中,他提到在 1980 年代他有了新观点,认为自传是"寻找迂回的途径来说不可承受之事"④或者可承受之事。这一研究仍然不能改变他过于注重读者和阅读角度的缺陷,由此带来的问题就是不能真正尊重作者。

　　首先是不能合理解释自传作者主体形成和发展的过程及动因。在《自传的契约》中,自传作者是一个已经确定的形象。菲利浦·勒热讷关心的是,这个已经确定的自传作者如何与读者订立契约,并且从叙事学的角度来分析不同自传作者与读者的各种契约有何不同。自传作者根据契约,"小心谨慎地"通过各种途径向读者讲述自己的经历。在这个过程中当然存在对话,参与对话的有自传作者(此时他既是写作的人又是出版的人)、读者,他们之间的对话、互动也是值得探索的,也是菲利浦·勒热讷

---

　　① 《自传契约》,第 214 页。

　　② 杨正润:《自传死亡了吗?——关于英美学术界的一场论争》,《当代外国文学》2001 年第 4 期,第 131 页。

　　③ 《自传契约》,第 226 页。

　　④ 同上,第 302 页。

语焉不详的。他研究的一个重要角度就是自传作者与读者之间契约的形式。这种形式从何而来呢？菲利浦·勒热讷说，他更看重的是，"那些取决于热拉尔·热奈特所称作'副文本'的因素，如出版者的名字、丛书、前言、采访……"①这些"副文本"因素固然是契约的重要形式，但契约双方的互动关系只有在文本中才能得到充分的体现。而自传作者与读者订立契约之前是否发生了博弈，博弈双方依据何种规则，势力如何此消彼长，这些问题也是他没有解决的。同时，类型化、模式化的研究在面对纷繁复杂的自传作品时常有力不从心之感。如果仅仅依据自传契约理论，就很容易引申出"自传即他传""自传即小说"这些极端说法。

同时歌德所说的"除了精力、气力和意志外，还有什么可以叫作我们自己的呢"的问题，也是每一个自传作者向自己提出的问题。回到卢梭和《忏悔录》，卢梭所寄希望的法官不仅是现实的读者，还包括了那些诋毁他的人，以及他自己。对话在自传作者开始写作之前即已产生，而且第一个与作者对话的正是他本人。尼采说，欧里庇得斯的戏剧有两个观众，一个是他自己（作为思想家而不是作为诗人的欧里庇得斯），另一个则是有着巨大理解力的苏格拉底。② 对欧里庇得斯而言，苏格拉底就是理性，而理性认识的根本对象总是人自身。古希腊的"认识你自己"是这样，蒙田的《随想录》更主要是对自我的认识。在考察自传事实、自传作者与外部世界的关系时，必须要时刻记得，自传首先是关于自我的。自传作者的着眼点是如何使自己的独特人格和经历能够与外部因素达成协合，"内倾、

---

① 《自传契约》，第 296 页。
② 尼采著，周国平译：《悲剧的诞生》，北京：三联书店，1986 年，第 47—56 页。

私密的自我"与"公开的自我"①之间如何达成一致。自传作者宣布,我是独一无二的一个,然后去考虑如何让外界认可这个我。这也决定了自传作者在与外界的关系中是处于主动的。存在于自身的异己力量或者表现为非理性的因素,更多的时候则是理性不能把握的所有力量。弗洛伊德从人的精神活动中发现了无意识,并从理性的角度加以分析。更多的前人则无法做到此点,他们或者归之为某种神秘力量。理性与这种神秘力量的对话也是自我认知、自我解释的一部分:恰如尼采对"日神精神""酒神精神"的划分以及对两者关系的论证。也就是说,自传创作中,除了作者与周围环境的对话,还有他的理性对自己的考察。只有把这两者都考虑进去,才能完成对自传中对话的理解。当然,最后在形式上,它们会统一体现为自传作者的独语。而口述历史具有自传的部分特征,恰好可以为这种理解提供新的佐证,同时对考察其传记特征特别是事件之外的因素,也有较大的价值。

第二节　口述历史中的对话

　　口述历史的合作在形式上主要存在于对话中,必须有对话,也就是说,采访者与讲述者的合作虽然涉及彼此的事先准备,但是合作过程有彼此主张的过程,合作、妥协都只能在对话中发生。这一点较容易理解。比

---

① Edited by Jane Desmond, *Meaning in Motion: New Cultural Studies of Dance*, Durham and London: Duke University Press, 1997, p. 85.

如,一般情况下,访谈要按照采访者的设计、引导展开。但有时候,讲述者会偏离话题,讲起另外的事,甚至会形成一段完整的故事。① 在这种情况下,就需要采访者与其协商解决。其次,口述历史的文本必须来自讲述者的讲述。采访者即使在一些事实、见解的掌握上要超出讲述者,但他必须尊重讲述者的讲述,他(经过讲述者同意)的修正必须限于事实正误、话题转化的层面,而不能变成观念的指导,即绝不能出现李文达帮助溥仪润色"思想改造"的过程,也不能出现暗示讲述者某些态度的情况。他可以稍稍跨越日常意义上隐私的界限,向讲述者提出问题,但必须保证讲述者能够予以配合、敬重和积极参与。②

口述历史中的修改必须尊重讲述者的意愿。后期修改是采述双方都有权参与的③。即使讲述者是目不识丁的人,从录音整理而来的文字也要得到讲述者认可——南京大屠杀幸存者口述历史项目最终形成文字都经过了讲述者签字或者盖手印确认。由于讲述者是根据记忆来讲述的,可能会出现多种问题。比如《文强口述自传》是一部公认的存在许多细节失实问题的作品,由于采访者不能完全听懂讲述者的方言,且访谈后未能纠正这些错误之处。这是采访者的失职。一个真正负责的采访者不是这样的。他应该在基于追求史实的情况下,尽可能地更正讲述者因记忆、情感、见识等因素带来的失真。这里,不应该出现包斯威尔对约翰逊那样从人格到谈话的绝对遵从,也不应出现古代帝王起居注性质的完全实录的情况。

---

① *Recording Oral History*, p. 300.

② George Newman Fuller, Lewis Beeson, *Michigan History*, Michigan: Michigan Department of State, 1979, p. 33.

③ Willa K. Baum, *Oral History for the Local Historical Society* (Third Edition), Nashville: American Association for State and Local History, 1987, p. 51.

口述历史中存在着鲜活的由采述双方进行的对话,不仅比自传创作中多出了一个实际存在的参与者,而且不能把自传中自传作者与周围环境的对话、自传作者的理智与自身异己力量的对话混为一谈。口述历史的对话,有其自己的特征: 建立在口述对话的基础上,由两个彼此地位并不固定的人/组织来进行。这一点带来了巨大的影响,以至于其对话严重不同于一般传记。不论自传作者的非理性部分如何参与到其创作中,最终能够形成文字就说明他在理性与非理性之间达成了一种妥协,最后主要是理性来承担。像尼采的《瞧,这个人》是用诗的语言写成的,而且他本人明确反对理性,但《瞧,这个人》依然是理性战胜非理性的结果。

他传创作当然也有对话存在。他传作者也要考虑其自身与外部的关系。"传记本质上依赖于传记家对传主的人格和行为的反应的敏感,依赖于传记家同传主的关系,依赖于传记家的眼光和他显示自己眼光时的技巧"[1],在这一过程中,传主本人无法参与其中。他传、自传的对话包括了作者与外界的对话,但更主要的是其自我的对话。这种对话一般而言是深刻的。它是建立在对人格、身份的考察、理解、判断之上。尽管不同时期的传记所刻画的重点并不一致,有的阶段着重判断传主的性格,有的阶段刻意表现传记作者的人格[2],但一部完工的传记必然会刻画一个传主的形象,一个能够自圆其说的传主形象——他可以是每个生活细节都暴露出来的鲁迅,也可以是《世说新语》中仅留下寥寥数语的形象;也可以是后来者苦苦追寻线索、为之重塑金身的苏格拉底。看完一部传记,读者

---

[1] 戴维·诺瓦尔:《传记理论 1880—1970》,第 150 页,转引自《传记文学史纲》,第 16 页。

[2] William Allison Shimer, *The American Scholar*, United Chapters of Phi Beta Kappa, 1995, p. 470.

最直接的印象必定来自传主的形象。① 而人是最复杂的动物。认识一个人乃是最困难的事情。传记从事的正是最困难的工作,一个负责任的传记作者的写作必然是痛苦的。不论是自传还是他传,对传主身份的认知都是最重要的。

在口述历史对话中,身份的重要性变化了。采述双方的对话要服务于口述历史访史的目的,确认身份不仅不再重要,而且不再如传记那么困难。口述历史在发起的时候,一般就解决了采访者和讲述者的身份确证问题。少数复杂情况如傅光明发起老舍之死的口述历史中,几个人都宣称自己是见证者。在事实未搞清楚之前,读者无法判断他们之中哪个是真正的见证者,但他们都是讲述者。这部分地是由于傅光明事先的准备工作不够充分造成的,同时,也说明口述历史并不必然保证口述的真实性。如果傅氏只采访了第一个讲述者,而第二、三个讲述者未能进入该访谈,那么毫无疑问,第一个讲述者的身份就是"老舍之死的见证者"。讲述者的尴尬正在于此,他们的身份不再那么重要或者已经被采访者预先设定。

采访者与讲述者的对话关系与外界因素对传记作者的影响之区别是一个比较复杂的问题。口述历史在对话的形式上发生了一个重要的转变,那就是采访者以事实上的存在进入了对话,他不再是自传作者所设想的读者。这也使得口述历史与自传的对话存在很大的不同。对话的层次发生了变化,对话的内容也发生了转移,对话的结果因此也不同。

采访者与讲述者的对话,不同于自传作者与其潜在读者的对话。自

---

① 有一部海明威传的标题就是"作为形象工程的传记"。Mark P. Ott, *Biography as Image Management: The Case of Ernest Hemingway*, Wyoming：University of Wyoming,1993.

传作者的理性与非理性、自我意识与自我中"他者"的对话,在口述历史中也不再重要。现实的访谈环境,是即时的也是功利的,目的很明确。对采访者而言,就是寻找资料;对讲述者而言,就是陈述事实。二者彼此合作。访谈不再允许采访者、讲述者从容思考构建自我形象,实现自我内部的深层次对话,采述双方的主体性均受到压抑。因此,口述历史中的对话,不侧重于精神层面,而是停留在物理的层面,即采述双方共同参与了口述访谈,共同为口述访谈的面貌负责,因而共同分享著作权。

　　不论外界因素如何强大,最终传记作者都要在与这外界因素的斗争中体现出自己的立场。作者应该是传记对话的唯一主宰,因此,他与周围环境的对话最终要通过他展示出来,他自身的理性与非理性力量的对话最终也要通过理性获得表达。一句话,传记的对话,是以传记作者为主体展开的,而他的"客观性和他的同情心是可以统一的"。① 口述历史的对话与之有较大区别。口述历史中实际参与到对话中的有采访者也有讲述者。两个之中哪个是主体? 这个需要根据具体情况分析,因为不同的讲述者带来了不同的采述关系。而且,口述历史的对话中,身份确认这一层面不再是对话的核心内容。在口述历史的开始之前,采访者的身份已经确定了,或者是历史学家或者是讲述者的秘书、亲属或者是一般的口述历史从业者如学生;讲述者的身份也已经确定了,是某事件的经历者。当然在具体的访谈过程中,双方在身份的真假、程度等问题上存在变化的余地,但已经无须像卢梭的"我是一个公民"那样刻意指出、论证自己的身份。结果就是,参与者的客观性与参与者个人的情感倾向等个人特征不再统一,而是有可能彼此分离,尤其是在以普通人或者无生命物体为话题

---

　　① 《传记文学史纲》,第 18 页。

的口述访谈中。

对话还有一个层面，就是启发的意义。一次文学创作或者批评实践，不仅对读者产生作用，使读者获得阅读感受或者引导，同时对创作者对批评家也具有一定的作用。一部优秀的文学作品会对读者产生多方面的作用，这是不证自明的。对作家而言，创作更是一次自我的升华。[①] 撇开文学技巧方面的进步不说，作者在创作的时候，会在生活经验、人际关系乃至人生价值等多方面作出思考。文学批评大致应该产生相近的功用。一个优秀的文学批评家，应该在他的史料功夫、卓越见解与其人格魅力、现实生活之间搭建一道或隐或显的线索。一次成功的文学批评，会相应地提高批评家在某一领域的能力。这种观点移植到传记创作中是可以的。吴宓在自编年谱的时候会对自己的行为有所反思，对自己的历史地位有所估价；雷锋在写作日记的时候，更加认识到毛主席著作对他的意义，更加认识到"为人民服务"才是他实现理想的途径。而他传作者一般会产生对传主的尊崇之心，产生对崇高品德的向往，有可能获得心灵上的平静。比如，司马迁式的"不平则鸣"在《史记》写作过程中也会获得释放，对那个遭受委屈的司马迁也是一种解脱。

这一过程基本不会发生在口述历史的操作中。由于其功利目的，采述双方要或主动或被动地把精力放在对事实的区分上，无暇去关注对方的人格，也很少能真正深入人物的内心世界，甚至有时候都难以把握到对方的举动。比如，唐德刚为李宗仁作口述历史的后期，李宗仁已经准备好回到中国大陆，唐德刚经常与之见面，竟然没有察觉。据唐氏后来回忆，

---

① 弗洛伊德的"性力升华说"与此有差别，但也指出了创作作为一个升华过程对于作家是存在的。

李宗仁当时的举动透露出了一些苗头,唐氏当时并未加以注意。[①] 考虑到当时的具体情况,李宗仁返回中国大陆,言行间的保密是不难理解的。但唐德刚并未注意,却说明了即使两人合作良久,完成了口述历史,两人之间仍然有很大的距离感。因此如果说,在这段口述访谈进行的数年中,唐德刚对李宗仁有着全面的了解,则是不正确的。没有对其言行的全面描绘,没有对人物的精准把握,没有对其内心世界的深入了解,采访者又如何可能通过对讲述者人格的了解来完成自我升华呢?而且讲述者在这个阶段,也很难实现自我升华。讲述者按照要求,讲述史料,这个过程中可能会有也应当会有对自己生平(某阶段)的总结,但其深刻性与自传写作不可同日而语。更重要的是,无论是采访者还是讲述者,不仅其个人的身份确认所占篇幅很少;以《与鬼子玩命:抗战将士"口述历史"》为例,该作品分为任务、事件、附录三部分,其中第二、三部分由于以事件为中心,讲述者和采访者的个人声音比较模糊,读者难以通过阅读发现其独特声音。《昆仑关大捷》部分中,讲述者回忆如下:

> 日军的阵地是在石壁上凿出的长约一米的一个方洞,相隔约二十米,连着五个,一个洞有一个拿步枪的兵,很难打。光是为了收拾这五个人,就花了一个小时。山崖下面就是日军的重机关枪阵地,山上还有一个。敢死队员怎么冲都冲不上去。要是有一个人能冲上去就可以把这个阵地拿下,但一个人也没能冲上去。天亮的时候,我们发现下面没了动静——敢死队员已全部牺牲。团长得知后打电话叫我们和其他两个营都撤了回

---

① 唐德刚,《撰写李宗仁回忆录的沧桑》(十一),载《李宗仁回忆录》下册。

来。回来时得知第二营牺牲了近两百人，损失惨重，一路上都是伤兵。我想去看看情况，团长说太惨了，小孩子不要看。①

在这段叙述中，讲述者的人格是缺失的。不是说他没有形象及人格，而是说他没有机会展示自己的形象与人格。这段讲述从细节丰富了抗日战争残酷的一面，但是，参与此事件的人在重要性方面要逊色于事件本身——原因在于，口述历史需要的不是人格，而是事件（事实）。

而在以"人物"命名的第一部分中，有如下一段讲述：

"戴师长的话声刚落，我就听到机枪声，但我还没意识到是师长中弹，后来听到有人喊师长中弹了，我脑子嗡地一声，立即跑到师长身边。我当时离师长不足 20 米。师长胸部和腹部各中一弹。当时药很少，仅有的一点药也因为下大雨潮湿，不起什么作用，后来就牺牲了。"说到这里，李润怀早已泪流满面。记者分不清老人这满脸的泪是习惯性流的，还是伤心流的。不过他的哽咽声还是很明显。②

这一段文字显得有些不自然。最后对李涟怀的眼泪的描述，看起来有些不合逻辑。前文从未提到这位老人习惯性流泪的事情。明明是哽咽着伤心的泪水，却支吾其言。可见口述史的采访者很在意讲述者的身份，最后他还提到这位老人在四九年后一直在政府从事市政工作，退休后享

---

① 《与鬼子玩命：抗战将士"口述历史"》，第 196 页。
② 同上，第 65 页。

受副科级待遇——这对于一位抗战期间的少校连长来说，可能不是很高的荣誉。讲述者的身份在一定程度上改变了采访者的文字，但没有改变口述史重视事实、不重视人的特点：李润怀老人有什么特殊之处？这依然是读者在阅读后无法解决的问题：在文中，他除了是一位参与抗战的国民党军官之外，别无特点可言。

讲述者在很大程度上无法享有传记传主与周围环境斗争时展示自我人格的机会。那么采访者呢？前文早已论述过，采访者代表了外界势力，他可能会体现出传记传主与周围环境相抗争时的特征吗？但通过上述例证来看，该口述史的采访者梅世雄并未做到这一点，相反，他体现或者顺从了既有的主流观念。即使面对真情流露的李润怀老人，他依然要写下"记者分不清老人这满脸的泪是习惯性流的，还是伤心流的"的话语。而且因为由普通人做讲述者的口述史中的采访者多数是强势的，他们在一定的观念或者课题指引下发起口述史，其强势地位也使得他们经常失去与周遭环境相对抗的意识。即使他们遇到了讲述者的不配合，他们也会认为这是工作需要改进之处，而不认为是自我人格需要提升或者完善的契机。

即便是显赫人物为讲述者的口述史中，胡适、李宗仁、文强也都难以给读者留下自己个性方面的印象。这与一般传记区别非常明显。在口述史中，胡适把自己看作是无私中最重要之人，文强刻意美化自己，这些偏离事实的事件或者是美化自己或者是屈从于外界压力，这与自传作者与周围环境的对话有类似之处。但是需要注意的是，不论是胡适还是文强，他们都不挑战外界对他们的既有认识。他们通过自己的讲述来再一次加深人们对他们的判断，至多略作强调或者调整。他们深知自己进入口述史的原因，正是他们身上所贴的那些标签：五四领袖、国民党中将及毛泽东近亲。他们没有跨越人们对他们的已有认知,这使得他们区分于自传作者。后者虽然没有完全把自己置于读者或者社会环境的对立面,但他们面对周遭环境经常采取不合作的方式,经常是因为自己的远见卓识(这使得有机会成为自传作者的精英们区分于其对立面的一般民众),有时是为了制造话题来提升作品销量。但不管何种情况,认同一般民众的观念,不是自传作者的典型心态。读者在阅读自传作品时,常常为他们的大胆或者精彩所折服;但在阅读口述史时较少产生类似感情,部分原因就在于自传突出了人物,而口述史充实了事实。

传记(他传、自传)讲述的是人的生平,重点在人,人的精彩之处,这是传记发起的缘由。而口述史作为边缘传记,其讲述重心在事件,这是采访者与讲述者进入口述史的初衷。

由于对话的功利性、即时性,也由于他者的在场,不仅讲述者很难实现真正的自我反思和对话,采访者也难以在口述访谈的对话过程中实现人格的升华。

当然,有些讲述者在被事先告知主题、预先做好准备的情况下,是有反思的。张学良、李宗仁对采访者侃侃而谈,所谈的都是其业已形成的观念,在具体访谈中不会有新的发挥。面对面的访谈也使它存在着不同于传记那种深层次对话的面貌,在内容上有着巨大的调整。调整包括了以下几种情况:

首先是自我美化。传记经常会对传主有所美化,这是人所共知的,也是不正确的。而事实上,美化自我的现象,在口述历史中出现得比较多,却不易被察觉。《口述历史》辑刊在第一辑选登的《文强口述自传》中有文强自述投考黄埔军校的经过。据他说,同船的有毛泽民、毛泽东,并且

对毛泽东进行了颇为不恭敬的描述。① 根据考证,这件事属于子虚乌
有。② 这不是记忆的差错,而是故意为之。文强捏造这件事的动机与李
宗仁大肆抨击蒋介石的动机是相同的,都是美化自我。由于讲述者对自
我经历的描述具有相当的权威性,尽管采访者应该采取各种措施去核实,
但很多时候,由于采访者的专业能力、视野、见解有限,这些描述就进入了
口述历史。由于口述历史一向是以真实的"历史"面貌出现的,一般读者
对此类失真情况则没有心理准备。

　　口述历史一般不会提到令人尴尬的事。③ 《舒芜口述自传》放弃了对
"告密信"的细致讲述,《北京口述历史丛书:并不遥远的记忆》在从容与
真诚中的讲述也没有负面信息,这大大不同于传记特别是自传。卢梭在
《忏悔录》曾经披露了自渎、撒谎、偷窃等惊世骇俗的不道德行为。渡边
淳一在《遥远的落日》中讲述了传主如何花天酒地、想方设法借钱、借钱
不还、利用他人等道德缺陷,也提到了传主事业上的缺陷。

　　自传和他传提到类似的尴尬事,固然不是必需的,却也不罕见。颇具
演绎色彩的《五柳先生传》篇幅短小,仅有一百多字:

　　　　先生不知何许人也,亦不详其姓字,宅边有五柳树,因以为
　　　号焉。闲静少言,不慕荣利。好读书,不求甚解;每有会意,便欣
　　　然忘食。性嗜酒,家贫不能常得。亲旧知其如此,或置酒而招
　　　之;造饮辄尽,期在必醉。既醉而退,曾不吝情去留。环堵萧然,
　　　不蔽风日;短褐穿结,箪瓢屡空,晏如也。常著文章自娱,颇示己

---

① 《口述历史》第一辑,第64—69页。
② 《口述历史的理论与实务——来自海峡两岸的探讨》,第64—69页。
③ *Handbook of Oral History*, p. 145.

志。忘怀得失,以此自终。

　　赞曰：黔娄之妻有言："不戚戚于贫贱,不汲汲于富贵。"其言兹若人之俦乎? 衔觞赋诗,以乐其志。元怀氏之民欤? 葛天氏之民欤?

　　在这篇看似通达的文字中,陶渊明为自己嗜酒行为的辩护,也表露了些许不安与愧疚自责。部分作品如杨绛的《我们仨》固然有孤高自许的嫌疑,却依旧保留了惋惜、自辩的成分。自传,经常不是纯净的或者简单的,相反,它可能是复杂深沉甚至是晦涩、耐人寻味的。它的创作一定是繁复思考的结果。口述史则简洁明快,缺乏深度。

　　许多边缘形式的自传,基于各种原因讲述自己的不足,而且很多自传也会提到自己的缺点。克服人生中遇到的困难,是传主成长的过程。但口述历史会几乎不讲述这类事情。《胡适口述自传》通篇以胡适对中国新文化运动的贡献展开。李宗仁讲到了几件令他后悔的事情,其中一件是,在败逃时,他遇到士兵侵犯良家女子,试图加以阻止,却迫于对方的武力不得不退却。作品讲出这件事,不仅没有破坏李宗仁的形象,反而使其形象更加伟岸：严于治军,道德高尚。口述历史把注意力放在了当下,放在了讲述者为人(特殊是采访者)所认可的特征上：黑人妇女、卫生事业的从业者、"911"幸存者等。他们均较少讲述自己的缺陷。

　　口述历史较少提到童年,基本不进行心理分析。弗洛伊德在《创作家与白日梦》中说："强调作家生活中对幼年时的回忆——这种强调看来也许会使人感到迷惑——最终是由这样一种假设引出来的：一篇作品就像一场白日梦一样,是幼年时曾做过的游戏的继续,也是它的替代物。"①童年对文学创作,尤其是传记创作具有特别重要的意义。弗洛伊德的精神分析学说出现以后,通过对传主幼年心理创伤的症候式分析来理解传主后来的行为,是比较常见的思路。不涉及童年,或者对童年一笔带过,也就意味着放弃了心理分析。由专家学者发起的以普通人为讲述者的口述历史,基本不涉及童年。《李宗仁回忆录》也比较典型。李宗仁有机会全面讲述自己的生平,却对童年语焉不详,把重点放在了自己的参军、从政等大事上。口述历史的核心事件只会是讲述者为采访者和广大读者所关注的事件。② 在目前可见的口述史中,几乎没有对讲述者童年的自传式或者他传式描述,因此也就失去了让读者了解讲述者的最佳契机之一。国内少数以重要军政领导为讲述者或者讲述对象的口述史中提及童年,也都是一笔带过。部分以童龄人为讲述者的口述作品,虽然在谈论童年,但因为其重心不在分析人格,故仍然缺少对童年与人格间关联的分析。

无论是严谨的学术界还是普通的常识都主张这一看法,而口述历史对童年生活的回避,就等于放弃了对个人成长过程的分析。事实正是,口述历史基本不关注讲述者的人格长成。读过社区史、建筑史、军史等口述历史的人自然无从得知这些讲述者的人格,更谈不上人格的长成;即便是以显赫人物为讲述者的《李宗仁回忆录》,其读者同样很难做出对李宗仁人格的判断,也无法获知这样一个李宗仁是在何种教育、家庭、社会环境下形成的。这不能不说是口述史作品的先天缺陷。

---

① 《创作家与白日梦》,载《西方文艺理论名著选编》下册,第9页。
② 采用口述材料进行学术研究,是存在的。弗洛伊德的精神分析就大量应用了来自口头讲述的资料。但对材料的应用已经不属于口述历史的范畴,只有收集、整理材料才是口述历史。可参见 Robert Atkinson, "The Life Story Interview," see *Handbook of Interview Research*, pp. 121-140。

没有心理分析,也就不会存在对人格、对心灵的拷问,也就没有深层次的对话。中国古代大量的官修传记就是明显的例子。当职位代替了人格,履历表式的传记宣示的就只能是权势和对权势的崇拜,而没有对人格魅力的尊重。没有了深层次对话,口述历史即显示出其文体的最大缺陷:由追求过度真实导致的对人物的不尊重。这不是说,口述历史的讲述者压根不受重视,相反他们很受重视,"采述双方彼此重视更是访谈顺利进行的前提"。① 只是讲述者受重视的原因是其者多特征中被采访者重视的那一个,而不是其人格特征。

口述历史不是独语,但也不是深层次的对话。而传记尤其是自传写作中的对话是深层次的,主要建立其作者自我反思基础上。传记写作过程中的对话最终都要落实到传记作者的自我之中,以至于常常被误认为是独语的形式。口述历史对话的结果就是,史学家们享有了对历史著作的署名权,传记作者享有对传记作品的署名权,那些历史参与者、传主及其他影响传记作者的人士都无法联署。这种情况在口述历史中有了改变:口述历史是采访者与讲述者共同完成、一起署名的。

对话,就是拒绝独语,拒绝独享。在口述历史中,采访者与讲述者都不是唯一的权威,他们共享著作权。

共享著作权(shared authority)的概念是由美国布法罗大学历史系教授米歇尔·弗里希(Michael H. Frisch)提出的,这是在考察采访者、讲述者的合作方面最有影响的理论。"共享著作权"的意思就是"参与采访的

---

① Mark Williams, "Oral History and Television History," see (edited by) Mary Beth Haralovich, Lauren Rabinovitz, *Television*, *History*, *and American Culture: Feminist Critical Essays*, Durham: North Coralina: Duke University Press, 1997, p. 47.

双方都要对它的创造负责,共享权威"。① 讲述者的贡献自不必说,而采访者事先提供给讲述者的背景知识、他所提出的问题、他对讲述者回答内容的解读都影响到讲述者的讲述,而诸如性别、阶层、年龄及采述双方的关系更进一步影响到口述访谈的面貌。②

　　口述历史不是书斋中的产品。弗里希的"共享著作权"在广义上可以指代策划、生产、阅读和研究各环节对它的影响。如何对仅有六十年的口述历史展开行之有效的研究,存在着较大争议。一方面,新的领域为学者们提供了新舞台,他们把注意力集中到新方法和新的公共关系上,但是忽略了新方法、新领域及新的关系本身的合法性和内在价值,仍旧试图把口述历史纳入到原有的理论体系中;另一方面,新的公共历史形式不可能被旧的研究全部涵盖,社区史、人民音像、劳工剧院以及口述历史的其他方面都具有广阔的前景,而这些在被学术权威忽略。③ 面对此窘境,弗里希认为"共享著作权"是一个比较好的考察途径。对学术权威来说,要做的就是"尊敬、理解、激发和参与由读者带……来的千真万确的权威"。④弗里希此处把共享著作权/权威扩大到学者与读者对口述历史进行解读的层面,是积极的尝试。学术权威与读者带来的权威,这是共享权威也就是共享著作权的另一种表达,要对它进行考察,还要回到采述双方。

　　这一概念描述了两者共同为口述历史的形成做出贡献的事实。共

---

① 　Donald A. Ritchie, *Doing Oral History: A Practical Guide*, New York: Oxford University Press US, 2003, p. 29.

② 　Thomas Soderqvist, *The Historiography of Contemporary Science and Technology*, Amsterdam: Hardwood Academic Publishers, 1997, p. 56.

③ 　Michael H. Frisch, *A Shared Authority: Essays on the Craft and Meaning of Oral and Public History*, Albany: State University of New York Press, 1990, Introduction, p. 21.

④ 　Ibid, p. 22.

享,是对单一著作权的挑战与否定。在解构甚嚣尘上的二十世纪中后期,质疑作者的权威并不罕见。德里达通过对逻各斯中心主义的批判,质疑了结构主义的观点,指出不该存在一种(由作者主导的)中心;罗兰·巴特的论断"作者死了"惊世骇俗,所取消的正是作者的权威;读者反应批评则把研究重心倾斜到读者身上。这些理论都试图分享作者权威,但口述史中的共享著作权并不具有如此深刻的理论深度。

采述双方的关系不同于一般传记作者与传主的关系。首先是,与传统的传记写作不同,与一般的文学创作也不同,口述历史的任何一方都无法拥有绝对的权威。这是由其访谈性质决定的。采访者必须借助讲述者来获得信息;讲述者离开了采访者又无法传达信息。缺少任何一方,口述历史都不复存在,双方是互相依存的关系。采访者可能是一个历史学家也可能是一专业领域的研究者或者新闻记者,但他有的只是见解或者周边材料,不通过讲述者,他不可能获得真实细节。讲述者同样离不开采访者。风烛残年的舒芜已经没有精力来写作自传,他要留下自己的生平,就只能口述,由他人整理;南京大屠杀的很多幸存者文化水平不高,没有办法记录自己的见闻,也必须借助采访者来完成;社区史的讲述者只是就采访者设定的某一问题作回答,很少自行发起口述历史。可见,从客观条件限制来看,采述双方来到口述历史中,就已经承认了自己无法拥有独立完整著作权的事实。

他传讲述传主的生平,依照的主要是传记作者的思路;自传作者讲述故事,依照的主要是自己的思路。作者搜集材料,运用材料,完成对传主的理解和形象设计并最终形成文字。作者对作品拥有着被公认的权威(著作权),尽管这种权威会受到外界因素的影响,并且在理论爆炸的二十世纪中后期受到过挑战和质疑。

口述历史的情况则与之不同。讲述者在进入口述访谈之前已经具备了一定的特征,并且这些特征与采访者的采访意图相一致。比如南京大屠杀的幸存者的一个特征就是幸存者,这与发起南京大屠杀口述访谈的采访者的意图是一致的。但仅仅如此是不够的。

口述历史对事实的执着追求不同于一般传记。传记作品固然建立在传主的事迹基础之上,但这些事迹最终都转化为了传主的人物形象。一个人首先是某某事件的参与者,这是他身上的标签,也是使得他进入传记创作的重要原因。然后,传主的人格保证了传记的光辉。单单事迹的罗列并不能成为好的传记,中国历朝历代留下的无数官方传记作品味同嚼蜡的一个原因就是,它们经常是履历表般去罗列个人经历,读者无法从中看到鲜活的人。这些作品难以成为成功的传记,但它们可以告诉读者,事迹与人格之间没有必然的因果关系。事件必然到引出对人物的判断,但这种判断未必正确,正所谓"周公恐惧流言日,王莽谦恭未篡时"。对传主人格的评价,不仅要依赖完整的材料,也依赖于具有相当深度的思考,否则就会出现把周公目为奸人、把王莽视作忠臣的乌龙现象。仅仅有事实,对一部传记作品来说,是远远不够的。而且,传记对材料的真实与否的依赖程度并没有绝对化,很多传记本身就在改造材料或者选择材料。可见材料并不是传记优劣的决定性因素。传记要作出对传主的人格判断,而传主的人格影响到传记的成败。前文曾经提到在渡边淳一的《遥远的落日》之前,几乎所有的野口英世的传记都是把他塑造成高高在上的偶像,而且被普遍接受——至此,一部传记的任务也就完成了,不论优秀或者低劣。

自传创作中的情况略有不同,但对身份的追问始终是关键性问题。而要解决人物形象、身份、人格等问题,对话就必须在较深层次上展开。

外界对传主的影响在其思考中当然有所体现，甚至参与到对话中来。比如，《茅盾日记》，这并不是一本特别有趣的自传作品。其内容是记录长期担任高级领导职务的茅盾在其官方身份下的行动以及吃喝拉撒等日常琐事。日记中的人格呈现主要通过他对当时文化及社会现象的认知展开。比如茅盾认为苏联电影"惊险、幻想，还有少些黄色肉感成分三者之杂拌儿。盖自苏共二十大以后，苏联电影不出两类，一为修正主义服务的，大抵宣传战争恐怖，如《雁南飞》《一个士兵的遭遇》等，一即脱离现实，脱离今日之阶级斗争而以惊险、三角恋爱、幻想等庸俗内容取媚于对政治厌倦但图官能刺激之堕落的青年"。① 按，《雁南飞》《一个士兵的遭遇》均是 1950 年代苏联战争题材电影中最优秀的作品。前者艺术手法高超，获得戛纳电影节金棕榈奖；后者今译《一个人的遭遇》，其对战争中个体命运的考察，发人深省。茅盾对它们横加批判，明显符合了当时的官方口径。在日记中，他一般不臧否人物，仅仅偶尔流露出少许个人感情。如针对罗稷南提出的当时对京剧、梅兰芳评价太高的问题，茅盾在日记中说："罗论甚正，但彼不知，举办此事者，有大力者作后台，故非可以口舌争也。辗转思维，良多感慨，戏成一绝以记之：知人论世谈何易，底事铺张做道场。艺术果能为政治，万家枵腹看梅郎。"② 在这里，茅盾隐晦地谈及了梅兰芳死后大受推崇的"后台"，更指出了"艺术"和"政治"不能混淆，表明他对当时文艺政策和价值标准有一定的不满。

　　传记作者表达意见时，不可避免地受到社会主流见解的影响，受到其现实身份的影响。在传记作品中，传记作者与外部世界的沟通和对话，最

---

① 茅盾：《日记一集》，《茅盾全集》第三十九卷，北京：人民文学出版社，2001 年，第 433 页。
② 同上，第 347 页。

终会转化成其人格展示的途径。自传作家卢梭、萨德、茅盾、吴宓展示了自我，他传作者渡边淳一、司马迁同样也展示了自我认知及对传主的认知。因此，传记作者拥有着对作品的独立权威，拥有著作权。虽然外部世界施加影响于传记作者，但不同的传记作者会根据自己的人格和能力来协调，即该调整最终会留下传记作者的独有特征。这也是在相近的情况下，不同的作者可以写出大相径庭的传记作品的重要原因。

在口述历史中，对话不再具有这种深度，对话的过程不再依赖参与者的人格魅力，结果也不再指向人格，而只是追逐事实的途径。当然，有许多作品强调了口述历史是一种深度访谈（in-depth interview）[1]，认为它兼具广度和深度。口述历史相对于传统史学的广度，是比较容易理解的。至于深度一说，则指的是细节丰实[2]，而非内容深刻或者深入灵魂。由于采访者与讲述者的关系不同于传记作者与传主，新的人物加入，也产生了新的关系。像南京大屠杀幸存者中的孤巢老人晚年寂寞，他们把谈话作为一种排解孤独的对话机会，但这是不为采访者认可的。口述历史不是拉家常，也不是心理咨询，它是历史学家等人开展的寻求事实的实践活动。采访者会及时提醒讲述者，要求他们按照访谈提纲进行讲述。采访者只想知道在何时何地，侵华日军采用了何种手段杀害了哪些中国人。因日军侵犯而留下的生理和心理伤疤，对幸存者个体而言，影响非常大。很多幸存者因为这些伤疤遭人白眼、郁郁寡欢、生活不幸——但在采访者那里，这些都无足轻重，或者最多把它视为口述历史的副产品。[3]

---

① *The Practice of Qualitative Research*, p. 152.

② *The Oral History Manual*, p. 3.

③ 2005 年，一位南京大屠杀幸存者因病去世，有教授为她遭受的不公正待遇表达不平："很多人有个误解，等到需要幸存者的时候，就把他们请出来说几句话，平时就很少关心他们。其实对于自己的往事，幸存者有权利说，也有权利不说，他们是人，而不是工具。"（《现代快报》，2005 年 9 月 27 日）

　　以唐德刚做的《胡适口述自传》为例来看。尽管唐德刚在《胡适口述自传》的注释部分对胡适进行了一些点评,认为胡适在某些资料、观点上有问题,而且这些注释都成为理解胡适的重要材料,但这些注释都是后来添加的,与口述历史的正文是互相关照又可以独立分解的。比如,针对胡适在口述中提到的"我也碰到过几位了不起的摩门教学人和学生。我对他们的印象也是极其深刻的。同时也改变了我以前我像一般人所共有的对摩门教派很肤浅的误解"①,唐德刚专门在注释中对摩门教派的狂热迷信作了说明,而且写道:"胡适之先生那一辈子的革新志士,口口声声要打倒孔家店;他们不知道西方的那家店,更应该打倒!"②唐氏的这段注释比较有代表性。胡适说,他基于与几位摩门教徒亲身交流,得出了对摩门教的新认识。而唐德刚在注释中所介绍的却恰恰是普通人对摩门教的肤浅认识,这对读者正确认识摩门教很有帮助,但这不是唐德刚的所有意图。唐氏一向认定胡适对西方过度尊重,缺乏应有的批判能力,因此,他此时特地点出:"他们不知道西方的那家店,更应该打倒!"唐氏把摩门教视为狂热迷信的看法,与美国一般民众相同,正确与否暂且不提,可是,这种见识不正是胡适所说的他改变的"一般人所共有的对摩门教派很肤浅的误解"吗?可以说,唐氏的这段注释恰恰违背了胡适的本意。问题正在这里:胡适的本意并不重要,唐氏的注释是唐氏对美国文化、对胡适的理解。唐德刚对胡适崇拜西方文化以及"盛名之下,自我限制"③等现象有着较清醒的认识,因此,他在注释中多次提到此事。可见,唐德刚对胡适的人格、历史功绩均有独立的看法,这与他"吾爱吾师,吾更爱真理"的主

①　《胡适口述自传》,第 30 页。
②　同上,第 45 页。
③　同上,第 46 页。

张是一致的。

值得注意的是,所有这些看法都没有反映在口述自传的正文中。这与《胡适口述自传》的特殊操作规程有关系。根据唐德刚的描述,这部自述"从头到尾原是他老人家说给我一个人听的。他那时想象中的'将来读者',则是美国大学里治汉学的研究生"。① 考虑到特殊读者的水平,唐氏从章目结构、材料取舍等方面做了安排。后来,唐氏又一根据英文版录音等材料整理而成该口述自传。这些注释与胡适的口述相映成趣,不可分割,都是研究胡适的重要材料。但值得注意的是,它们并不是口述历史的应有内容。胡适口述的动机不是启发性的,而是总结性的:他面向美国学生,介绍自己的学术观点。按照唐德刚的说法,就是"它的内容根本没有什么新鲜的材料"。② 事实也是如此,胡适在口述中讲述了自己的求学和学术,都是为人接受、认可的他的过往观点,没有突破。唐德刚与他在这些问题上没有进行深层次的对话,因为这不是口述历史的初衷。对于这些广为接受的观点,胡适没有办法展开卢梭式的自传对话,他更像一个大学讲坛上的教师,在宣读自己的观点,因此,胡适不能获得自传作者的权威③;唐德刚没有办法进行他传作者式的对话,因为胡适所讲述的观点,基本上没有唐德刚的贡献,同样,唐德刚也就无法获得他传作者的权威(著作权)。

没有深层次对话是过度重视事实的结果。由于胡适只需要向那些特定的读者展示自己(在美期间)的学习和学术,但因此也带来了新的问

① 唐德刚:《写在书前的译后感》,载《胡适口述自传》,第6页。
② 同上,第1页。
③ 唐德刚在《撰写李宗仁回忆录的沧桑》(十三)中谈及该书的版权问题时,把自己称作是真正的撰稿人。

题,那就是：谁对口述历史的著作权负责？上文提到在《胡适口述自传》访谈的形成过程中,有几个因素在起作用：特定的读者群(有一定汉学基础的研究生)；唐德刚据此作出的访谈提纲；胡适的讲述。其中,唐德刚是比较关键的一个因素。他依据读者群的特点制定的访谈提纲决定了口述访谈的深度和风格。这是采访者参与口述历史的一个重要方式,这也是采访者参与分享著作权的一个重要方式。在李宗仁的口述历史中,唐德刚也发挥了相似的作用。他也是为李宗仁划定讲述范围,并经常根据具体情况加以修改,大致程序是："第一,我把他一生的经历,大致分为若干期。他同意之后,我又把各期之内,分成若干章。他又同意了,我乃把各章之内分成若干节,和节内若干小段。"①然后由李宗仁根据这些安排分章节讲述。据唐德刚说,他还曾经根据打算"按时新的史学方法,提出若干专题,来加以'社会科学'的处理；希望在李氏的回忆录里,把中国近代史上的一些问题,提出点新的社会科学的答案来——这也是当时哥大同仁比较有兴趣的部分。"②但由于李宗仁的并不能提供对这些问题的看法,多是提供一些故事,即便发出议论,也是个人见解,最终唐德刚只能放弃自己的这部分打算。可见,采访者在很大程度上决定了口述历史的面貌。

　　胡适在这个过程里发挥什么样的作用？是不是就是一个广播员、政治辅导员似的照本宣科？虽然他会根据对象是本科生、硕士生、博士生来改变自己的讲述内容——这是他能动性的体现——但他不能离开对象的特点,不能如自传作者那般自由发挥。李宗仁所讲述的东西,很多都被唐

---

　　①　唐德刚在《撰写李宗仁回忆录的沧桑》(十三)中谈及该书的版权问题时,把自己称作是真正的撰稿人,载《李宗仁回忆录》,第794页。

　　②　同上。

德刚删除了,没有体现在口述历史中。

　　唐德刚还对胡适、李宗仁的讲述内容作了调整,其中就包括文字上的删减。但有一点,对于胡适、李宗仁对自我的基本评价、论调,唐德刚是不会参与其中的。唐德刚不同意胡适对美国人、美国宗教、治学方法等的看法,他也把这些观点写在了注释中,但是他没有在口述谈话的过程中表述出来。因为他不能参与讲述者见解的形成过程,也不能指导、引导讲述者的见解转到自己的思路上。有些时候,采访者会询问一些问题:"为什么会发生这类事? 那个时候是怎么看待的? 现在又如何看待?"①然后,讲述者对此作答,仍然是按照采访者的思路,而且这种问题及回答也不会具备传记创作的深度。同时,采访者与编辑有着巨大的区别。采访者不只是负责文字,他要发起口述历史的对话,规定口述历史的框架,引导讲述者去按照提纲讲述。特别是当采访者是专家、讲述者是普通人物时,尤其如此。他的作用超过了传记作者。传记作者对传主形象的塑造拥有着相当的决定权:"传记作者是生平的第二作者,或者说是编辑。"②而口述历史中的采访者则是与讲述者接近平行的作者。

　　《胡适口述自传》《李宗仁回忆录》是典型的以显赫人物为讲述者的口述历史,在其中,讲述者多具有多层面的特点。显赫人物的多样经历、见解都较一般人要精彩得多,但最能体现其人格特征的却未必能进入口述历史。胡适是一个什么样的人?《胡适口述自传》没有给出直接的解答,读者在阅读作品后可知道胡适是在中国新文化运动中、学术研究上有卓越贡献的人。至于他的人格、情感,则都没有得到体现。《李宗仁回忆

----

　　① *The Oral History Manual*, p. 68.

　　② Jay Martin, *The Education of John Dewey: A Biography*, New York：Columbia University Press, 2002, p. 3.

录》中，读者更是看到一个具备了放之四海而皆准的正直、爱国等品质的
高级领导。而根据唐德刚在《撰写李宗仁回忆录的沧桑》中的描述，做口
述历史时的李宗仁是一个颇为直爽、粗放的人。而通过李宗仁巧妙地隐
藏了自己回到中国大陆的计划和行动来看，李宗仁又是一个很细致的人。
试想，一个单单直爽、粗犷的人又如何与"小诸葛"白崇禧相守数十年，又
如何在中国现代史上风云起伏数十载？可见，口述历史不仅一般不会给
出对讲述者的人格判断，而且即使从口述过程得出了对讲述者性格方面
的断语，这种判断也难以保证是准确的。这主要是由口述历史追逐事实
的动机决定。既然人物性格不是其目的，只有事实才是主要的，那么，把
影响事实表达的因素删除，也就删除了可能会反映讲述者性格的部分。

　　前文提到，口述历史中的胡适是正派、成绩卓著的学者，李宗仁是一
个爱国的、为人正直的人，那么，这种情况又该如何解释呢？这是讲述者
主动性的体现。讲述者不会完全屈服于采访者的访谈提纲，这是可以理
解的。尽管最后他的某些谈话可能会被删减，人物形象可能会被淡化，但
他只要讲述出来，人物形象也必定会体现出来。李宗仁、胡适如是，吴国
桢也如是，定宜庄笔下的满族妇女等人也是正面的角色。也就是说，在采
访者决定采访的时候，他就首先确定了这样的原则：这个讲述者的话应
该是可信的、有价值的。这样一来，讲述者必然不会是反面角色，同时又
没有太多展示自己品性的机会，即使他努力去做，最终在口述历史中，他
一般也只能成为被认为是说真话的谈话者，一般应是具备了正直等正面
品德的人。这本是口述历史追求史实的目的所带来的必然结果。何况，
采述双方要实现见面、访谈、做口述历史，两者之间至少是互相认同、互不

敌视的态度。采访者也被要求对讲述者的讲述采取中立、客观的立场。①
因此就不难解释,为何在口述历史中,极少见到品质恶劣的人。

在采述双方的共同努力下,口述历史得以呈现出来。讲述者的不同
对口述历史的内容影响很大。如果讲述者是显赫人物,那么,其口述往往
以自传、回忆录等单行本发布,内容也大多是军政文教大事。在以普通人
物为讲述者的口述历史中,其讲述的内容有时候不是主要的历史事件,而
是琐碎的生活细节、人际关系,即便讲述的是大的历史事件,每一个人所
讲述的也只能是碎片式的,这反映了人们历史观的转变。历史不再是由
军政大员、文化要人等所掌握的军事、政治、上层文化所组成的,而是与人
们日常生活息息相关的,包括了亲友、经济、社区、普通的人生经历。这也
取决于学界、读者的观点。口述历史最初面世的时候,它只是关注国家最
高领导及其幕僚,后来才扩展到民间,扩展到社会生活各个领域,成为各
学科搜集材料的重要途径。这本身就是学术变化的结果。司马迁曾经使
用过口述寻访史学的方法,但那时候一方面并不具备大规模访史的条件,
同时,也不具备对民间人物、普通百姓的重视和关怀,尤其是不能认识到
普通人的生活、军政之外的生活也是历史的重要组成这一点,因此口述历
史来到当代,不仅是工具的替换,更是观念的转变。这种认为人们参与到
历史中的看法,也会反映在口述历史中。那就是,历史不是胡适创造的,
不是李宗仁创造的,而是每一个人都参与其中的。历史学家也认识到,在
新的时代,他们也以自己的笔参与了历史的创造,他们也应该参与分享口
述历史的著作权。

当两个人或者更多人来分享著作权的时候,人物形象就不再可能保

---

① *Doing Oral History*, p. 28.

持完整,特别是不可能如传记作品中那种由传记作者精心刻画的人格鲜明的人物。传记和口述历史面向的对象不同,其读者关注点也不同。《胡适口述自传》中基本没有谈到胡适在美国的情感经历;《李宗仁回忆录》也没有涉及李宗仁的个人形象;南京大屠杀幸存者甲与幸存者乙的名字被遮盖后,人们很难通过其口述联想到其本人。能体现人格特征的因素被采访者剔除后,留下的是采访者与讲述者共同负责的事实。

　　共享著作权的另外一层含义是,参与者与周围环境的关系。如果说,《自传契约》中过分强调了外界因素对自传写作影响的话,那么这种外在因素对口述历史的影响则是毫无疑问的。从设计的开始到具体的操作,都显示着外界因素的影响。以《李宗仁回忆录》为例,唐德刚等人为其做口述历史时,恰好是内战结束不久,不论是普通民众还是学界都视之为焦点。但时过境迁,到了 1960 年代,李宗仁所讲述的故事已经成为不再能带来巨大收益的历史了。于是出现了唐德刚无法为《李宗仁回忆录》找到合适出版商的问题。① 这只是市场因素影响例证之一。很少有一种文体能够像口述历史这般依赖市场、读者。传记作品也具有一定的时效性、功利性,但没有如此巨大。

　　从参与者说起,采访者是学术兴趣、民众关注焦点或者其他利益集团的代言人,他之所以发起口述历史,都是由这些特殊动机或者组织决定的。传记作者经常是单独的作家,而采访者多数都隶属于某一机构、受雇于某一团体。而讲述者在采访者类似动机之下进入口述历史,本身就不是自主的,同时其讲述也受到多种外部因素的影响。口述历史"共享著作权"的特点把人们的目光引向了口述双方的直接关系。

---

　　①　参见《撰写李宗仁回忆录的沧桑》(十四)之《千呼万唤的英文版》。

第三节　口述与关系

　　采述双方的关系是因为对话带来的另一个问题。采访者与讲述者的身份、地位、见解、追求都是有差异的,而这些都决定了两者在对话中的关系,但对话并不是局限在这种关系上。

　　"采述双方的关系对口述历史的面貌有决定性的作用。"①二者的关系并不总是固定不变的,也"没有固定模式可言,相反,它是复杂的、多变的"。② 一般情况下,采访者是访谈的发起者、讲述者的遴选者,他规定了采访的提纲思路,还要随时调整讲述者的谈话,访谈结束后要对访谈内容从文字风格到细节进行调整,分享了口述历史的著作权。特别是当讲述者是普通群众时,讲述者讲述的原话甚至可能会被采访者替换掉;采访者会把讲述者的讲述当作是资料来源,对讲述者个人并没有足够的重视。从对谈话的掌控角度看,讲述者在谈话中的地位则是次要的,而采访者要居于优势。但当讲述者从地位上远远超过采访者时,情况又有不同。

　　同时,讲述者在材料所有者的层面上居于优势。采访者需要从讲述者那里获得部分信息。采访者即使对讲述者要讲述的内容的背景或者某些侧面有较深的了解,但有些材料只有讲述者才知晓。讲述者是某些事件的唯一经历者,也是唯一可靠的资料来源。即使对于人数众多的社区

---

① *Recording Oral History: A Practical Guide for Social Scientists*, p. 117.
② *Women's Oral History*, p. 79.

史而言,其讲述可能彼此大同小异,但在某时某地,能够亲眼见证某次具体事件的只有一个人。当讲述者是显赫人物时,讲述者的唯一性就更加明显。

但具体到每一个口述访谈,双方强弱对比的不同,要取决于动机、地位、见解等多种因素。比如,如果是专家学者作为采访者、普通民众作为讲述者,那么普通民众就处于明显的弱势。此时的口述历史一般是采访者某个具体研究项目的资料收集工作,采访者的思路具有决定性的作用,首先,它决定了哪些人可以被选为讲述者;其次,它决定了采访者的讲述必须围绕采访者划定的话题展开;再次,它决定了采访者对口述材料拥有很大的"编辑"权力——不仅仅有细节的订正,而且经常是大段文字的芟夷。在最终的作品中,通常一个采访者会依次面对很多个讲述者。

而采述双方的身份也是影响彼此孰强孰弱的重要因素。首先是采访者。采访者可以是某一领域的专家学者,比如,唐德刚是专研美国史和中国近现代史的历史学家,溥仪遗孀的口述历史则是由溥仪研究专家王庆祥负责的,《爱德华时代的人》的主持者汤普逊是英国社会学家。有些时候采访者是非专业人士,他们可以是普通学生,比如南京大屠杀幸存者的口述很多就是由历史系学生操作的,美国很多社区史是由感兴趣的学生操作的;也可以是新闻记者,比如张学良的第一次口述历史是由日本NHK电视台记者负责的。不同的讲述者的知识储备、访谈能力、人际交往的素养、施加的影响力是不一样的。这就需要与讲述者联系起来,讲述者也是复杂的群体,既有显赫人物也有普通人,他们同样在知识、见解以及其他素养方面参差不齐。不同的采访者与不同的讲述者搭配,其关系可能出现几种情况,所谓"口述历史著作在两极之间摇摆:一极是绝对的人民化,史学家消失不见,人民发出声音;另一极则认为史学家/作者的权威身份得以延续，他们仍然对被采访人的讲述有着解释权"。①

　　一种情况是，专家学者对显赫人物。两者彼此都有能力占据主导，但在实际情况中则很复杂。本文以唐德刚参与的《胡适口述自传》《顾维钧回忆录》《李宗仁回忆录》为例进行分析。首先，唐德刚与他们存在朋友关系，这一点很重要。两人能够坐下来谈，谈得也很顺利，这就要求双方彼此能够接受。顾维钧的口述历史先后有五人参与采访，他最满意的是唐德刚。因为顾氏从政时间太长，对早期的事件记忆已经模糊，而唐德刚"是学历史的，凡涉及的历史事件"，"就想方设法将有关的资料查找出来，加以补充和核对"。② 这同样是基于对采访者专业能力认可的接受。而唐德刚对三位接受访谈的人也有相当的感情。他对胡适是"吾爱吾师"；他重视李宗仁，认为："匹夫一身系天下安危。我们读历史的人，岂能小视李宗仁这位'末代帝王'的个人故事！所以我们要治'民国史'，则对李宗仁其人其事就必须有一番正确的认识。但是要认识李宗仁，他本人的回忆录自然是最直接的原始材料。"③这是基于对讲述者个人历史功绩的尊重，唐德刚对顾维钧也是如此。讲述者在历史功绩上值得敬重，同时，唐德刚也逐渐产生了对他们人格的敬重。比如，他在与李宗仁的交往中认为李宗仁夫妇"言谈举止，均极其平凡而自然，没有丝毫官僚气氛，或是一般政客那种搔首弄姿的态度"，在其后的交往中更认定李宗仁是"一位长者，一位忠厚老实的前辈"④，由互相欣赏最后竟成为忘年之交、通家之好。这是采访者对讲述者的接受。

---

① Ronald J. Grele, "History and the Language of History in the Oral History Interview: Who Answers Whose Question and Why?," see *The Oral History Reader*, 1998, p. 1.
② 唐德刚口述，王书君整理：《顾维钧回忆录的撰写秘史》，见《史学与文学》，第 86 页。
③ 《撰写李宗仁回忆录的沧桑》，见《李宗仁回忆录》，第 778 页。
④ 同上，第 788—789 页。

当然，能够互相接受，只是开始，只是基本条件。具体到每一个讲述者，唐德刚与他们的个人关系又呈现出不同的情况。在《顾维钧回忆录》操作过程中，顾维钧本人即博闻强识，唐德刚虽然也做了很多材料工作，但基本上是辅助的角色。用唐德刚自己的话说："他口述，我执笔，并查阅了相当多的资料，这三十七大箱的资料都查了，三十七箱之外的资料我也查了不少。"①由于唐德刚只是中途接手，后期又转手给他人去做顾维钧口述历史，而且顾维钧当时仍然是海牙国际法庭大法官，每年只在纽约家中待三个月，因此访谈并不连贯。唐德刚基本是助手的身份。在很多口述历史中，采访者都是秘书、助手的身份。特别是美国早期的一些口述历史中，尽管采访者是历史学者，但由于讲述者是美国总统或者高级官员，其讲述的内容具有独占性，居于优势地位。

在《李宗仁回忆录》中，情况则全然不同。李宗仁从地方军阀起身，成为桂系首领和中华民国军政要员，多次参与国内重大军政大事，特别是在抗日战争期间担任第五战区长官指挥台儿庄战役、在 1949 年担任中华民国"代总统"，均是其人生中最闪光的部分。即使寓居纽约期间，落落寡合，依然是史学家眼中举足轻重的明星人物，因此得以入选美国哥伦比亚大学中国口述历史项目。在唐德刚这位大学教师面前，他难免产生领导人面对秘书的心态，认为口述历史就是他讲，对方笔录而已。但在学术自由的英美学界，外界的身份，特别是政治身份的高下并不能自然地转变成口述访谈中李宗仁对唐德刚的优势。

首先，与顾维钧彼时人生得意不同，李宗仁在参与口述历史的时候，寓居纽约，受到国民党、共产党双重敌视，无人靠近，更兼无法融入西方社

<hr />

① 《顾维钧回忆录的撰写秘史》，见《史学与文学》，第 88 页。

会,生活百无聊赖,因此非常欢迎唐德刚的拜访。这在姿态上就低于唐德刚。而在访谈过程中,唐德刚是历史学家,熟稔中国近现代史,李宗仁则是行伍出身,见解有限,所讲之事又往往与史实不符,需要纠正。李宗仁的见解既不出众也不全面,所讲述的内容又经常是错误的,就难免要被唐德刚采取各种措施来加以引导限制了。唐把李宗仁的生平分为若干阶段,每小段分为若干小节。每次访问时,只认准每一小段小节,"先把客观的、冷冰冰的、毋庸置疑的历史背景讲清楚——这是根据第一手史料来的;无记录的个人'记忆',往往是靠不住的,甚至是相反的——然后再请李先生讲他自己在这段历史事实里所扮演的角色。约二三小时讲完这段故事之后,我便收起皮包和笔记;正式访问,告一结束"。[①] 这种访谈对李宗仁来说是残酷的,他不习惯这种谈话。因此,有了正式访探之后的有其他友人参与的"无记录的谈话",天南地北地聊天。这种聊天是对生性喜爱热闹的李宗仁的补偿——当然这种补偿是南京大屠杀幸存者无法得到的,它只针对讲述者是显赫人物的情况。然后,唐德刚回到家中,按照讲述的内容,结合自己搜寻到的材料,写出初稿,请李宗仁审阅。李宗仁的被动之处在于,他无法保证自己所讲述内容及观点的正确性,这样一来,他的讲述可能全无价值。前文曾经提到,按照唐德刚的设计,李宗仁对某些问题的个人看法也很重要,但由于李的看法经常是不成熟的,最终只能作罢,不再列入口述历史的范围。如此一来,与其操作《顾维钧回忆录》不同,唐德刚对李宗仁占据了优势。

不仅唐德刚要对资料负责,对思路负责,在文字方面也贡献良多。甚至可以说,是他再造了一个李宗仁。因为在访谈过程中,李宗仁事实上是

---

①　《顾维钧回忆录的撰写秘史》,见《史学与文学》,第 794 页。

得到了提高的,至少在对某些史实的了解方面。采访者对讲述者这种"再造"是较为罕见的。一般情况下,讲述者占据了材料,只需要按照采访者的提纲去讲述自己所知道的内容即可,但《李宗仁回忆录》是一个例外。首先,是二者的亲密关系。李唐二人原本就有一定的关系,到美国之前,唐德刚曾经在李宗仁主持的第五战区当兵;后来二人在访谈等交往中更结下相当的友谊。其次,是李宗仁的特殊地位和特殊缺陷。他是中国近现代史上的政治明星,其言论具有极高的价值;李宗仁对某些历史情况又不是非常熟悉。如果讲述者是普通人,采访者是不可能采取种种措施去帮助他重新认识历史的。但对李宗仁,唐德刚通过提供信史等资料以及说服引导等方式来使他回到他所希望的轨道。最后,李宗仁在野的身份使得他"要比'在朝'的人,更为虚心"①,这也是很重要的条件。在这几个条件都具备的情况下,才出现了唐德刚帮助李宗仁改变的情况。

需要指出的是,李宗仁所改变的仅仅是对某些历史事件的错误认识,而不是对历史事件的整体看法甚至是人生观。事实上,李宗仁心中自有其打算,比如,其回到中国大陆即完全是自己的打算,唐德刚完全没有参与其中。

由于知识、见解以及客观条件限制,李宗仁在当代史的见闻上存在误区、盲区是十分正常的。唐德刚曾提到:"笔者访问李宗仁先生前后达七年之久。承他老人家肝胆相照,真是说尽他的一切隐私。有时我就想从他的记忆力发掘一些外界最有兴趣的也是最不易取得的有关国民党特务机关——'中统'和'军统'的史料。孰知他竟一无所知。就连'军统'在

---

① 《撰写李宗仁回忆录的沧桑》,见《李宗仁回忆录》,第 793 页。

南京所开设的'珠江大饭店'这个常识,他也是从《金陵春梦》上看来的。"①这也印证了前文提到的,讲述者存在缺陷的问题。李宗仁的长处不是思考历史问题、讲述历史大事。而唐德刚所需要的恰恰是李宗仁所不擅长的,因而在此口述历史中,李宗仁总体上居于劣势,唐德刚居于优势。这种关系的结果就是,李宗仁的原话与出版后的口述历史的面貌差别较大,其间经过唐德刚多次思路修改、文字修饰。以至于唐德刚在《撰写李宗仁回忆录的沧桑》②一文中多次强调自己的功劳,认为"在本稿撰写过程中,李宗仁先生只是本稿'口述史料'的提供者,他并不是'撰稿人';而真正的撰稿人,却又是哥大的'雇员'"③,意即唐本人。这固然与唐德刚在口述历史版权上的一贯立场一致,但也反映他对该书所作的贡献。

唐德刚曾经把《李宗仁回忆录》的撰写等同于斯诺撰写《毛泽东自述》。《毛泽东自述》乃是斯诺的《西行漫记》之一部分,完全采用毛泽东的口述材料写成的,署名权则属于斯诺。唐德刚据此主张自己对口述历史的著作权。笔者认为这是错误的。关于采述双方共享著作权的问题,前文已经论及,此处不予赘述。斯诺撰写的《毛泽东自述》并不是口述历史,没有采取口述历史的操作方法,只是新闻记者工作的方法。斯诺当时的身份是一个记者,对红军及毛泽东都缺乏足够的理解,并没有能力参与到毛泽东的讲述中去,无法形成口述历史中采述双方共享著作权的关系。毛泽东的讲述由斯诺署名,相当于记者对自己访谈整理后的署名,是特殊

---

①　《撰写李宗仁回忆录的沧桑》,见《李宗仁回忆录》,第 76 页。

②　该文有两种版本,分别见于《李宗仁回忆录》及《史学与文学》。第一个版本多出数个小标题的内容。论文主要引用第一个版本。

③　《撰写李宗仁回忆录的沧桑》,见《李宗仁回忆录》,第 815 页。

时期的特殊情况。唐德刚把《李宗仁回忆录》的著作权问题与斯诺的《毛泽东自述》相提并论,是不公正的,是他为自己主张署名权利时,在正确的方向上多走了一小步。但他在《李宗仁回忆录》上贡献远较《顾维钧回忆录》《胡适口述自传》为大也是事实,在采述双方的关系上,唐德刚不仅居于优势,而且是主导型的。

　　但这毕竟是口述历史,不是一般意义上的传记写作,所以唐德刚还是遵守了口述历史的操作规范。他写作的时候,遵守了三个规则:"那必须是'李宗仁的故事';尽可能保持他口述时桂林官话的原语气,和他对政敌、战友的基本态度;他如有少许文字上的改写,我也尽量保留他那不文不白、古里古怪的朴素问题,以存其真。"①可见,尽管采访者唐德刚从材料上包括对部分事件观点的看法对李宗仁有所改变,但保留了对他最大程度的尊重,绝对不同于《我的前半生》中李文达与溥仪的关系。唐德刚的主导性,归根到底是为了从李宗仁那里获取真实的史料,而不是为了改造李宗仁。这是口述历史《李宗仁回忆录》与特殊自传《我的前半生》的最大区别,即动机上的区别,后者是为了改造人的思想以及展示思想改造的成绩。

　　《胡适口述自传》的情况与以上两种均有所不同。在现实生活中,唐德刚与胡适是亦师亦友的关系。两人有相近的地方:都是在国内受过教育后到美国深造,在美国拿到博士学位;都曾经在哥伦比亚大学工作;都对中国现当代历史和文学有了解。甚至二人在性格上也都略有书卷气、迂腐气,过于理想化。这些都有助于二人形成亲密的关系,有助于口述访谈的顺利进行。具体到访谈的过程中,则既没有唐德刚对顾维钧的辅助

---

① 《撰写李宗仁回忆录的沧桑》,见《李宗仁回忆录》,第794页。

性作用,也没有唐德刚对李宗仁的主导性作用,而是二者形成了平等基础上的互动。胡适是中国现代史上泰斗式的人物,在学术界教育界都有巨大的贡献,其部分观点至今仍然是不刊之词,而他的部分观点引发的论战波及文学界乃至政治领域,影响遍及海内外。胡适的人生经历也较为丰富,多次出任有影响力的职位。唐德刚在人生经历上无法与之相提并论,但在作口述历史时,他已经是哥伦比亚大学的教工,在学术界有一定的造诣,特别是他能够看到胡适在学术上的问题,也看到了胡适作为新文化运动的领袖人物所具有的弱点;而且依据自己的留美经历,他对胡适在一些问题上的看法也有所指摘。

胡适在康奈尔大学留学时,发生了日本强迫中国接受"二十一条"的事件。胡适曾撰写公开信号召大家保持冷静,"严肃、冷静、不惊、不慌的积蓄我们的学业"。[①] 唐德刚对此颇不以为然,他专门撰写了注释加以批驳,认为该公开信"辞义皆差,英文不像英文,意义尤不足取,一个国家如果在像'二十一条要求'那种可耻的紧急情况之下,她底青年学生还能'安心读书',无动于衷,那这国家还有希望吗? 不过胡适之先生是个冷静到好无火气的白面书生。他是不会搞革命的;抛头颅、洒热血是永远没有他的份的,所以他这些话对热血青年是不足为取的"。[②] 再如,唐德刚认为胡适在学术上存在重大缺陷:"'少年得志'。在学术界一辈子都骑在人民头上,睥睨群贤,目空当世;认为在学术上,只有人家学他的。至于他们自己,则是'山东无足问者'了。加以誉满天下,谤亦随之。为着全誉却谤,一辈子抱着自己的思想,不肯分毫让人,因而他们再也不能安静

---

① 《胡适口述自传》,第60页。
② 同上,第79页。

下来,把自己解剖了。七八十岁的所搞的还是二十岁所学的东西,一个人怎么有进步? 这就是所有启蒙大师的悲哀啊!"①

两个例子中,唐德刚对胡适的批评都可谓深刻甚至刻薄。它们都建立在唐德刚的独立思考之上。孰是孰非,只言片语难以解释清楚。而唐德刚不能同意胡适,则是明显的,在口述访谈的当时即是如此。这种采访者对讲述者的批判性立场,很可能导致口述历只的失败。但唐德刚同时又非常敬重胡适,统一起来,就是"吾爱吾师,吾更爱真理"。

这种关系不同于唐德刚与李宗仁的关系。李唐二人虽然同样彼此尊重、需要,唐德刚也知道李宗仁的缺陷,但仅仅局限于口述历史的制作过程中,限于唐所擅长、李不擅长的现代史史料。唐乃一介书生,无法对李宗仁所熟悉的高层政治轻易下断语,作为独立个人的李宗仁也备受唐德刚尊敬。因此,很少发生唐德刚批评李宗仁的情形。

在《胡适口述自传》中,采述双方各有优势。在作口述历史的时候,胡适正在哥伦比亚大学担任教职,并不得意。二人都是哥大教工,加以唐德刚"吾爱吾师,吾更爱真理"的心境,因此原本倾向于胡适的天平变得平衡起来。这种平衡不是平等,而是互动的。首先,唐德刚必须依赖胡适的讲述,这是毫无疑问的。其次,胡适的口述需要按照唐德刚拟定的提纲展开,在访谈中要参考唐德刚的意见。平衡、互动,要有基本的互相尊重,这一点对胡唐二人都没有问题;同时,又要求对对方并不一味地听从,这点在前文也有论及;最重要的是,没有哪一方是绝对主导性的,这就要求采访者主动抑制自己的一些主导性意见,讲述者则要主动顾及采访者的要求、感受,把讲述者看作是重要的环节。唐德刚对胡适在做学问及做人

---

① 《胡适口述自传》,第107页。

方面的意见,都保留在了注释中,没有体现在访谈中,可见,他很大程度上抑制了自己的意见。而据胡适也不是居高临下。举例如下:"最后我说服了他们来出版我们的……德刚,我该怎么说?——[德刚答道:]'整理过的本子。'对了,'有系统的整理出来的本子。'"①这段话在胡适口吻写成的《胡适口述自传》中显得很奇怪。据唐德刚介绍,"整理过的本子"乃是胡适自己的提法,由于胡适口述前准备不充分,一时忘记了,故向唐德刚询问。可知,唐德刚不仅对是口述历史的发起者和引导者,而且在访谈中与讲述者达成了较好的协作关系。

　　唐德刚在注释中声明:"在下作文的目的只是'译胡','注胡',从而'了解胡'。"②这是针对他的注释所言。他的这条声明是有原因的。胡适在访谈中说到其精神导师杜威的言论幽默,唐德刚对此不能同意,却通过胡适的笑容和其他作品,知晓了胡适的本意:"《口述》中那短短的一段,事实上是他对三十年来,几百万言的'批胡'文章中,他认为值得一驳的总答复。"③且不论唐德刚此番理解是否准确正确,也不说此条证明了本论文的"讲述者是社会的人"的观点,能够把握到胡适如此细腻的想法,只能在细致的访谈中实现。胡适要对外界的攻击做一个回复,但胡适的原话语焉不详,需要对其知根知底的人才能获得这种认识。从这个角度讲,唐德刚对胡适的访谈达到了很好的效果。虽然,认识、了解讲述者不是口述历史的动机,但作为副产品,能够达到这种认识和了解,还是说明了二者达成了较好的关系。胡适思路严谨缜密,他的文字基本得以保留原貌。

————————

① 《胡适口述自传》,第 60 页。
② 同上,第 116 页。
③ 同上,第 115 页。

《胡适口述自传》之所以更加成功,在很大程度上要归功于采述双方的协调。甚至可以说,其他的口述历史,尤其是不成功的口述历史,在采述双方的关系上存在着部分缺陷。唐德刚的口述实践对中国大陆的口述历史有着很好的指导意义。他与讲述者的关系也是代表性的。

第二类是专家学者对普通人物。需要指出的是,此处的普通人物包括了所有的显赫人物之外的人,导论中提到的美国出版的多部口述历史,定宜庄的《最后的记忆:十六位旗人妇女的口述历史》《撞不破的关系网》都是以普通人为讲述者的口述历史。这类关系的一般特点是完全建立在采访者的需要的基础上,专家学者占据了绝对的主导地位。同时,这里的专家学者未必都是历史学家,也包括了其他学科包括文学、社会学、新闻学以及跨学科的边缘课题的研究者。他们访谈的目的同样是为了获知事实,但更具体的则是信息,或者说是研究资料。《撞不破的关系网》的具体动机是"了解……这些商人的生活方式尤其是交往的社会圈子,而其中尤为有趣的,是这些商人与内务府大员之间的密切关系"。① 该类采述关系的目的性特别强,因此,讲述者的讲述就几乎完全按照采访者的意图展开。由于采访者是某一领域的专家,可以方便地判断讲述者讲述内容的正误与否,而且在知识、见解包括引导谈话的能力上都超出了一般的讲述者。如果把它与第一类对比会发现,采述双方很难形成朋友的关系。汤普逊与《爱德华时代的人》讲述者之间不是朋友关系,定宜庄与刘汝舟不是朋友,有的采访者甚至对讲述者产生了怀疑。究其缘由,则是采访者追求史实,不甚尊重讲述者个人的感受。采访者完全主导了访谈,讲述者只能回答其问题。采访南京大屠杀幸存者的部分学生只关心与大屠杀相

---

① 《口述历史》,第三辑,第 263 页。

关的问题,定宜庄对刘汝舟的提问基本围绕着自己感兴趣的话题展开。作品的最后,读者一般很难获得对讲述者人格的认识。采访者那里,幸存者只是一位幸存者;定宜庄那里,刘汝舟是一个与北京很多名人有联系的人。除此之外,读者就所知甚少了。表现在文字上,就是讲述者的话语可能会保持着其原貌,但也可能被采访者加以规模不等的修改。

　　第三类是普通采访者对显赫人物。这里的普通参与者指的是专家学者之外的所有口述历史采访者,包括了学生采访者、显赫人物的亲属或者秘书等采访者、新闻记者等。他们对讲述者的生平并没有专门的研究,对讲述者所处的时代和文化背景也所知甚少,尤其是少于讲述者。这类口述历史中的讲述者毫无异议地居于强势地位。采访者也会提供一个采访计划、准备相关资料,但较少帮助讲述者丰富历史知识,也不会询问尴尬问题,更难出现《胡适口述自传》那样采访者对讲述者的历史功绩有不同判断的情形。有时候,采访者甚至未必能做到纠正讲述者常识性的错误、口误,起不到应有的审核作用——本文曾提到《文强口述自传》中存在这种情况。采述双方最后达成的友谊一般是建立在采访者辛勤、诚实劳动基础之上的普通朋友关系,即讲述者感谢采访者;有时会出现忘年交的情况,但不是普遍情形。特别的,由于讲述者大多功成名就又逢老朽之年,借助采访者来完成讲述生平的心愿,因此,自我漂白、自我美化等现象是存在的。迫于采访者的强势地位,这类关系下,采访者不会指出、纠正此类问题,更谈不上对讲述者的文字做主导性的修改,比如用采访者的语言替换之。从目的性的角度看,第三类很难成为优秀的口述历史,但由于讲述者的强势地位在这里得到了最大程度的释放,因此,此类作品中反而最易见到讲述者的人格——尽管这不是口述历史的动机所在。这类口述历史也最接近自传作品。事实上,此类中某些作品在发起时就是自传作品的思路,但由于该显赫人物精力不济或者材料匮乏,需要借助他人之手操作。如萧乾因为年老体衰请傅光明作口述①;浩然也计划续写自传体小说的第四、五部,但因为中风,无法亲自完成写作计划,只好借助口述历史②。这些采访者不是专门研究该人的专家,且身份略低于讲述者,故而被当作普通采访者看待。同时需要指出的是,国内出版的口述历史大多属于此类,国内口述历史学界在谈到口述历史在保存材料方面的重要性时,所指的也基本都是此类。

第四类是普通采访者对普通人物。在国外,由学生发起的社区口述访谈项目也都是此类。这一类在中国大陆比较匮乏,仅有南京大屠杀口述史等少数项目。可以看出,大陆口述历史推广程度不够,对普通民众的重视不够。这类口述史在历史学上有突破性的意义,改变了历史学向来是帝王将相舞台的状况,也是人们认为口述历史具有人民化特点的重要依据。此类口述历史的采述双方难以获得较好的交流。首先,采访者不具备足够的专业知识,尤其是学生采访者在访谈技巧和访谈题材方面都不会很精通;其次,讲述者同样如此。相对于第一类中采述双方的强强联合,此类可看作是以弱对弱,其取得平衡完全建立在双方均难以操纵全局的前提之下。而且随着口述历史的人民化,需要做的采访工作越来越多,口述历史也不再是史学专家的自留地,更多的新闻工作者,甚至略经训练、未经训练的学生也投入了挖掘史料、抢救历史的工作中,他们"由于没有受过正规的培训,在操作中出现很多问题,诸如没有考虑专利权问题,访谈的主题经常偏离,受访者不愿坦诚地讲述。很明显这些问题在专业

①　萧乾口述、傅光明采访整理:《风雨平生:萧乾口述自传》,北京:北京大学出版社,1999年,"自序"。

②　浩然口述,郑实采写:《我的人生:浩然口述历史》,北京:华艺出版社,2000年,第356页。

的口述历史学家身上是很少遇到的"。① 因而此类口述历史少有出彩之处。南京大屠杀幸存者的口述访谈,即是一例:语言平实乏味,采述双方甚至都让位于事实,不能体现自己的特点。社区口述访谈,也大多是围绕社区里的人事展开,事件琐碎,采述双方同样不出彩。在《口述历史导论》中,作者描述了学生应该怎样做口述历史:"要选择一个文化历史的课题,这个课题可以是人们思想观念的变化或者延续,这些思想观念存在于风俗习惯——从艺术创作到街头游戏——之中。少数族裔是很好的资源,因为他们为了适应美国社会经常要作出巨大的变化和调整。"②要求这些学生描绘讲述者的生平、解释他们的人格,那是不可能的,也是没有必要的。

可见,采述双方的关系主要取决于其身份的差异,因此原本是追求冷冰冰事实的口述历史在现实的生活中显示出了复杂的面貌。现实因素的渗入,可能有害于获知真实,却不一定是坏事,因为它为参与者提供了活动的可能。因此,本论文把关注点转移到了采访者、讲述者个人身上。

通过上面的论述可知,口述历史不能完全掩盖参与者的个人特征。二者的相互关系之复杂更彰显出二者的人格、身份。这要感谢唐德刚所作的大量注释带来的信息。如果仅仅是南京大屠杀幸存者的口述访谈那样简单的文字,没有对访谈情况中情况的介绍,读者就不好把握该过程中二者的能动性是如何体现的。

在采述双方复杂的关系下,口述历史呈现出复杂的面貌。单单是文字的风格,就有着巨大的不同。《顾维钧回忆录》中,采访者在文字上的

---

① 《与历史对话:口述史学的理论与实践》,第251页。
② *Oral History: An Introduction for Students*, p.48.

贡献不太明显;《李宗仁回忆录》虽然采访者对文字有较大的改变,但尽量保留着李宗仁的语气和方言;《胡适口述自传》保留了较多的口语性,文字删减较少。到了普通人的口述中,情况又有很大不同。可见,不同的关系对最终文本的影响是巨大的:被删减了讲述原文的必定是居于劣势的讲述者,删减得越多,则表明讲述者越居于劣势——南京大屠杀幸存者即在口述中居于绝对劣势。但这又不是绝对的标准。定宜庄对刘汝舟口述的删减很少,但刘的弱势同样明显。

最后需要指出两点。采述双方发展成朋友关系,不是口述历史的必然要求或者必然结果。口述历史是实际的,它所需要的只是口述能够顺利进行,即使是采述双方彼此怀疑,但只要能够谈出真相,就算达成目的。但采述双方有时会突破这种限制,说明了人的能动性。

口述历史中采述双方的关系与传记写作中的传记作者、传主的关系有很大区别。尽管存在着复杂的情况,但前者的关系基本上不是以人格魅力为基础的,而是以事迹、经历为要点。这也就可以解释为什么与胡适亦师亦友的唐德刚写出的胡适是大学教师形象,李宗仁则近乎没有人物形象,以普通人为讲述者的口述历史中的讲述者的形象又更加淡漠。传记写作中,传主都是事迹、名声初定的人,传记的重点是传主的生平,但归根到底还在于传主的人物形象。因此,传记作者对传主个人人格的看法就举足轻重,一般是崇拜、尊重等情感。一个是对事,一个对人,这一区别带来了两种不同的关系。但正如上面所说,口述历史中采述双方的关系与追求真实的目的性密切相关,却又超出了真实性的层面,超出了事件的层面,来到了人格的层面。

第四节　参与者的形象

通过前文的论述可知,参与者的人格并不是口述历史的目的,但采述双方能动性与社会性最终把人物的人格问题带入其中。正如导论所说,只有把制作的全过程甚至把背景以及看似无关的因素都纳入考察范围,才能对口述历史有较深的把握,人格的话题,就不能单单依靠最后形成的口述历史文本来判断。而只有对采述双方的人格作出分析判断,才是对口述历史彻底深入地考察。单单关注口述访谈事件,就只能停留在历史学研究及资料收集等较浅层面。论文的前几章事实上涉及两者的形象问题,本章将单独对采访者、讲述者做分析,以求能够发现口述历史对他们的影响及他们的反应。

论文将依次分析采访者、讲述者,最终得出对二者的综合考察结论:口述历史不是一个孤立的事件,而是与其所产生的环境有着密切的关系,是这个环境中的一个环节。口述历史无法掩盖参与者的能动性与社会性,采述双方通过各种角度展示了自己的光辉。其中,采访者受限于自己的动机,其人物形象依然不够明显,而讲述者则通过各种途径或多或少地展示了自己的形象。

一　采访者的人格

一般情况下,采访者是口述历史的发起者,也是规则的制定者与执行者。由于"人们(所讲述)的故事并非处于最终的固定形态,需要一个传记作者、人类学家或者口述历史的采访者来加以引导。具有独特人格的采访者与同样具有独特人格的讲述者在访谈中互相合作、互相妥协"①,最终形成口述历史文本。为了达到求真实的目的,采访者采取了包括事先准备材料、引导讲述者按照访谈提纲讲述、访谈结束后审核文字等各种方法,来确保口述历史沿着正确的方向行进。

这就意味着采访者在口述历史中的一言一行都应该服从于、服务于求真的目的。对采访者而言,事实是第一位的元素。但采访者也是社会的人、能动的人、个体的人,追求真实并不能涵盖他的一切。前文提到的他与讲述者的复杂关系的产生,就与采访者的社会性有关。对他的全面考察不能停留在访谈过程中,甚至不能局限在从资料准备开始到文本完成的阶段。

采访者是有局限性的。由于讲述者所知晓的只是部分的真相,采访者即使多方努力,最终获知的必然也是"部分的真相"。②

采访者不是审查官。他"不能只是倾听者"。③ 因为"有时候讲述者(的讲述)是错误的"④,采访者因此还要审核讲述者的文字、思路,但他不会积极干预讲述者的内心生活。没有对讲述者心灵的干预,采访者的文字订正和资料修订一般停留在"图书编辑"的层次上,无法达到作家应有的思想深度。采访者不能成为弗洛伊德的自我构成三层次里代表外部势力的"他我",即本我的审查官——当然,讲述者也不能称作本我。

---

① *The Oral History Reader*,1998,p. 405.
② *Women's Oral History*,p. 79.
③ *Oral History: A Guide for Teachers(and Others)*,p. 97.
④ *Recording Oral History: A Practical Guide for Social Scientists*,p. 109.

　　相比于讲述者,采访者无法自行完成最终成书的作品,必须要借助讲述者的口述。除包斯威尔的《约翰逊传》等少数作品外,传统传记大多是由传记作者自行搜集资料撰写,无须传主参与。传记作者对传主的讲述,建立在他对传主的理解之上。而采访者并不具有这种自由。他必须面对活生生的讲述者本人,尊重讲述者的原话,不能按照自己的理解去改变文字。比如,学生采访者认为社区居民具有价值,因而去采访他们,记录他们的谈话。在这个过程中,学生们对访谈所讲述的社区生活等并没有亲身的体验。有时候,"为了达到在不同时代的人之间搭建沟通的桥梁,教师会分派学生去做家庭口述历史"。① 此时,学生采访者对讲述者及其讲述有一定程度的熟悉,但他们仍需要倾听、记录,而不是像讲述者一样去讲述。即便采访者是大学教授,所拥有的知识、见解远远超过了真正的历史参与者,但是他没有亲见历史,无法自行讲述。只有讲述者才是历史的亲历者。采访者对讲述者的采访代表了居于采访者背后的一个团体的诉求。具体到《李宗仁回忆录》,哥伦比亚大学中国口述历史项目组他们希望通过李宗仁的讲述得知历史事实以及李宗仁对历史事件的看法。在这一过程里,采访者对该事件的看法,甚至采访者有没有意见、有什么性质的意见,都不重要。在《胡适口述自传》的注释部分,唐德刚对胡适在口述访谈中所谈及的诸多问题(包括胡适对摩门教的看法、胡适的学术)有自己的独立见解。这些见解建立在他对胡适个人及胡适学术的深刻理解及独特人生经验基础上,因此不能说他对胡适的口述没有独立的意见,但这些意见都没有表达在口述历史的谈话过程中。口述历史的目的决定了操作环节的重要性超过了一切。

---

① *Dialogue with the Past: Engaging Students & Meeting Standards through Oral History*, p. 73.

　　论文论及现在与过去的关系时,曾指出口述历史基于事实而缺乏对参与者的关注。口述历史强调采访者应该具备中立的立场,提出"集中、清晰、开放中立的问题"。① 采访者在此过程中避免提出批评。按照口述历史的发起动机,口述访谈的结果即最终的文本中只能保留事实,以致忽视讲述者人格方面的诉求,甚至忽视自身作为人的重要部分:个体的深层情感以及人格。采访者在采访中要顾及讲述者的感受,观察讲述者的兴致、状态和回应。② 在这种意义上,他考虑到了讲述者的个人感受。但这只是为了访谈的顺利进行,而不是为了考察讲述者的人格,因而不会深入。这种态度必然会影响到口述访谈的过程。同理,采访者也会克制自己的人格,以免影响到访谈的顺利进行。

　　由于人为的克制,唐德刚的人格是无法通过《顾维钧回忆录》《李宗仁回忆录》以及《胡适口述自传》得到展示的。如果没有介绍撰写经历的文字及第三部中的注释文字,唐德刚的形象只能停留在与南京大屠杀幸存者众多采访者相同的境地。正由于有了那些注释文字,读者才知道唐德刚不只是引导谈话,并且在对话过程中有着独立的判断。而且这种判断对口述访谈的顺利进行有重要意义。如果任由李宗仁讲述他对国家大事的看法,讲述那些本来是历史教师"唐德刚们"专长的事情,其口述历史则失去了重要价值。因此,唐德刚的判断的一个重要作用,就是由判断出发,采取了一系列措施来保证李宗仁在口述历史的范围内讲述。而且,唐德刚也曾对李宗仁的人格作出过独立判断,认为李是值得敬重的长者。但是这个过程中,能否看到唐德刚的人格呢? 通过《袁氏当国》《史学与

---

①　*The Oral History Manual*, p. 69.

②　*A Field Notebook For Oral History*, p. 12.

文学》等作品以及《撰写李宗仁回忆录的沧桑》和《胡适口述自传》中的注释来看,唐德刚是一个正直的文人。他在中国的战乱年代长大,通过了难度极高的选拔考试,进入中央大学读书,后到美国接受了历史学的专业训练,取得历史学硕士及博士学位,然后在美国大学担任教职。这在(中国的)同龄人中属于较高层次。其经历虽然没有顾维钧、胡适等人显赫,其学术见地也没有余英时等人影响深远,但他毕竟对东西方文学历史都有所了解,也有知识分子的一般特点,比如,正直、愤世嫉俗等。唐德刚对曾经是他上级的一些美国人表示了极大的不满,指责他们不学无术且瞎指挥,对美国社会中金钱至上的现实也多次提及。唐德刚坚持原则,他对胡适持"吾爱吾师,吾更爱真理"的态度;他对李宗仁的讲述则坚持了事实第一的原则。他爱中国,他的很多文字都透露出这一点。国内学者张耀杰在一篇文章中贬低唐德刚说:"中国的阿 Q 即使跑到美国换个国籍,也依然是恨不得把一切人都当成小尼姑来抹黑压倒的阿 Q!"①把唐德刚误作是"假洋鬼子"和欺软怕硬的阿 Q,这实在是误解了唐。唐德刚对中国一直怀有深厚的感情,他做李宗仁口述历史时抽时间誊写出百万字的中文本,完全就是爱国心"作祟"。他有省察内心的优点,最关键是,他有着悲天悯人的情怀。② 可以说,这些都是传统知识分子的优点。而他也具有传统知识分子的缺点:迂腐、文人相轻甚至是自大、矫情。他在《袁氏当国》中所发表的一些见解,实在是迂腐得很;他在《胡适口述自传》中对胡适的批评,也并不全部是公正的。总体来说,唐是一个值得敬重的知识分子,不仅具有相当的专业知识,而且在为人处事上也颇有可取之处。

---

① 张耀杰:《唐德刚与阿 Q》,见《读书时报》,2005 年 3 月 2 日。
② 可参阅拙文《唐德刚与阿 Q》,《读书时报》,2005 年 8 月 10 日。

　　问题是,唐德刚在其参与的几部口述历史中都没有展现其个人人格特征。只有通过其他的文字表述,读者才能获得对唐德刚的个人印象。考虑到唐德刚又一再论述自己对《李宗仁回忆录》著作权的情况,一个声称拥有著作权的人,却无法在其作品中展示自己的人格,唯一解释就是,口述历史与人格没有重大关系。可见,口述访谈在其环境中是一个相对孤立的事件①。这相对孤立事件中内外有别的人发生了一定的变化,表现在采访者身上就是,他被迫放弃了自己的个人情感和部分判断,即采访者在口述历史中必然是不完整的个体。同理,讲述者在口述历史中也不是完整的个体。因此,除了采访者与讲述者的对话以外,采访者追求事实的动机与自身感情等有无冲突,也是值得考察的角度。

　　而如果我们把考察点由口述历史转移到传记(他传与自传),会发现情况截然不同。基本上,每一部传记作品都会给读者带来对传记作者的印象,或者给传记作者展示自我留出了空间。

　　这里需要指出的是,如果讲述者是强势人物,口述历史必然体现他的观点观念。但其个人观点从何种角度观察、从何种程度上可以得到确证都是值得怀疑的。《爱德华时代的人》体现了汤普逊的社会学观点,《艰难时世》体现了发起者理想主义、乐观主义的观念。但考虑到采访者经常是以集体的面目出现,如何考察这种集体人格呢? 万变不离其宗,要考察采访者除去"采访者形象"之外的形象,依然离不开对他在口述访谈中的考察,只是要把口述历史放在大的背景之中。

　　口述历史对采访者有无个人意义? 这个问题的答案并不简单。成功地完成一部老舍之死口述历史,会帮助傅光明填充历史空白;完成李宗仁

---

① *The Oral History Reader*, 1998, p.295.

口述历史,则实现了唐德刚保存珍贵的民国史的目的;完成了社区史、建筑史,也实现了采访者的特殊动机。这当然是有意义的。但个人意义的另一个含义是,它们能否有助于采访者在自我塑造、自我完善成长的道路上行走? 采访者在访谈中的确有自我呈现①,但通过考察采访者在口述历史前后有无变化来看,对真实的重视,导致采访者在访谈前后基本不会有大的变化。采访者需要的是真实信息,所以,采述双方身上发生的所有变化,都不是意料中、设计中的。采访者在采访之前都已经设计好了题目,采访中是通过各种方法来促使讲述者按照其思路谈话。在这个过程里,采访者主要集中在引导谈话的方向。在或者长则数年或者短则几小时的谈话后,采访者即把精力转移到整理文字中去。在这个过程里面,采访者本人即便会展示出自我人格,也不会保留在口述历史中。有时候,采访者会产生对讲述者品德的敬佩或者获得知识上的扩充,但即便是这一点,也不是一定发生的。采访者做口述历史,对他而言可以是一个很好的进步契机。以定宜庄为例,她通过采访改变了对旗人妇女的一些错误认识②——这在历史学家等人做采访者的情况中,是比较常见的。比如,唐德刚曾认为李宗仁会知道"军统""中统"机构内幕,这在访谈中得到了纠正。但上升到人格层次,访谈给予采访者的影响就微乎其微了。采访舒芜的人,佩服舒芜的真诚;采访南京大屠杀幸存者的人,或者感慨他们生活的惨淡或者厌倦他们的啰唆。但这两种情况很少造成采访者心灵深处的触动,或者促使他们达成某种形而上的转变。因为这不是口述历史的目的,也不是口述历史的必然结果。傅光明的老舍之死访谈是一个特例。

①　*Testimonies of the City*, p. 8.
②　《最后的记忆——十六位旗人妇女的口述历史》之《我什么光也没沾着》,第35页。

由于一次不成功的访谈,他改变了对历史真实的认识,认为没有绝对的真实。但论文在导论部分就指出,这是由于他缺乏口述历史的基本知识造成的。可以想见,采访者在访谈之前,就已经拥有独立的见解,访谈过程不过是他收集材料、实施论证自己见解的过程。即是说,采访南京大屠杀幸存者的学生们,早在口述访谈之前,就已经形成了对讲述者所讲述内容(大屠杀)的看法,他们在访谈中也只关注该事件。最终的结果是,他们把收集到的材料出版成书,借用这些翔实的资料来更好地宣传自己的见解,揭露侵华日军的暴行。在访谈过程中,讲述者提到的其他事件,不在其关注范围之内。

完成于 1985 年的《浩劫》是一部在形式上尽最大可能淡化采访者影响的口述历史纪录片,全片由奥斯维辛大屠杀幸存者、见证人和前纳粹人员的口述构成,没有使用任何档案材料。① 不同的讲述者对大屠杀有着不同的描述:一个当地波兰农民指手画脚、颇为兴奋地讲述他如何看到犹太人到达车站时, 还温文尔雅、怡然自得……他讲得津津有味,意犹未尽,使采访者颇为不快。而犹太幸存者的回忆是痛苦的……他不能继续讲述当时受害者是如何反应的,就好像他自己不得不再一次经历那一过程似的。一位德国退休军官的回忆是严谨的和"科学的",他以一个中立的、"客观的"观察者的角度,准确地、细致地描述屠杀的程序和技术……灭绝种族的屠杀,在他的记忆中仍然像一个"工作程序"。② 如果遇到此类特殊情况,采访者明显会受到较大的触动:波兰农民令采访者感到不快,纳粹军官的"客观"也令人惊叹。明显不符合常理的事件,一般不会

---

① 参见 http://www.imdb.com/title/tt0090015/plotsummary。

② 王炎:《浩劫:口述建构的历史》,《天涯》2005 年第 1 期,第 159 页。

出现在口述历史过程中——这也再次验证了论文的一个观点：口述历史应当是温文尔雅、没有过激之处的。采访者的预先设定代表了一个社会集团的利益，只是为了"获取关于主题的尽可能多的信息"[1]，其观念则是既定的可接受的看法，不可能因为观点偏颇而产生轰动性效果。为众人广为接受的观念都属于法律意识、道德以及常识理念的范畴。采访者来自于某个机构，代表公共形象，当然不会违背这些理念。虽然上例中波兰农民、纳粹军官都令采访者不快，但是这种不快并没有对采访者的人格带来任何影响。采访者会因此认为波兰农民无知浅薄，认为纳粹军官冷血，但是这都不足以对采访者造成重大影响，而且，采访者的反应也不会反映在最终的作品中。

因此，口述历史对采访者的意义，就不会脱离史料意义的影响，难以进入人格的层次。当然，预先设定由事件做主题，由此影响到了人的因素的作用，是根本原因。

其次，口述历史中采访者的观点与其人格之间是怎么样一种联系？南京大屠杀幸存者口述访谈的采访者认识到了讲述者的啰唆，《浩劫》中的采访者认识到了波兰农民及纳粹军官的令人不快。尽管存在这样的问题，但口述历史依然完成了。采访者可能产生对讲述者的不耐烦、同情等各种心理活动，这些感情都是采访者力图剔除的部分。读者原本可以通过采访者的表态来获知他的性格等消息：从采访者对讲述者的怜悯可以看出他的同情心；从他的不耐烦可以看出他的缺乏善意；从他不满波兰农民对灾难的津津乐道，可以看出他的良知。但由于采访者把这些信息都删除了，读者只能通过其他的渠道才能了解到这些信息。那么，问题就

---

[1] *Recording Oral History*, p. 231.

是,采访者的这种态度有没有影响到访谈的顺利进行? 答案是,没有。这是奇怪的现象:在这里采访者的个人情感、情绪波动对口述访谈的结果并未产生重大影响。这说明了,尽管口述历史是采述双方的互动①,但这种互动停留在一定的层次上,那就是,口述历史中的重要一方——采访者,刻意压制了自己的情感。

采访者又是主动的。求真实,要求采访者必须主动去采取措施保证访谈顺利进行。他对讲述者的谈话有着戒心:因为他是以史学家的眼光来考求史料,而讲述者可能会提供不实的史料;同时他还要时刻留意通过对话来引出有价值的史料,他提出的"问题决定了讲述的方向和重点。甚至采访者的沉默都有意义"。② 最重要的是他在谈话中掌握了一定的主动,与讲述者形成了对话。而采访者对文字的修订工作就显示出了其主动性:采访者不单单是记录者、笔录者,他参与了口述历史的创作,分享了著作权。

毫无疑问,他的主动性主要是建立在追求实的基础上,因而可能会造成对讲述者的伤害。这种伤害可能是访谈时产生的,也可能是由于未能重视讲述者个人引起的。南京大屠杀幸存者调查口述是研究者及相关人员以搜集史料为目的展开的口述采访。在采访者,这是"义不容辞的使命感和责任感"③的体现。此时,采访者的个人情感、同情心都消失不见了。有一位采访者采访来自寄养家庭的讲述者(马琳娜)时,"用社会学家的姿态向讲述者提出关于社会阶层的问题……他同时感觉到了讲述者

---

① *The Oral History Manual*, p. 72.

② *Narrative Analysis*, p. 21.

③ 王俊义:《〈口述自传丛书〉出版前言》,见《口述历史》第一辑,第 284 页。

不会说出寄养家庭最坏的一面"。① 但问题是,采访者并不在意讲述者的感受,他只要真相,这就会使讲述者产生心理抵触情绪。

采访者一方面不乏个人情感,同时,又放大自己寻求史实的动机。因此,采访者在口述访谈的内外就有着不同的人格,准确地说,访谈中的采访者需要是一个严谨的专家,而访谈外的采访者是一个可能具有绝大多数人类美德的优秀的普通人。把采访者分割成两种人的正是他所积极参与的口述历史。在口述历史内外,采访者有不同的任务,展示出不同的形象。

口述历史当然不完全是孤立的事件,它与周围的环境有着一定的关联。采访者在发起口述访谈时都有自己保存史料的动机,背后则是某机构、团体的要求。它对讲述者有无关心关怀? 许多业已展开的口述访谈项目把关注对象调整到了普通讲述者的普通生活上。但无须否认的是,一般情况下,是采访者把他们引进了口述历史,为他们贴上了新标签。可见,口述历史也为讲述者赋予了某种特殊的意义。

如果跳出口述历史的制作过程来看,不论采访者还是讲述者都是有所变化的,甚至是鲜活的。唐德刚对胡适的看法,与他在口述历史中的引导、聆听是不同的。可见,采访者在口述访谈的内外是有区别的。这涉及对口述历史价值的认识。历史价值始终是口述历史的最核心价值,但不是唯一价值。同时,口述历史还应当具有展示、沟通及启发的价值,分别指对历史制作过程的客观展示出来,包容采访者与讲述者以及环境等外部因素,为参与者反思、确认自我价值及认识他人提供机会。后三种价值均依赖史料价值,同时又有所拓展。

传记作者在传记写作的前后是有演变痕迹的,而口述历史没有对采

---

① *Recording Oral History*, p. 305.

访者产生类似的作用。采访者不仅极少展示出个人风格或产生个人变化,而且产生的少数变化也局限在口述访谈的范围之内,基本与内心世界无关。它把采访者人为地分割成两段,使得他呈现出不同的面貌,也使得其自身成为一个相对封闭的系统。由于对事不对人的特征,采述双方的人格在其中都受到压制。

有学者主张,"口述历史在发起时,是一个社会事件"[1],认为其发起动机就是社会性的。显赫人物如美国总统主要幕僚、李宗仁、胡适、文强等进入口述历史,是人们希望通过他们留下珍贵的历史资料;李淑贤进入口述历史是因为人们希望借助她来了解溥仪的后半生;大屠杀幸存者进入口述历史,也是基于相同的思路。可见,总有一个采访者(或者他所代表的团体)的意图存在于其中。问题是,口述历史的社会性不能转化成采访者的社会性,相反,它要求采访者为完成访谈而努力,以至于压制了采访者的社会性。该意图的形成,在口述历史实践之后。如果通过这种意图去考察,是可能达到了解采访者目的的。比如,前文曾经提到的对唐德刚的分析。但是也要看到,进入到访谈阶段(甚至包括准备阶段)时,口述历史就是严格的操作规程了。口述历史一方面具有社会性,另一方面又极力在其操作过程中克制该社会性,以达到追求事实的目的。

那么,采访者有没有察觉到口述历史带给他的压制以及自我压制并加以抵抗呢? 这种察觉乃至对抗,是个人自我意识的体现。自传作者正是在与环境及自我异己力量的对抗中展示自我意识的。采访者能体察到他在口述历史内外的不同角色,但他并没有选择对抗,而是选择顺从(他

---

[1]　Eva M. Mcmahan, *Elite Oral History Discourse: A Study of Cooperation and Coherence*, Huntsville: University of Alabama Press, 1989, p. 10.

在口述历史中的角色）。采访者有能力察觉到自己在访谈中是另一种角色。这一角色的核心是板着面孔、以访寻史实为唯一标的。不仅采访者是史学家、讲述者是普通人的时候如此，当采访者是普通人、讲述者是显赫人物的时候，也是如此。采访者设计了采访提纲，会要求讲述者按照提纲讲述。采访者清楚自己的目的，不会与之对抗。

可见，虽然口述历史不完全是一个孤立、静止的事件，但把它放在采访者（生平）的角度来看，它确实经常是孤立的。它很难进入采访者的日常生活和感情世界，难以对采访者的精神生活产生巨大、重要的影响。我们当然不能武断地说，发起并参与、执行口述历史项目的过程一定不能使得采访者在人格层面与之前有所不同，但现在的确少有文本能证明，这对其人格发展有何具体影响。

对采访者而言，作为社会事件的口述历史最终很难实现到个人事件的转化。尽管他的业务能力、知识水平在这个过程中有所进益，但这些对个人身份确认、精神斗争等没有直接作用，无法深入到采访者的内心世界。造成此一现象的正是口述历史求真的本质。虽然真实不能涵盖采访者，作为社会生活中的具体的人，他身上有着其他的一些特征，但是采访者把这些都压制了下去。

采访者是社会性的人，是利益或者既有观念的代言人；同时，一般情况下，他也是一个已经形成了独立人格的人。当他是学生的时候，则是另一种情况，他是需要成长的青少年。考虑到学生采访者所参与的基本是简单的、（史学）价值很低的、无太多技术含量、缺乏足够人格感召力的社区史实践，口述历史能否带给他们人格塑造的机会，是要打问号的。采访普通人物的一些学生仅接受过简单的指导，就参与其中，在乏味的、目的明确的口述访谈中，讲述者很难展示出自己的人格魅力，学生采访者也难以形成对讲述者个人的尊崇。除了重史实轻人格的动机外,造成这一现象的另一个原因是,口述历史的观点,是早已形成的观点,少有挑战性也少有创新,因此很难带给其参与者以冲击,更谈不上灵魂冲击——这是大大区别于传记作品的地方。

由于采访者刻意地去保持史料的真实,剔除了通常可以体现人格的成分,口述历史的行文一般是枯燥的。即便是略有口语式的,也因为其思路、内容的固定化、史料化而缺乏吸引力。定宜庄的《撞不破的关系网》是一个例子:通篇讲述"关系网",如果不是该领域的研究者或爱好者,则很难对其产生兴趣。这就有别于普通文学借助文学魅力或者传记作品借助人物魅力、文学魅力来流传的情况。

离开操作过程来谈采访者,则难免会出现不相干的情形。而只看重其采访者的身份,又必然导致无法对其形成全面的认识。因此对采访者的认识,实是考察口述历史中人物角色的最大难点。采访者的社会性与能动性,在口述历史中被人为地改变,读者难以从中看到采访者的个人形象;同时如果没有其他材料的佐证,读者又难以获得采访者在访谈之外的形象。双重夹击之下,采访者就以冷冰冰的形象出现在众人面前。要对其形象有深刻的认识,还是要回到口述访谈之中。采访者的动机,一般即是口述访谈发起的原因。采访者不仅用史料价值来挑选、限制讲述者,更把自己也局限在史料的范围内。唐德刚与李宗仁在访谈前后的交往中结成了一定的友谊,但到了口述访谈中,依然是唐德刚出具提纲,李宗仁照纲口述。可见,访谈中的采访者与真实生活中的他,实属于两种系统。在口述历史中,他在工作;在其他时候,他在生活。这两者是割裂的。采访者不能完全避免把自己的社会性、能动性展示在访谈中,在最终的文本中又把它做了调整。

二　讲述者的人格

相比于采访者身上所体现出的疏离感,讲述者的形象更加多变。他缺少了相应的"纪律",所以,在口述访谈中他需要采访者的引导。他对历史价值的不够主动与他偏离主题的过分主动,都使得他的形象要比主要起压制作用的采访者要丰富多彩。

讲述者是口述历史中基础性的因素,他"拥有采访者希望得到的信息、洞见、观点和经历"。[①] 讲述者又是一个充满变数的因素,对同一件事情,不同的口述者可能有不同的讲述,不同的讲述背后是不同的立场、态度。如同日本军国主义者出于其卑鄙的用心矢口否认或者美化侵华罪行一样,不同的讲述者会根据自己的需要讲述不完整或者捏造的"事实","有时候,讲述者要保守不能告人的秘密,有时候他们故意撒谎,有时候他们只是搞错了,也就是记错了。他们得到了错误的信息"。[②] 采访者在进入口述历史之前,讲述者是千姿百态的,他们有着各自不同的物质生活和精神生活,直到采访者到来或者在少数情况下讲述者主动要求后,他们进入到口述历史中。

一般情况下,讲述者会被告知采访的目的,他按照要求在规定的范围内讲述,这在说明了采访者的权威的同时,也表明了讲述者讲述的不完全是"自己"的历史,而是符合他人需要的历史。讲述者有两种,历史人物(显赫人物)和历史见证者(普通民众)。前者"经常能体认自己的社会角

---

① *The Historical Ecology Handbook: A Restorationist Guide to Reference Ecosystems*, p. 103.
② *Secrets, Lies, and Misunderstanding: The Perils of Oral History Interviewing*, p. 15.

色(知道自己为何受访)"①,因而讲述适合自己社会角色的内容。由此出发,台湾学者王明珂认为以显赫人物为主角的传记、自传、口述历史都是特定的"社会记忆"。他主要指显赫人物,忽略了"人民化"后的口述历史中的普通民众,同时过分强调了"社会"因素,对能动的讲述者没有足够的重视。

讲述者在口述历史中是不完整的。因为口述历史是功利的,它只需要讲述者讲述为采访者和读者所关注所需要的内容,这也是它的局限所在。而"作为生命的文本形式,自传展示的是个体在经历某种转变之前和之后的事"②,转变的形式可以多种多样,但主要指"对我发生的事"③。讲述者的讲述却并非如此。《李宗仁回忆录》告诉读者,李宗仁是"末代帝王"。李宗仁讲述的是国家、民族、政权的"转变",他个人的命运淹没其中。李宗仁在纽约"闲居"期间心态发生重大变化,最后悄然返回大陆,这是发生在《李宗仁回忆录》操作过程中的事情,却没有反映在书中。《胡适口述自传》同样如此,主要谈及学术生命。即使是唐德刚的注释也主要是从学术角度谈胡适,对胡适的感情生活点到为止或者避而不谈。④

显赫人物只能讲述为他人关注的公共部分,他无法获得自传(自传一般而言是主体性很好的例证⑤)作者那样充分展示丰满生命(特别是私人部分)的机会。"作为公共——私人分离的结果……主体性得以形成于

---

①　转引自《与历史对话:口述史学的理论与方法》,第 172 页。

②　*Autobiography: Narrative of Transformation*, p.1.

③　Ibid, preface. Also in this page Carolyn Barros defines autobiography as a narrative of transformation: someone telling someone else "something happened to me."

④　唐德刚在另一本书《胡适杂忆》中有几章谈到了胡适的感情生活。

⑤　Robert Smith, *Derrida and Autobiography*, Cambridge, New York, Cambridge University Press, 1995, p.56.

其中的社会物质条件被认为对传统历史进程(和约、战争、战斗、外交)无关紧要,被贬低为私人的。"①在不能充分展示他主体性形成、发展的情况下,他的主体性遭到了削弱。普通民众更只是他们所要讲述的历史事件的载体,是口述历史"课题"或者"项目"使用的材料。特别是在口述历史的学术地位目前尚未得到认可的情况下②,讲述者对同一事件的描述又可能是完全不同的,缺乏足够的说服力,这更加影响以求真实为目的的历史对口述者本人及其讲述的重视。普通民众在口述历史中难有机会表现自己的人格。美国最早最有名的人民化口述历史《艰难时世》的作者特克尔说,《艰难时世》"不是一本事实严格、数据精准的书,而是一本记忆之书"③,"要寻找的不是事实(fact),而是事实背后的真实(truth)"④。且不管如果没有真正意义上的"事实"又何来"事实背后的真实",特克尔的话表明,人民化的口述历史中普通民众被工具化了,他的《艰难时世》在努力再现大萧条的同时,最终成为美国精神的颂歌——在耀眼夺目的美国精神光芒之下,讲述者的形象模糊了。

　　通过以上的论述,似乎可以得出与上一节相同的结论:相对孤立的口述历史人为地把讲述者的生活切割为两部分,一部分在其外,另一部分在其内。而且口述历史之内的讲述者遭到了采访者的限制,不能展现自己的风采。但这一结论套用在讲述者身上并不完全准确。首先,它部分

---

① Christopher Ortiz, "The Politics of Genre in Carmen Martin Gaite's BACK ROOM," see (edited by) Kathleen Ashley, Gerald Peters, Leigh Gilmore, *Autobiography and Postmodernism*, Amherst: The University of Massachusetts Press, 2004, p.50.

② 2004 年 12 月召开的首届中华口述史高级论坛暨学科建设会议要解决的一个问题就是对口述历史的学科定位,这反映了其学术地位不被认可的现状。在国外,对口述历史真实性的怀疑也是无法回避的问题。

③ 参见 http://www.studsterkel.org/htimes.php,访问于 2006 年 3 月 23 日。

④ Ronald J. Grele, *Movement without Aim*, see *The Oral History Reader*, p.38.

成立;其次,讲述者拥有超过采访者的能动性。

一方面,口述历史的确分离了讲述者的自我及其部分社会认可层面的属性。比如,在人民化的口述历史中,讲述者的身份即明显区别于现实生活中他们的身份。在《爱德华时代的人》《艰难时世》中,主人公不是达官贵人、战争英雄或者名作家、思想家,而是普普通通的人。他们之所以被选中,就是因为经历了爱德华时代或者生活在大萧条时期。他们没有"伟人"传记中伟人与时代、环境之间所发生的体现伟人人格的冲突,对时代、环境强加给他们的一切默默接受。同时有些口述历史不是以人为主角,而是围绕某一个无生命的物体、事件展开。这让我们对人民化的口述历史中普通人的地位有准确的理解。"口述历史提供了机会邀请人民来讲述他们的故事(他们的过去、过去的一段时间、一个事件等),但他们的个人故事总是与历史环境密切关联,因此也超出了个人经历的范围。"①普通人不再是历史中被忽略、被遮蔽的,他们挤上了前台,每人身上贴一标签"某某事件的参与者/见证人"。口述历史允许这些沉默的声音和更多的文本被揭示出来。② 问题在于,这些标签无法涵盖一个活生生的个体的全部。还有一种情况就是商业化介入后,真正以普通人为主角的口述访谈,其是否具有应有的价值值得怀疑。按照口述历史的定义,史料价值是口述历史的应有之义,不能被作为史料的口述不是口述历史,也不在探讨范围之内。

当然,普通人是不是真正做了主角,还需要讨论。论文曾提到,在普通人做讲述者的口述历史中,采访者居于明显的优势地位。口述访谈的

---

① *The Practice Of Qualitative Research*, p. 156.

② *Oral History*, *Health and Welfare*, p. 250.

题目、思路、文字都由采访者掌控。在这时候，认为普通人做了主角，是非常值得怀疑的。既然普通人被采访者认为是资料来源，那么归根到底，他们仍然只是采访者占主角的口述历史中的配角。

如此一来，讲述者必然遭到了采访者的压制，其形象在口述历史内外必然无法获得传记作品意义上的统一。此处所说的前后统一，也需要仔细分析。《胡适口述自传》中的胡适，至少在学术思维上与现实中的胡适是保持一致的——按照唐德刚的说法，胡适至死都保持了其青年时代学到的知识；《浩劫》口述中波兰农民和纳粹军官也没有掩饰内心的真实感受，直言自己对屠犹的冷嘲热讽或者冷漠，尽管其态度、讲述均可能触怒他人。而研究者之所以看中口述历史所带来的资料，最重要的原因在于，他们相信这些资料的真实性——这包括了讲述者在口述内外的一致性。如果讲述者在口述访谈内外在形象、见解上不能一致，其口述就失去了价值。这是很容易理解的。可见，讲述者必须在口述访谈前后保持一定的连贯性。

但这种一致、统一是在何种层次上进行的，仍需要具体分析。比如，现实生活中的胡适能否与《胡适口述自传》中的讲述者画等号？《浩劫》中的波兰农民、纳粹军官在现实生活中在对待自己的亲友时是不是也如此缺乏同情心？这两个问题的答案不容易给出，因为给出这两个问题的答案，并不是口述历史的任务——口述历史的讲述者与现实生活中的他们之间的关系，并不是简单的相同或不同。但口述历史中的南京大屠杀幸存者们一定不同于现实生活中的他们。大屠杀的见证只是他们生活中的一段，甚至可能不是最重要的一段，更不是全部。对他们而言，获得来自过去的理解固然可以解除心理的负担，但解决他们现实的困难，满足他们现实的需求，则更加急迫。但口述历史只关注他们过去曾经历大屠杀的事情,忽视了他们现实生活中的需求,也就忽视了他们现实的身份。"南京大屠杀幸存者"不是这些幸存者唯一的标记,他们有着更丰富的生活。口述历史关注的却只是那一段被做了标记的生活,因此讲述者在口述历史中必然是不完整的。

可见,口述历史仅仅关注讲述者的一个侧面,一个未必最重要的侧面。比如胡适是中国现代史上的学术大师,其口述历史便以其求学和学术为主;李宗仁是中国现代史上的重要政治人物,其口述历史以军事、政治为主。再如,傅光明所做的一次口述访谈的三个讲述者都自称是第一见证人,也成为他们此时的标志。这种标志是从何而来的? 当然从采访者而来,从采访者所代表的社会人群而来。胡适、李宗仁身上的某一特征成为他们的代名词。采访者过于强调突出他们的这一特征,源自于对他们某一价值的尊重,结果却可能对他们造成了一定的伤害。按照唐德刚对胡适的批评,胡适以其开创性的学术被人奉为"胡文公",他在口述自传中所讲述的也正是其学术,这本是对他的极大敬重,但盛名之下,胡适不仅存在学术上的缺陷,甚至受此盛名所累,终生故步自封,未能越自己的雷池半步;李宗仁同样在口述历史不得不收敛起自己喜好说谈的特点,板起面孔回答唐德刚的提问。可见,口述历史所重视的讲述者身上的那一根"标签",并不一定最能代表讲述者的身份,更不会代表讲述者的全部。不仅讲述者是显赫人物时如此,当讲述者是普通人物时,同样如此。

而且讲述者可能不是其所讲述事件的主要人物。[1] 尤其当讲述者是普通人物时,这种情况更加普遍。结果,此讲述者与彼讲述者之间的孰轻孰重也不重要了,因为他们(在采访者眼中)并无明显差异:采访者"可以

---

① *The Oral History Reader*, 1998, p. 285.

不停地更换讲述者。也可以替他们发出声音,甚至可以假扮他们的声音或者思想"。①

　　讲述者所背的这根标签可能是他自己努力的结果,也可能是外部世界加给他的。一般地,第一种情况适合显赫人物,第二种适合普通人物。显赫人物的显赫经历与其个人的奋斗关系密切,但是口述历史不会着重展示这种奋斗过程,尤其不会展示其中的苦与痛、其中的精神斗争,口述历史经常只是告诉人们,他是胜利者,他是哪些方面的胜利者。胡适在口述访谈中对自己的学术见解及贡献作了详尽阐释,也交代了他的学术思想与持不同意见者之间的不同,却没有详细交代他获得这种思想时经历了何种艰辛的心理历程以及如何与外界环境进行足以展示个人品质、促成个人成长的交流。这与自传作者的区别较明显。

　　口述历史中存在的是简单的因果关系,而因果关系只是这个世界上错综复杂的各种联系中的一种。它试图使世界看起来简单可理解——这是亚里士多德在《诗学》中所说的"符合常理的真实"。但归根到底,这只是一种陈述,尽管不再是单纯的个人陈述,而是二人合作的产物,它却依然无法保证自己的准确性——口述历史的准确性一直为人所诟病②——并且因为不是单个人观念的产物,以致失去了读者借以考察其参与者的大好机会——他传、自传作者也受到了各种社会性因素的影响,但其作者在与这些因素的对抗中展示着自我人格,读者可以通过这种抗争来认识传记作者。在口述历史中,一方面是对事件的过度重视,另一方面由于它

---

　　①　*The Oral History Reader*, 1998, p. 285.

　　②　1970 年代较有影响的文章有: William Culter III, "Accuracy in Oral History Interviewing," *Historical Methods Newsletter*, 1970, no. 3, pp. 1-7; B. Tuchman, "Distinguishing the Significant from the Insignificant," *Radcliffe Quarterly*, 1972, no. 56, pp. 9-10; E. Powell, "Old Man Forget," *The Times*, Nov 5, 1981。

是采述双方合作的产物,这就使得借它考察参与者的人格变得非常困难。

　　对传记来说,事实是基础,没有事实就没有其他,同时,事实远不是一切,参与事实的人才是最关键的——但对口述历史来说,事实恰恰最重要。对过往事件的这一种陈述,又渗入了采访者的动机以及讲述者的个人因素影响,很可能与真相差距很大,而且,即便其讲述的就是他亲眼所见,也终归只是各种讲述之一。事件中的一个人,很难获得对事件全局的整体认识。真相是无法被彻底地无死角地还原的。如果讲述者给出的是一连串有细节的谎言,揭穿他谈何容易? 口述历史在此时是无力的——如果讲述者可以编造谎言,它就注定很难获得真相。

　　"亲身经历"或者"亲口讲述"并不能确保做到还原真相①,这是口述历史的最大尴尬。但是不是因此可以说,真相根本不存在或者不重要,就像傅光明访谈后的看法一样? 这是口述历史的缺陷,也是它的特点,这可以成为考察它的新出发点: 它是采访者与讲述者角力的场所。口述历史的真实性建立在因果关系的基础上,同时也依赖人们相信讲述者的讲述是真实的这样一个(假设的)前提。文强在其口述历史中讲到他曾经与毛泽东同船前往黄埔军校,这被其他的专家学者认定是不可能的;但在被揭露出来之前,一般的读者应当会相信这件事情。口述历史的这种说服力来自于采访者的各种保证真实的措施,更来自于人们对讲述者的信心: 讲述者是历史的知情人,因此他的讲述是真实的;读者不应该对其讲述有任何先入为主的关于真实与否的判断。② 这里的逻辑链条是有问题的,因为不仅讲述者未必是历史的知情人,即便他是知情人,他的讲述也未必

---

　　① *The Routledge Companion to Historical Studies*, p. 198.

　　② Klaus Neumann, *Not the Way It Really Was: Constructing the Tolai Past*, Honolulu: University of Hawaii Press, 1988, p. 121.

是真实的。

讲述者对所讲述的事件没有全局的把握,他是一个见证,只能从自己的所见所闻出发来谈事件。这种视角决定了他往往是有局限性的,不论是显赫人物还是普通民众。《胡适口述自传》中唐德刚的注释有相当多的篇幅就是指出胡适的记忆不确、观点不对;《李宗仁回忆录》中李宗仁的讲述更是有很多的事实错误。可见,讲述者虽然在细节上见胜,却未必准确,更未必正确。对屠犹这一事件,不同的讲述者有不同的讲述,相左的立场、观点,其中某些人的立场、观点必定是错误的。比如,对待屠犹暴行,无动于衷、否认、欣赏、津津乐道等态度都是错误的。虽然口述历史本身不提供道德批判,但错误的观点本来可以是考察讲述者及社会的好机会,比如波兰农民、纳粹军官的表现就是屠犹研究中的重要资料。由于波兰农民、纳粹军官们的讲述只是为了还原屠犹的实情,因此他们的讲述就被采访者约束了。因此,又出现了前文提到的讲述者只能有机会展示自己一部分性格的情况。

"口述历史给了讲述者一个很好的机会,使他可以串起碎片化的往事。他有一个严肃、急切的倾听者……采访者认定他的讲述是值得倾听的。"①采访者的看法是很重要的,尤其是考虑到很多讲述者通常是不受敬重的(妇女、老年人、政治斗争的失败者、少数民族等)时,更是如此。同时,依据上文的论述,采访者的这一看法对讲述者又未必全是敬重。

讲述者的缺陷必然受到采访者的引导或者压制,因为放任讲述者偏离主题或者撒谎的话,口述历史的价值就会大打折扣;同时,讲述者的讲

---

① *Recording Oral History*, p. 117.

述有可能不符合既定的道德或者常识,需要采访者加以控制。①而遵从采访者的约束,其结果就是讲述者的形象难以保全,其人格也就无法获得全面展示。有时候,讲述者会根据外部世界的一般见解调整自己的讲述。如果波兰农民知道外部世界对纳粹屠犹的一般看法,相信他不会再幸灾乐祸。日军侵华期间明明有中国人沦为汉奸,也有很多中国人面对屠杀时麻木不仁,彼时的许多国人在心态上是奴性的。但现在的幸存者普遍表示了对日军的愤慨和反抗。难道那些麻木的中国人都被杀光了? 活下来的都是好样的? 很明显不是。世易时移,日军早被打败,南京大屠杀早已成为有定论的罪恶活动,国民心态也发生了巨大的转变,幸存者不可能再表达麻木的感情。可见,面对采访者施加的压力以及外部世界的压力,讲述者"一般选择顺从,特别是采访者的压力"。②

　　自传作者也会感知到外部世界对他的认知,并受到这种认知的正面或负面影响,如卢梭在《忏悔录》中的自辩即是对外界污蔑之词的还击。吴宓曾经在日记中记下这样一件事情:"昨今两日,宓始注意到桃花一开,桃花瓣飞落路上。阳景春浓,宓极欲步行至李园湖畔,观赏两年前所识之春景,而唐、曾及其他友人皆戒宓'勿外出走动,免为人注意,而招来祸患',故终迟惑不敢径行。"③此时的吴宓成为众人批斗的对象,他也就真得(在日记中)放弃了很多自己的立场。可以说,来自外部世界的巨大压力已经在很大程度上改变了吴宓的自传创作。但更一般的情况是,自传作者依据自己对自己的看法写作。自传作者为自己贴上的标签,基本都来自其自我身份认证。外界的刺激是他改变"标签"的动因,却不是决定

---

① Robert Layton, *Who Needs the Past*? London: Routledge, 1994, p. 192.
② *Recording Oral History*, p. 78.
③ 《吴宓日记续编》,1971 年 3 月 17 日。

因素。由于这种自我认证来自内心世界，因此，自传作者在自传内外的形象一般是一致的。即便是上文中提到的外界刺激及卢梭、吴宓的反应，也与他们现实生活中的形象相一致：卢梭是好斗的人，吴宓则胆小怕事。而且自传作者对外部刺激的反应完全是自主的，虽然顺从或者拒绝两种选择的结果并不一样。口述历史中的讲述者原本也可以保持这种一致，但由于其形象在访谈中已经被削弱、被采访者引导过了，与现实生活中的形象有了巨大的差异。"老舍之死"口述访谈的三位讲述者至少有两位给读者留下了撒谎者的印象，这与他们在现实生活中的形象应该是不一致的；《李宗仁回忆录》中虽然较少有其人格形象的提示，但其思路的清晰则是现实生活中的李宗仁所不可比拟的；《艰难时世》中讲述者宣称自己在"大萧条"期间心态积极，也明显不符合实际情况。究其原因，则是采访者所代表的外部势力施加了强大的影响，以致改变了讲述者的自我认知，也改变了讲述者在口述访谈内外的形象。

讲述者在口述访谈内外的形象不同，也有可能是因为他压根在口述历史中就没有个人形象可言。不是每一个讲述者都有机会在口述访谈中展示自我的形象，更不是所有展示出来的形象都能从口述访谈来到口述历史的文本中。这种现象在普通人作讲述者的生活更加明显：满族妇女、社区普通百姓、《空军》中的讲述者，都很难在口述历史中留下自己的个人形象。显赫人物却可能通过相对自由和有相当长度的讲述来留下形象。

在回溯往事的时候，口述历史缺少批判性，这一点也体现在讲述者身上。口述历史呈现了口述发生时讲述者的风采，却不去追问讲述者如何来到这一步，不去探寻讲述者是通过何种努力做到的以及在这一过程中其个人见识、品格是如何发展的。

受限于讲述的特殊情境,讲述者少有从容思考的机会,讲述很难比平时的见解有突破,这与自传中一般带有明显的反思性不同。口述历史中较少有讲述者的思考,即使有也是早在口述访谈之前就已经产生的。口述是一个即时性的场所,难以产生深思熟虑。如果以"人民化"后的口述历史来看,这就更加明显。事实上,普通讲述者在来到口述历史中时,经常是受宠若惊的。在采访者的提示下,"他们发现自己的生活值得记载。对很多讲述者来说,这本身就是最大的礼物"。[①] 在这种情况下,要讲述者深思熟虑或者提出有深度、违背采访者意图的看法,是不容易的。

采访者从课题出发采访讲述者,为的就是从讲述者口中获知一些"事实"或者"回忆",因此,深度思考是采访者事先、事后要做的事。普通民众由于原本没有自传作者的思考深度,相对于显赫人物又一般都缺少在某领域内较权威、全面的知识,故而更容易成为某一事实的简单讲述者。因此,可以说,口述历史中虽然有了人,但缺少鲜活的人、单个的人,有的只是被真实性压制后不再完整的人。

如此一来,讲述者的确与采访者相类似,其个人特征被极大地压制了。但同时也要看到,讲述者实是口述历史中在对抗着真实诉求的角色。一个熟知的例子是傅光明笔下敢于撒谎的讲述者,虽然最终以采访者放弃访谈以致讲述者失去了讲述者身份结束,但读者依然可以看到讲述者的能动性。李宗仁在口述访谈中的能动性,体现得较为明显。在访谈的开始,他极力想按照自己的思路和见解讲述,结果受到了唐德刚的纠正和引导。李宗仁的能动性还体现在他成功地欺骗了采访者唐德刚,使对方没有发现他在悄悄准备回到中国大陆。李宗仁的这个例子证明,讲述者

---

① *Transcribing and Editing Oral History*, p. 120.

不仅有着超出口述访谈中讲述者的生活,更有着独立的不受采访者干扰的思考。可见,讲述者的主要反抗方式就是,把与口述历史无关的生活和见解加到口述访谈中或者对采访者隐藏自己的真实想法。这两者都是采访者最忌讳的。采访者需要的是他认定范围内的是真实的事件。二者形成的冲突,其实是两种价值观的冲突。李宗仁当然不会忘记自己的过去,但对他而言,只有现在最为关键;对唐德刚而言,李宗仁过去的经历最为重要,现在的生活倒在其次。由此可见,讲述者挣脱采访者限制,在某种意义上也可以被看作是现在对过去的"反叛"。当然,这种反叛不是自传意义上的来自深思熟虑、灵魂挣扎后的心理活动,而是执着于现在。如何从历时事件中获得现时的价值以及自我认可,对讲述者才是最大的课题。而如何了解到历时事件的真相,才对采访者有意义。当二者同时把注意力放在现在的时候,缺少反思就成为必然的了。

　　讲述者的讲述,以放弃自己的部分立场为出发点。他所放弃的,可能是迫于采访者的提示和要求,也可能是由于外部世界的压力。加之口述历史本来就缺少深刻的立场,最终,讲述者的形象常常是单薄的。因此,讲述者也陷入了与采访者相同的境地:在口述历史追求史实的目的下,被压抑了。讲述者同样没有完整地保留自己的人格。他们来到了历史舞台上,却依然不是历史的主角,他们只是采访者要利用的工具或者材料。采访者积极参与其中①,目的不是为了塑造讲述者的形象。

　　正如本节一开始所提到的,讲述者不会局限于采访者对他的要求。他总要自觉不自觉地突破采访者的局限,突破史实的约束。这样,就出现了两种势力的较量。本书曾着重论述了这种采访者所代表的求真的倾向

---

① *The Oral History Reader*, 1998, p. 44.

在较量中的压倒性优势,但不可否认,另一种主要由讲述者代表的"诗"的倾向也是存在的,并且根据情况的不同,表现出或弱或稍强的情形。采访者也是社会性的人,他也有可能偏离真实的要求。但因为他是自觉地执行着追求事实的动机,因此,他会主动压制自身偏离真实的要求。

三　有限度的关怀

通过前两小节的论述来看,采述双方都体现出了其复杂性,在口述历史之内和之外体现出了不同的情况。那么口述历史究竟是在何种层次上展示其人性关怀的? 具体地讲,就是对讲述者、采访者的关怀如何在它的内外达成一致的? 如果口述历史最终未能体现其对参与者的人性关怀,其意义就大打折扣。

一位"紧急救护"领域的研究者在接触到纳粹屠杀活动的口述历史、听到纳粹集中营和战俘营幸存者的经历时,感觉到"口述历史有抓住人物内心的能力"。[①] 这似乎证明了口述历史对其参与者的人文关怀。但仔细考察其描述,则知,他所说的情况乃是与书写的文本对照相比较做出的,立足点仍然是新鲜、真切,而非内心世界。所以,他认为这些口述历史的价值是对(具备……特征的)护理行业的一次个案研究[②],而非对护士个人的关怀。

操作的环节对此现象的形成有影响。例如,"多数口述历史在成书出版时都删除了采访者的痕迹,因此发生了一定的变形: 文本中只有答案

[①] Jacqueline Zzalumas, *Caring in Crisis: An Oral History of Critical Care Nursing*, Philadelphia: University of Pennsylvania Press, 1995, p. 12.

[②] Ibid, p. 19.

没有问题,给人的感觉就是,不论具体环境如何,讲述着总是在叙述同样的事情——换句话说,讲述者给人的印象就如同书写下来的文本一样稳定和彼此重复"。① 但口述历史的发起动机才是造成这一现象的最主要原因。

　　口述历史承认了讲述者的部分价值。口述历史开始之前,采访者把某些显赫人物确定为讲述者,就是对他们人生经历的一种尊重和肯定。胡适、李宗仁、顾维钧、舒芜、文强、贾植芳以及美国总统的重要幕僚们都有着为人敬重的身份以及远远超过普通人的传奇经历。前三位自不需要再作论证,舒芜在中国现当代文化特别是胡风案中的影响非常大,文强在国民党方面曾官居将军,贾植芳是当代著名文化人并且与胡风关系密切,美国总统幕僚都是美国政治生活的重要参与人。丰富、精彩的人生经历,既可能是个人努力的结果,更可能对该人的人生观、价值观乃至具体思考方式、情感都造成相当大的影响。外部事件与人物内心本来存在着这种链条。一般的传记作品不仅要指出这些外部事件,还要指出这些事件与人物内心世界的勾连,其重要方法之一就是在选择事件的时候,优先选择能够表现人物内心世界的事件。因此,传记作品经常能展示出人物的精彩内心。读者阅读传记作品最重要的目的,不仅是为了认识一个人,更不仅是为了解一个人的经历,而是在了解该人的经历、认识这个人的基础上,学习他身上值得借鉴学习之处,从而完成自我进益。在这种意义上说,传记文学与一般文学作品一样,都能够深入读者的内心,实现对读者潜移默化的影响。如果能够利用好引导好这种作用,传记作品可以成为积极的社会工具,引导民众拥有健康向上的心态以及健全的人格。事实

---

　　① *The Oral History Reader*, 1998, p. 71.

上,优秀的传记经常凭借其人格感召力行布一时,吸引着读者向传主学习。《富兰克林自传》、卢梭的《忏悔录》、列夫·托尔斯泰的《忏悔录》、谢冰莹的《女兵日记》都产生了较长时期的现实影响。

口述历史所认可的讲述者的这种价值与传记作品所认可的传主的价值并不一致。一部优秀的传记,需要有经历丰富有特点的传主、掌握一定材料的传记作者以及较好的文笔。三者未必均能完备,特别是第一点。在传记文体尚未完善的时候,传记很可能不会详细介绍传主的生平。魏晋时代的《世说新语》通篇纯粹使用"点睛之笔",唐代韩愈的《张中丞传后叙》也没有详尽介绍张巡等人的一生,而是选择性地讲述其生命中最闪光的部分。考虑到传记的教育意义以及传记作者的创作动机等心理因素,传主一般不会是令人生厌的反面形象。即便是有定论的反面形象,传记作者也会发现其可贵之处,否则,除了特殊情况,很难想象会有作者怀着对传主深深的仇恨乃至厌恶去创作。但优秀的传记一般要有优美的文笔、更要有对传主某些或某一特点的生动描述。对比这三点,口述历史在讲述者是显赫人物时可能拥有第一点,在采访者是有相当文学水平的专家学者时拥有第二点,一般不会拥有第三点。需要指出的是,由于越来越多的口述历史以普通人物为讲述者,因此,第一点经常是不存在的。普通人物进入口述历史不是因为其个人在历史事件中的闪光处,而是因为他所经历的历史事件(或者熟悉的历史人物)精彩。比如,在抗日战争胜利50周年纪念时,有新闻媒体制作了抗日英雄们的口述历史。其中的讲述者基本都是在谈论抗日战争中某次战役的情况,很少谈到自己。如此一来,他们的个人形象就不完整。没有了相对完整的经历和人格,又谈何借助口述历史来展示它们? 没有一定的人格展示,自然也谈不上借其人格魅力来感召读者。因此,口述历史难以发挥传记作品那样凭借人格魅力感染人的作用,但它也有自己的优点,就是特点鲜明地重事不重人,事件的因素特别明显。伟大人物的感召力无须论证,而事件往往也另有一种感染人的力量,如抗日战争带给读者的内心震撼也是很强烈很容易理解的。但无论如何震撼,那是来自于事件本身,与讲述者(人格)无关。

在传记作品中存在着由事到人的转化。传记创作一般是因为传主的经历而发起,同时在传主的人格魅力下发扬光大,并借文学魅力获得永恒的生命力。① 口述历史则不存在这种转化,讲述者的人格魅力则较少发挥作用。讲述者经历的事件无疑是口述历史的发起动机,但这动机没有与讲述者的人格魅力产生联系,最终也难以在文学魅力下发生广为流传的情况。这一切的根源都是它过于关注事件的因素,事件的强化必然导致人物形象的弱化以及人格魅力的消失,而文字方面的天然缺陷也使得口述历史难以拥有广大的读者。

执着于事件本身,给口述历史带来了缺乏阅读快感等不利影响。赛西雅·布朗(Cynthia Stockes Brown)的《如其所是:口述历史写作大全》(*Like It Was: A Complete Guide to Writing Oral History*, 1998)是一部入门指南书,书中在谈到应尊重讲述者说话的特殊方式,"问题不是语法,而是是否合乎标准。大多数历史学家认为应该保留讲述者的语法。如果讲述者说的是'我有看到(I seen)',那就不该改成'我看到了(I saw)'"。② 如果保留了这类不规范的表达方式,那么,一般读者在阅读时自然难以获得

---

① 开始关注传记的语言问题,被认为是传记研究的重要转变。Nicholas Pagan, *Rethinking Literary Biography: A Postmodern Approach to Tennessee Williams*, Rutherford, London, Cranbury: Fairleigh Dickinson University Press, 1993, p.9.

② Cynthia Stockes Brown, *Like It Was: A Complete Guide to Writing Oral History*, New York: Teachers & Writers Collaboratives, 1988, p.53. 按:引文中的"I seen"是错误的用法。为了符合作者原意,笔者把它译成同样不规范的汉语表达方式"我有看到"。

愉悦的阅读感受。事实上,采访者对讲述者谈话作文字订正等后期处理,用规范的语言改写讲述者的讲述,是更普遍的现象。考虑到采访者的动机,他的改写必然是以事实为主,这就进一步削弱了阅读快感。

许多传记作品习惯性地为尊者讳,经常把传主神话;有时则因为特殊原因丑化传主。所以传记作品一方面承担着借传主形象去提升读者综合素质的责任,同时又常常难以完成这种任务。特别是政治敏感人物的传记,经常缺乏应有的价值。即使优秀如《约翰逊传》《歌德谈话录》也难免存在神化传主的现象。即是说,传记作品由于是传记作者依照自己的思路及对传主的理解完成的,归根到底,只是一家之言,带有浓厚的感情色彩。这种情况在口述历史中很少出现。不是说,它的参与者就没有倾向性,完全是客观的,恰恰相反,其参与者都是社会性的人,都有自己的倾向性。采访者发起口述历史就是他的态度和构思的结果;讲述者的讲述,也会带有自己的色彩以及社会外部因素的影响。但口述历史的意义在于,它的目的仅仅是真实的材料,所以它的参与者尤其是采访者竭力去保证真实性,最终又可能从文字上剔除了个人性的部分。如此一来,口述历史文字上的倾向性也随之弱化,事件、事实的成分增加。那么,口述历史本身是否就不存在神化的现象呢? 事实是,以显赫人物为讲述者的口述历史基本都存在神化的现象:首先是神化讲述者,其次是神化核心事件。这里所说的神化,未必就是崇高化,相反可能是极力贬低,比如纳粹屠犹、南京大屠杀。虽然二者均是绝对错误的事件,但并非每一个人都能有此认识,前纳粹军官以及现在很多日本人都是例子。南京大屠杀幸存者的口述访谈及《浩劫》的目的正是揭露它们的凶残——这毫无疑问是正确的。口述历史用官方或者某利益集团的立场来指导自己的访谈,同时宣扬该观点,不容置疑。如此一来,口述历史中的主人公就是淡薄的形象。

　　很多人认同历史是任人打扮的小姑娘的观点，而在口述历史这里，当讲述者有机会打扮历史的时候，他不会放弃机会。《胡适口述自传》中，胡适对自己在学术界的定位超出了实际情形，至少超出了唐德刚的理解。由于这属于个人见解的问题，唐德刚无法在口述访谈中加以改变。在访谈中，胡适受困于已有的观念，未能准确认识到自己（的不足），整部口述自传因此也是神化了他。《李宗仁回忆录》中的李宗仁同样没有展示出自己的缺陷，他给人们的印象也是桂系首领、中华民国代总统等职位身份。同样是神化的表现。事实是，正是"中国民国代总统"之类的身份才是讲述者进入口述历史的最主要原因。讲述者也明白这一点，他们不会放弃这一经由自己打扮历史的机会。当然，对普通人物来说，摆在他们面前的历史已经是被采访者等打扮好的了，他们需要做的仅仅是为自己所扮演的角色填充信息：爱德华时代的人，经历了大萧条的人，幸存者。讲述者不可能摆脱采访者设计好的框架。这些讲述者有时未必能察觉到自己在做什么。由于采访者远较他们更为主动、计划周详，因此，讲述者的思维常在采访者设计的范围之内。此时，采访者才是打扮历史的人，讲述者则是被动的。

　　这种人为的装扮带来不良的影响：既削弱了其社会教育价值，同时也削弱了其可能存在的人文关怀能力。仅仅以事件来感染人，必然存在类型化、枯燥等问题。当讲述者是普通人物时，社区居民的讲述千篇一律，抗日老战士的谈话彼此大同小异。阅读其书，很难产生阅读的快感，艺术感染力则更加不能指望。特别是在出版物丰富、信息爆炸的互联网新时代，一般读者几乎不可能完整地读完幸存者的口述，如此一来，其感染力就如同虚设了。

　　口述历史的被装扮必然会使其人文关怀发生变形。事实上，终极关怀很难发生在口述历史的访谈与最终文本之中。有学者把自己在一个讲述者生命中"扮演过的必需的次要的又积极的角色"作为自己对讲述者的终极关怀①,但这是很少见的例子。这位学者与讲述者的访谈持续数周,而他与讲述者的联系持续了长达数年,他对讲述者的关怀早已跳出了口述历史的范围。即便如此,他对讲述者的感激仍然是"她花了数周时间,用热诚、勇气、想象、幽默、深沉、偶尔的伤感、怒火、期待,讲述她的故事"②,这仍然是从其自身的访史动机来考察讲述者。

　　社区史、少数族裔史等属于特殊课题的口述历史,则是为了获取基本材料,其人文关怀体现在该课题发起的研究者身上。采访者发起南京大屠杀幸存者的口述访谈,力图确认侵华日军的种种暴行,毫无疑问是其社会良心及历史良知的表现,从而体现了还历史和幸存者一个说法、揭露邪恶、褒扬正义的高尚思想。但在口述访谈中,采访者却仅仅关注与大屠杀有关的事情,并不关心幸存者的具体的现实情感和生活。最终该口述历史项目从宏观的角度关怀了人性,关怀了作为集体的幸存者们。每一个具体的幸存者却没有得到单个的具体关怀,他们的情感和现实生活甚至被剔除了。换一种角度思考,许多口述历史项目是由新闻记者操作的。新闻记者号称社会的良心,他们对社会重大问题的采访固然体现了他们的良知,但这种采访中,被采访者的形象之简单、程式化、工具化又是不言自明的。当然,口述历史的讲述者不是采访者创造出来的,而是实际生活中的鲜活的人,他们不会甘心做采访者操纵下的木偶,他们也采取了各种措施来反抗。比如,他们会撒谎,捏造事件、夸大自己的作用,或者无意识

---

① *The Oral History Reader*, 1998, p. 408.
② Ibid.

地在现在的影响下讲述着为采访者需要却失真的信息。当访谈主题是负面事件时,讲述者会有所保留,此时"最珍贵的信息可能就在他们'藏'的地方,而不在他们说出的地方"。① 他们有着现实生活中的存在,因而不是真正的木偶。在讲述者身上,体现在这样一种趋势:伴随着讲述者的经历越来越丰富成就越辉煌,他在口述历史中的地位就越高越容易成为主角,他的话语被删除的部分就越多。这是口述历史的世俗性所在,但也是动力所在。讲述自己的故事还是讲述别人的故事外在的故事,取决于讲述者在采访者眼中的价值。如果讲述者是李宗仁,那么他只需要讲述以自己为核心展开的经历见闻。按照唐德刚一开始的计划,李宗仁对某些社会、政治现象的看法,本来也是口述访谈的内容——可见,显赫人物讲述者在口述历史中的重要性,他们获得了采访者的绝对敬重。如果讲述者是普通人物,那么他们的讲述被关注被保留的则仅仅与访谈主题有关,采访者给他们的时间少,对他们也不够尊重。这种不尊重的实质是把讲述者目为工具——把口述历史作为访史方法和工具②,就导致把讲述者作为工具——不尊重他们的个人价值。因此,讲述者会想方设法提升自己在采访者眼中的价值,获得话语权,为此不惜撒谎。

　　讲述者的个人努力是一回事,采访者的判断则是另一回事。采访者重事不重人,并根据事件的重要性来判断人物的重要性,从根本上说,这是一个缺点。采访者不能放任自己的这一缺陷,而是应该认识到讲述者的真正价值所在。本书在导论部分就曾经提到,对普通人物的不尊重与仅仅看重显赫人物的显赫经历一样,都是对人物内心世界不够重视的表

---

① *The Oral History Reader*, 1998, p.70.

② *Preparing the Next Generation of Oral Historians*, p.376.

现。难道做了中华民国代总统的李宗仁就一定比某一位抗日英雄在人格上完善？口述历史不关心这个问题，它在乎的只是，李宗仁的经历比一位普通的抗日英雄要丰富。这一倾向的产生是可以理解的，毕竟，口述历史的目的在于追求事实，而不是认识人、了解人。但口述历史这一文体特征导致它尴尬的境地：尽管《空军》口述历史卷帙浩繁，但如果不是为了检索资料，又有谁会去阅读它？《心灵之地的卫生文化，1880—1980》等也是纯资料性的。可以说，绝大多数以普通人物为讲述者的口述历史是属于小范围受众的。在使得普通人成为口述历史"主角"的情况下，却不能获得很多读者的参与和认可，实际上拒绝了大多数的读者。以显赫人物为讲述者的口述历史情况要好一些，在一定篇幅的保证下，在相对的讲述自由允许下，他们有可能讲述出稍为生动的往事、略显深刻的道理，从而能够使得一般读者能在阅读中有所受益。从这种意义上说，口述历史的"人民化"也不易实现。试想，就算参与者再众多，如果没有读者，这种"人民化"又有何意义？而且如果讲述者是没有光彩的人，很难想象读者发现自己在阅读另一个与自己一样普通的人的故事（特别的，没有私人情感、不能反映人格的声音）时会产生浓厚的兴趣。传记带给读者的是催人奋发向上的榜样的力量；以显赫人物为讲述者的口述历史就缺少个人魅力；以普通人物为讲述者时，人格魅力则成为伪命题。

严格地说，口述历史是求史实的，传记则是与人、人性密切相关的，是试图发现人和人性的。但二者不仅有交集，而且可以互相看作是对方的特殊情况。当从传记的角度来考察口述历史时，会发现它具有特殊的人性关怀因素。这种关怀被真实性压制，但仍然存在着，反映着采访者与讲述者的能动性。

在具体的口述历史访谈中，采述双方如何展示自己的能动性、他们身上的社会性又是如何影响到访谈的,这是实践中的问题,对口述历史来说,却有着积极的理论意义。正是使参与者能够感觉到自己存在的访谈本身,才是口述历史的魅力所在。

在最终定稿的口述历史中,其语言一般省略了讲述者(和采访者)的人格风采,但在其口述访谈过程中,参与双方尤其是讲述者的语言还是得到了尊重。在他传写作中,传主根本没有机会实际参与到对话中;在自传写作中,自传作者只是与虚构的另一方展开对话。总之,读者无法了解到传记创作中鲜活语言的全过程。读者被迫接受了被创作出来的作品,读者的品味鉴赏都无法改变他们居于劣势的事实。而在口述历史中,读者可以通过录音录像了解到产生的全过程,不仅采访者的动机暴露无遗,连讲述者的讲述过程也都进入了读者的视线。没有什么神圣不可侵犯的事物。这明显区别于历史、传记带给读者的观感。

结　语

　　现代口述历史是一门新生学科，自正式出现至今只有七十年的时间。
与蓬勃发展的口述实践相比，理论界尚存在一定的问题。本书把口述历
史视为一种独立的文体，认为它是建立于口述对话基础上的特殊传记。
本书在把它与传统传记进行比较的基础上，着重考察其真实性与社会性
的关系以及采访者、讲述者的各自角色。真实性是口述历史的生命，而真
实性却由能动的、社会的采述双方在口述访谈中合作完成、共同负责。口
述访谈中采访者与讲述者的关系存在多种形态，这使得考察二者的个人
形象成为可能。

　　口述历史与一般传记有区别。"生平、人格和对传主的解释是传记构
成的三个要素"①，传记讲述传主的生平，描述传主的人格，并对传主进行
解释。与之对比，而口述历史的讲述者主要关注自己或者他人生平中"事

---

　　①　《现代传记学》，第80页。

件"的部分,较少描述人物人格,也较少解释人物。这二者在社会功能上也有不同。一般传记"有助于读者认识人性和人生,实现其纪念和教诲功能;同时,传记也有助于读者认识传主活动的历史的舞台,他所传承的文化传统与时代精神。传记所提供的是关于人和人类社会的全面的知识,认知总是一种快乐,而且传记的认知中因为其充盈的人性而温馨。"①口述历史所蕴含的人文关怀不是通过讲述者、采访者的人格展开的,而是主要地依靠事件本身:它把普通人物及普通生活纳入其中,已经体现出了独特的人文关怀角度。

　　口述历史与一般传记虽有区别,但对二者进行比较,既可以对其参与者的形象与对话关系有较好的把握,同时也有利于加深对一般传记的理解。当然,论文不仅远未穷尽口述历史的方方面面,而且就讨论的几个问题而言,也有不足。比如,对话的问题,采访者形象的问题。口述历史是来自口述访谈、首先记录于录音磁带而后整理成文字的。采访者与讲述者对话的过程及其关系,主要体现在谈话中。但谈话是为了保留史料,在文字版本中,删除了对话的痕迹,只保留了经过整理后的讲述者的谈话。对话的过程不易还原,采述双方尤其是后者的形象及人格因此也难以把握。本书对某些问题展开也不够,如,口述历史的人文关怀。现在很多人把"人民化"作为其特点,事实上,普通人物也的确大量进入了口述历史。但他们基本都要按照采访者预先设定的主题进行讲述,而口述访谈的具体环境也不利于讲述者显露私人情感、发挥个人见解。这种"人民化"也难以摆脱把讲述者工具化的嫌疑。怎么看待其特殊的人文关怀,仍需要进一步研究。

――――――――――

　　①　《现代传记学》,第 179 页。

　　经典文本较少，也是研究中存在的一个难题。一部优秀的口述历史应该具有较高的历史价值，但未必有精彩的讲述者。而它经过采访者编辑整理后，常常被整理成学术化的、平实的语言，失去了口语的魅力，也很少有文采。

　　本书仅仅是一次尝试，由于学力所限，未能较好地完成预先设定的目标，有待进一步深入研究。

参考文献

专著部分

Adriana Cavarero, translated by Paul A. Kottman, *Relating Nar-ratives: Storytelling and Selfhood*, London & New York: Routledge, 2000.

Alessandro Portelli, *The Death of Luigi Trastulli and Other Stories: Form and Meaning in Oral History*, New York: State University of New York Press, 1991.

Alun Munslow, *The Routledge Companion to Historical Studies*, London & New York: Routledge, 2006.

Anna-Leena Siikala, *Interpreting Oral History*, Suomalainen Tiedeakatemia Academia Scientiarum Fennicae, 1990.

Anthony Seldon, Jonanna Pappworth, *By Word of Mouth: "Elite" Oral History*, London, Methuen: Taylor and Francis, 1983.

Association of Canadian Aarchivists, *Archivaria*, Summer, 1992.

Barbara W. Sommer, Mary Kay Quinlan, *The Oral History Manual*, Walnut Creek: Rowman Altamira, 2002.

Barry Allen Lanman, Laura Marie Wendling, *Preparing the Next Generation of Oral Historians: An Anthology of Oral History Education*, Lanham, New York, Toronto, Oxford: Altamira Press, 2006.

Carolyn Barros, *Autobiography: Narrative of Transformation*, Ann Arbor, Michigan: University of Michigan Press, 1998.

Cullom Davis, Kathryn Back, Kay MacLean, *Oral History: From Tape to Type*, Chicago: American Library Association, 1977.

Cynthia Stockes Brown, *Like It Was: A Complete Guide to Writing Oral History*, New York: Teachers & Writers Collaboratives, 1988.

David King Dnaway, Willa K. Baum, *Oral History: An Interdisciplinary Anthology*, California: Alta Mira, 1996.

Danuta A. Nitecki, Eileen Abels, *Advances in Librarianship*, *Emerald Group Publishing*, Volume 30, 2006.

Dave Egan, Evelyn A. Howell, *The Historical Ecology Handbook*, Washington D. C. : Island Press, 2001.

David Carey Jr. , *Latino Voices in New England Community*, New York: State University of New York Press, 2009.

Della Pollock, *Remembering: Oral History Performance*, New York: Palgrave MacMillan, 2005.

Diane Skiffington Dickson, Dick Heyler, Linda G. Reilly, Stephanie Romano, *The Oral History Project: Connecting Students to Their Community*, Portsmouth, New Hampshire: Heinemann, 2006.

Donald A. Ritchie, *Doing Oral History: A Practical Guide*, New York: Oxford University Press (US), 2003.

Donald Godfrey, *Envelopes of Sound: The Art of Oral History*, New York: Greendwood Publishing Group, 1991.

Donald G. Godfrey, *Methods of Historical Analysis in Electronic Media*, Mahwah, New Jersey: Lawrence Erlbaum Associates Inc. 2006.

Edward D. Ives, *The Tape-Recorded Interview: A Manual for Fieldworkers in Folklore and Oral History* (second edition), Knoxville: The University of Tennessee Press, 1995.

Elizabeth B. Mason & Louis M. Starr, *The Oral History Collection of Columbia University*, New York: Oral History Research Office, 1973.

Eva M. Mcmahan, *Elite Oral History Discourse: A Study of Cooperation and Coherence*, Huntsville: University of Alabama Press, 1989.

Eva M. McMahan, Kim LacyRogers, *Interactive Oral History Interviewing*, Hillsdale, New Jersey; Hove, UK: Lawrence Erlbaum Associates Publishers, 1994.

Faye Phillips, *Local History Collections in Libraries*, Englewood, Colorado: Libraries Unlimited, 1995.

Gertrude Stein, *The Autobiography of Alice B. Toklas*, New York: Vintage Books, 1990.

Glenn Whitman, *Dialogue with the Past: Engaging Student & Meeting Standards through Oral History*, Walnut Creek, Lanham, New York, Toronto,

Oxford: AltaMira Press, 2004.

George Ewart Evans, *Spoken History*, London and Boston: Faber and Faber, 1987.

George Newman Fuller, LewisBeeson, *Michigan History*, Michigan: Michigan Department of State,1979.

Greg Clingham,*The Cambridge Companion to Samuel Johnson*, Cambridge and New York: Cambridge University Press, 1997.

Hilary Kaiser, *French War Brides in America: An Oral History*, Westport, Conneticut: Greenwood Publishing Group, 2008.

Irma S. Lustig,*Boswell: Citizen of the World*, *Man of Letters*, Lexington, Kentuky: The University Press of Kentucky, 1995.

Jacqueline Zalumas, *Caring in Crisis: An Oral History of Critical Care Nursing*, Philadelphia: University of Pennsylvania Press, 1995.

James Boswell,*Life of Johnson*, NewYork: Oxford University Press, 1998.

James Hoopes,*Oral History: An Introduction for Students*, Chapell Hill: The University of North Carolina Press, 1979.

Jane Desmond,*Meaning in Motion: New Cultural Studies of Dance*, Durham and London: Duke University Press, 1997.

Jay Martin,*The Education of John Dewey: A Biography*, New York: Columbia University Press, 2002.

John A. Neuenschwander,*Oral History as a Teaching Approach*, Washington D. C. : National Education Press, 1976.

John Miles Foley,*The Theory of Oral Composition: History and Methodology*, Bloomington & Indianapolis: Indiana University Press, 1988.

Joanna Bornat, *Oral History, Health and Welfare*, London: Routledge, 2000.

Katherine Scott Sturdevant, *Organizing & Preparing Your Heirloom Document*, Cincinnati: Betterway Books, 2002.

Kathleen Ashley, Gerald Peters, Leigh Gilmore, *Autobiography and Postmodernism*, Amherst: The University of Massachusetts Press, 2004.

Kendall R. Phillips, *Framing Public History*, Tusaloosa: The University of Alabama Press, 2004.

Klaus Neumann, *Not the Way It Really Was: Constructing the Tolai Past*, Honolulu: University of Hawaii Press, 1988.

James C. Johnston, *Biography: The Literature of Personality*, Montana: Kessinger Publishing, 2005.

Larry A. Samovar, Richard E Porter, Edwin R McDaniel, *Intercultural Communication: A Reader*, Thomson / Wadsworth, 2006.

Linda R. Anderson, *Autobiography*, London: Routledge, 2001.

Mariko Tamanoi, *Memory Map: The State and Manchuria in Postwar Japan*, Honolulu: The University of Hawaii Press, 2008.

Lucinda McCray, *Health Culture in the Heartland, 1880—1980: An Oral History*, Urbana: The University of Illinois Press, 2009.

Mark P. Ott, *Biography as Image Management: The Case of Ernest Hemingway*, Wyoming: University of Wyoming, 1993.

Martin Paul Woods, *Australia's Oral History Collections: A National Directory*, Canberra: National Library Australia, 1997.

Mary Beth Haralovich, Lauren Rabinovitz, *Television, History, and American Culture: Feminist Critical Essays*, Durham: North Carolina: Duke University

Press, 1997.

Mary Chamberlain, Paul Richard Thompson, *Narrative and Genre*, London & New York: Routledge, 1998.

Michael Firsch, *A Shared Authority: Essays on the Craft and Meaning of Oral and Public History*, New York: State University of New York Press, 1990.

Mieke Bal, Jonathan Crewe, Leo Spitzer, *Acts of Memory: Cultural Recall in the Present*, Hanover, New Hampshire: University Press of New England, 1999.

Nicholas Pagan, *Rethinking Literary Biography: A Postmodern Approach to Tennessee Williams*, Rutherford, London, Cranbury: Fairleigh Dickinson University Press, 1993.

Paula Hamilton & Linda Shopes, *Oral History and Public Memories*, Philadelphia: Temple University Press, 2008.

Paula Nicolson, Gender, *Power and Organization: A Psychological Perspective*, London: Routledge(UK), 1996.

Oral History Research Office, *Oral History: The First Thirty Years*, Oral History Research Office, 1978.

Oral History Society (Great Britain), *Oral History*, London: Oral History Society, 1991.

Ramon I. Harris, *The Practice of Oral History: A Handbook*, New York: Microfilming Corp. of America, 1975.

Robert B. Lyons, *Autobiography: A Reader for Writers* (Second Edition), New York: Oxford University Press, 1984.

Robert Disch, *Twenty Five Years of the Life Review: Theoretical and Practical Considerations*, Haworth Press, 1988.

Robert Perks and Alistair Thompson, *Oral History Reader* (second edition), London and New York: Routledge, 2006.

Robert Smith, *Derrida and Autobiography*, Cambridge, New York: Cambridge University Press, 1995.

Roger I. Simon, *Touching of the Past: Remembrance, Learning, and Ethics*, New York: Palgrave MacMillan, 2005.

Ruth Edmonds Hill, *The Black Women Oral History Project: From the Arthur and Elizabeth Schlesinger Library on the History of Women in America*, Westwport Connecticut: Meckler, 1991.

Sharlene Hesse-Biber, Patricia Leavy, *The Practice of Qualitative Research*, New York: SAGE, 2005.

Sharon Veale & Kathleen Schilling, *Talking History: Oral History Guidelines*, Hurstville, New South Wales: The Department of Environment & Conservation, 2004.

Susan Armitage, Patricia Hart, Karen Weathermon, *Women's Oral History: The Frontiers Reader*, Lincoln: University of Nebraska Press, 2002.

Susan E. Alcock, *Archaeologies of the Greek Past: Landscape, Mon-uments, and Memories*, Cambridge: Cambridge University Press, 2002.

Susan Groag Bell & Marilyn Yalom, *Revealing Lives: Autobiography, Biography, and Gender*, New York: State of New York University Press, 1990.

Stacy Erickson, *A Field Notebook for Oral History* (Second Edition), Boise: Idaho Oral History Center, 1993.

Stephen Greenblatt, *Learning to Curse: Essays in Early Modern Culture*, New York & London: Routledge, 1990.

Thad Sitton, George L. Mehaffy, Ozro Luke Davis, *Oral History: A Guide for Teachers (and Others)*, Austin, Texas: The University of Texas Press, 1983.

Thomas Lee Charlton, Lois E. Myers, Rebecca Sharpless, *Handbook of Oral History*, Lanham, Maryland, Rowman Altamira, 2006.

Thomas Soderqvist, *The Historiography of Contemporary Science and Technology*, Amsterdam: Hardwood Academic Publishers, 1997.

Thucydides (Translated by Rex Warner), *History of the Peloponnesian War*, New York: The Penguin Group, 1972.

Trevor Lummis, *Listening to History: The Authenticity of Oral Evidence*, London: Rowman & Littlefield, 1988.

Valerie Raleigh Yow, *Recording Oral History: A Practical Guide for Social Scientists*, Thousand Oaks, California: SAGE, 1994.

Vivian Perlis, Libby Van Cleve, *Composer's Voices from Ives to Ellington: An Oral History of American Music*, New Haven: Yale University, 2005.

Willa K. Baum, *Oral History for the Local Historical Society* (Third Edition), Nashville: American Association for State and Local History, 1987.

Willa K. Baum, *Transcribing and Editing Oral History*, Walnut Creek, California: Rowman Altamira, 1991.

William Allison Shimer, *The American Scholar*, United Chapters of Phi Beta Kappa, 1995.

Zachary Hayes, *Visions of a Future: The Study of Christian Eschatology*, Collegeville: Liturgical Press, 1992.

《刘伯承传》编写组:《刘伯承传》,北京: 当代中国出版社,2007 年。

《我的抗战》节目组:《我的抗战Ⅱ》,北京:中国友谊出版社,2012 年。

《中共党史资料》编辑部编:《亲历重大历史事件实录》第四卷,北京:党建读物出版社,2000 年。

埃德加·斯诺著,董乐山译:《西行漫记》,北京:三联书店,1979 年。

爱新觉罗·溥仪:《我的前半生》,上海:东方出版社,1999 年。

奥尔特加·加塞特著,刘训练、佟意志译:《大众的反叛》,广州:广东人民出版社,2012 年。

巴尔扎克:《巴尔扎克全集》第一卷,北京:人民文学出版社,1984 年。

班固著,颜师古注:《汉书》,北京:中华书局,2000 年。

包斯威尔著,罗珞珈、莫洛夫译:《约翰逊传》,北京:中国社会科学出版社,2004 年。

陈寿著,裴松之注,吴金华点校:《三国志·蜀书·诸葛亮传》,长沙:岳麓书社,2002 年。

当代上海研究所编:《口述历史的理论与实务——来自海峡两岸的探讨》,上海:上海人民出版社,2007 年。

定宜庄:《最后的记忆:十六位旗人妇女的口述历史》,北京:中国广播电视出版社,1999 年。

董健、丁帆、王彬彬主编:《中国当代文学史新稿》(修订本),北京:人民文学出版社,2005 年。

渡边淳一著,芳子译:《遥远的落日》,北京:文化艺术出版社,2002 年。

法兰克·吉伯尼编著,尚蔚、史和译:《战争——日本人记忆中的"二战"》,北京:中央编译出版社,2002 年。

房玄龄等:《晋书·列传第五十二·陈寿》,北京:中华书局,1974 年。

菲利浦·勒热讷著,杨国政译:《自传的契约》,北京:三联书店,2001 年。

傅光明：《文坛如江湖》，北京：中国三峡出版社，2006 年。

广东省委党史研究室、广州市委党史研究室、南方都市报联合主编：《口述历史：我的一九七六》，广州：南方日报出版社，2008 年。

郭绍虞主编：《中国历代文论选》（第二册），上海：上海古籍出版社，2001 年。

郭战平、赵曦主编：《红色日记：往事亲历——开国将帅的亲情家事》，南京：凤凰出版社，2012 年。

歌德著，爱克曼辑录，朱光潜译：《歌德谈话录》，北京：人民文学出版社，1985 年。

浩然口述，郑实采写：《我的人生：浩然口述历史》，北京：华艺出版社，2000 年。

胡适：《胡适讲演录》，石家庄：河北人民出版社，1999 年。

胡世宗、张峻：《我为雷锋拍照片：张峻口述雷锋照片的故事》，沈阳：春风文艺出版社，2013 年。

姜龙飞主编：《那个年头，那些事 1966—1976》，上海：学林出版社，2011 年。

克罗齐著，傅任敢译：《历史学的理论与实践》，北京：商务印书馆，1986 年。

利顿·斯特拉奇著，周玉军译：《维多利亚名人传》，上海：上海三联书店，2007 年。

黎敬德编，王星贤点校：《朱子语类》第七册，北京：中华书局，1988 年。

李淑贤口述，王庆祥整理：《溥仪与我》，延吉：延边教育出版社，1984 年。

李宗仁口述，唐德刚撰写：《李宗仁回忆录》，上海：华东师范大学出版社，1995 年。

卢梭著，黎星译：《忏悔录》，北京：人民文学出版社，1980 年。

毛泽东：《毛泽东选集》第二卷，北京：人民出版社，1991 年。

梅世雄：《与鬼子玩命：抗战将士"口述历史"》，北京：新华出版社，2009 年。

鲁迅：《鲁迅全集》，北京：人民文学出版社，2005 年。

鲁迅博物馆、鲁迅研究室、《鲁迅研究月刊》选编：《鲁迅回忆录》，北京：北京出版社，1997 年。

罗斯·特里尔著，何宇光、刘加英译：《毛泽东传》，北京：中国人民大学出版社，2006 年。

马可·波罗著，冯承钧译：《马可·波罗行记》，上海：上海书店出版社，1999 年。

茅盾：《日记一集》，《茅盾全集》第三十九卷，北京：人民文学出版社，2001 年。

茅盾：《日记二集》，《茅盾全集》第四十卷，北京：人民文学出版社，2001 年。

尼采著，周国平译：《悲剧的诞生》，北京：三联书店，1986 年。

欧阳淞、高永中主编：《改革开放口述史》，北京：中国人民大学出版社，2014 年。

裴斐(Nathaniel Peffer)，韦慕庭(Martin Wilbur)访问整理，吴修垣译：《从上海市长到"台湾省主席"(1946—1953 年)：吴国桢口述回忆》，上海：上海人民出版社，1999 年。

彭德怀：《彭德怀自传》，北京：解放军文艺出版社，2002 年。

普鲁塔克著，黄洪煦主编，陆勇庭、吴彭鹏等译：《希腊罗马名人传》，北京：商务印书馆，1990 年。

齐小新：《口述历史：早期传教士》，北京：北京大学出版社，2003 年。

钱钟书：《管锥编》第一册，北京：中华书局，1986 年。

让-保尔·萨特著，苏斌等译：《萨特自述》，石家庄：河北人民出版社，

1988 年。

韶山毛泽东同志纪念馆编：《毛泽东遗物事典》，北京：红旗出版社，1996 年。

沈醉：《沈醉回忆作品全集》，北京：九州图书出版社，1998 年。

司马光编著，胡三省音注：《资治通鉴》第二十册，北京：中华书局，1956 年。

宋敏求编：《唐大诏令集》卷八一，北京：商务印书馆，1959 年。

唐德刚：《史学与文学》，上海：华东师范大学出版社，1999 年。

司马迁著，韩兆琦评注：《史记》，长沙：岳麓书社，2004 年。

汤因比著，曹未风等译：《历史研究》下册，上海：上海人民出版社，1964 年。

萧乾口述，傅光明采访整理：《风雨平生：萧乾口述自传》，北京：北京大学出版社，1999 年。

吴宓著，吴学昭整理：《吴宓自编年谱：1894—1925》，北京：三联书店，1995 年。

吴宓著，吴学群整理注释：《吴宓日记续编》，北京：三联书店，2006 年。

杨伯峻：《论语译注》，北京：中华书局，1980 年第 2 版。

杨祥银：《与历史对话——口述历史的理论与实践》，北京：中国社会科学出版社，2004 年。

杨正润：《人性的足迹》，南京：江苏人民出版社，1992 年。

杨正润：《现代传记学》，南京：南京大学出版社，2009 年。

杨正润主编：《众生自画像——中国现代自传与国民性研究（1840—2000）》，上海：上海人民出版社，2009 年。

杨正润：《传记文学史纲》，南京：江苏教育出版社，1994 年。

余斌：《事迹与心迹》，南京：江苏人民出版社，1998 年。

汪东兴：《汪东兴回忆：毛泽东与林彪反革命集团的斗争》，北京：当代中国出版社,2010 年。

王家声、应春山、孙宏光、郭芙秀主编:《名家口述》,北京:世界知识出版社,2014 年。

王俊义、丁东主编:《口述历史》第一辑,北京:中国社会科学出版社,2003 年。

王俊义、丁东主编:《口述历史》第二辑,北京:中国社会科学出版社,2004 年。

王俊义、丁东主编:《口述历史》第三辑,北京:中国社会科学出版社,2005 年。

王俊义、丁东主编:《口述历史》第四辑,北京:中国社会科学出版社,2006 年。

王守谦、金秀珍、王凤春译注:《左传全译》,贵阳:贵州人民出版社,1990 年。

文强口述,刘延民撰写:《文强口述自传》,北京:中国社会科学出版社,2003 年。

伍蠡甫、胡经之主编:《西方文艺理论名著选编》中册,北京:北京大学出版社,1986 年。

张纯如著,孙英春等译:《南京暴行——被遗忘的大屠杀》,北京:东方出版社,1998 年。

张学良口述,唐德刚撰写:《张学良口述历史》,太原:山西人民出版社,2013 年。

赵白生:《传记文学理论》,北京:北京大学出版社,2002 年。

赵川:《台湾老兵口述历史》,桂林:广西师范大学出版社,2013 年。

赵尔巽等撰:《清史稿》第四十四册,北京:中华书局,1977 年。

中共中央马克思恩格斯列宁斯大林著作编译局编:《马克思恩格斯选集》第一卷,北京: 人民出版社,1995 年。

中国人民解放军历史资料丛书编审委员会编:《淮海战役》第一册,北京: 解放军出版社,1991 年。

中央文献研究室编:《毛泽东年谱: 一八九三——一九四九》(上卷),北京: 中央文献出版社,2002 年。

周海滨:《失落的巅峰——六位中共前主要负责人亲属口述历史》,北京: 人民出版社,2012 年。

周华山:《无父无夫的国度》,北京: 光明日报出版社,2001 年。

周新国主编:《中国口述史的理论与实践》,北京: 中国社会科学出版社,2005 年。

周作人:《周作人回忆录》(内部发行),长沙: 湖南人民出版社,1982 年。

朱东润:《朱东润传记作品全集》,上海: 东方出版中心,1999 年。

论文部分

B. Tuchman, "Distinguishing the Significant from the Insignificant," *Radcliffe Quarterly*, 1972, No. 5.

E. Powell, "Old Man Forget," *The Times*, Nov 5, 1981.

J. Murphy, "The Voice of Memory: History, Autobiography and Oral History," *Historical Studies*, 1986, Vol, 22.

Randall A. Wells, "Let's Call It 'The Horry County Oral History Project',"

The Oral History Review, Summer 2002.

Raymond G. Hebert, "*The Edwardians* (Book Review)," *American Historical Review*, Dec76, Vol. 81, Issue 5.

Sandy Polishuk, "Secrets, Lies, and Misunderstanding: The Perils of Oral History Interviewing," *Frontiers*, 1998.

Sarah S Boyer, "Ordinary People, Extraordinary Lives," *The Oral History Review*, Summer 2002.

William Culter III, "Accuracy in Oral History Interviewing," *Historical Methods Newsletter*, 1970, No. 3.

呼延华、康慨:《"口述"图书出版先行一步,"口述史学"研究相对滞后》,《中华读书报》,1999 年 5 月 19 日。

孔庆东:《以一个人的功力让武侠进入百姓生活》,载《中国青年报》,2005 年 1 月 16 日。

王成军:《自在·叙述·他者》,《国外文学》2006 年第 4 期。

王炎:《浩劫: 口述建构的历史》,《天涯》2005 年第 1 期。

杨立文:《口述历史刍议》,《纵横》2002 年第 8 期。

杨正润:《论忏悔录与自传》,《外国文学评论》2002 年第 4 期。

杨正润:《传记的要素》,《江苏社会科学》2002 年第 6 期。

杨正润:《自传死亡了吗? ——关于英美学术界的一场论争》,《当代外国文学》2001 年第 4 期。

赵白生:《自传就是他传吗? ——论自传叙述中事实的三要素》,《国外文学》2001 年第 4 期。

钟少华:《中国口述史漫谈》,《学术研究》1997 年第 5 期。

致　谢

"口述历史研究"是我读书时做的题目，现得以成书出版，欣慰之余，颇有逝者如斯的感慨。往事已不可追，但许多曾经于己有惠之人，无法忘记，在此一并予以感谢：

"口述历史研究"从选题、写作到出版都得到了我的导师，南京大学中文系杨正润教授的悉心指导、激励和帮助。这本不成器的小书包含了杨老师的心血。

华侨大学文学院和上海交通大学传记中心为本书的出版提供了重要支持。

福建省社科联和教育部社科司为本研究提供了基金支持。

我的家人，尤其是我的父母与夫人，在我陷入困境时给予我巨大的支持与鼓励。

感谢责任编辑魏东先生的不懈努力与辛勤付出。

许多学友与同事，尤其是同门师兄师姐，曾经给予资料支持、学理指导与鼓舞。无法一一具名，谢谢你们！